TASCA

Alberto Moravia

RACCONTI SURREALISTI E SATIRICI

TASCABILI BOMPIANI

II edizione "Tascabili Bompiani" gennaio 1989

IL SANDALO DI BRONZO

A Empedocle, molto presto, gesti e parole si erano ammantati di rituale solennità; come altri, nell'adolescenza, diventa per forza di natura grazioso o languido, così Empedocle, prim'ancora di averne coscienza, si era sentito portato con tutta la persona a celebrare il culto di un dio. Una presenza lo vigilava alle spalle, e, simile a un demone, non gli permetteva la minima distrazione. Prim'ancora del potere a cui si sentiva destinato, c'era stata in lui una puntuale vocazione.

Poi per le vie non rintracciabili di un'esaltazione durevole e paziente, Empedocle era arrivato a penetrare con perfetta certezza segreti che non si lasciano dire con parola umana. Solo del suo tempo, aveva ricercato l'origine di tutte le cose; riconoscendola fuori dell'uomo e degli dei, né umana né divina. Tra i suoi concittadini affaticati a domandarsi come e perché dovessero agire, egli si era attentato con sforzo sprezzante e libero ad abbracciare il fatto intero dell'esistenza; come un fiume che ignorando le bassure dove l'acqua si impaluda, corre diritto a gettarsi in mare. Ma da queste ricerche era tornato mutolo; più per il sentimento della nuova dignità di cui si sentiva rivestito che per difficoltà di espressione; pensando di potere, tutto al più, darne un giorno oscure indicazioni con mai visti simboli e riti. In realtà non si trattava più per lui di sapere come andasse retto uno stato, come dovesse comportarsi il cittadino, il soldato, la donna, lo schiavo, quale fosse insomma la condotta da tenersi, ma di questioni infinitamente più semplici, tali da sfuggire anche all'attenzione più esercitata, ovvie addirittura, così da essere da tempo divenute materia di poesia, di disattenzione, insomma, profonda e fiduciosa.

Empedocle vedeva bene che gli uomini accettavano che il sole si levasse la mattina, che le stagioni si seguissero, che il mondo esistesse come cose affatto normali; che accoglievano insomma un servizievole Olimpo, pur di potere poi in tutta tranquillità dedicarsi ai loro grandi affari politici e morali; ma egli rifiutava per prima cosa ogni convenzione e cominciava con lo stupirsi proprio di quelle cose tanto ovvie, del sole, della notte, del giorno, del mare, della terra. Questo stupore aveva ali più ampie e di volo più sicuro di qualsiasi grande aquila; e lo rapiva di colpo fuori dalle umane conventicole, nelle rovesciate profondità del cielo. Gli uomini davano importanza alla città, alle istituzioni, alla guerra e alla pace; e immaginavano gli dei, gli occhi fitti in basso, a vigilarli e seguirli. Ma Empedocle pensava che essi in realtà non facevano che scalfire il gran corpo della terra e annidarsi con ripari di fango in queste scalfitture. Attorno ad altri perni girava il mondo; senza l'aiuto di alcuna divinità; e degli uomini non si accorgeva neppure quando sussultando o palpitando li distruggeva a migliaia. Nulla diceva Empedocle di queste sue scoperte. Ma trapelavano egualmente nei suoi atteggiamenti a cui il continuo commercio con forze non umane prestava un'aria di solennità trasognata e ardente. Empedocle ardeva dello stesso fuoco che la terra celava nel suo seno; gli uomini non avevano che le fiammelle addomesticate dei loro focolari.

Ma l'avevano presto riconosciuto per il loro superiore; e prima che la sua vocazione si dichiarasse appieno, erano venuti più volte a cercarlo. Ricorrere a lui era in realtà per gli uomini saggiare la sua volontà di solitudine e di indipendenza, ravvisare se egli era disposto a sottomettersi con loro agli stessi gioghi. Ammettevano la sua misteriosa supremazia; ma volevano che servisse come il generale serve l'esercito che comanda o l'ammiraglio la flotta che guida. Tutte queste tentazioni erano state facilmente respinte da Empedocle. Alla richiesta di consigli aveva risposto che egli nulla sapeva di bene o di male, di lecito o di illecito; perché la sua forza non consisteva in saggezza ammonitrice bensì di divinazione. All'offerta di cariche aveva opposto una ironica modestia: non aveva seguito alcun curricolo, non aveva competenze di sorta, volevano forse andare in rovina? Ma quando i concittadini, immaginandolo a loro somiglianza, e pensando che si schermisse per avidità di onori maggiori, erano venuti a proporgli il supremo comando, Empedocle questa volta non aveva opposto un diniego, ma aveva chiesto soltanto che si modificassero secondo le sue indicazioni gli attributi del potere offertogli. Egli, aveva detto, non era una guida, bensì una forza chiusa in se medesima. Non gli presentassero dunque troni o bastoni di comando; bensì gli erigessero altari e alla sua effige sacrificassero pregando come davanti al simulacro di un dio. Questa era la sola maniera di onorarlo degnamente. Soltanto in questo modo egli avrebbe potuto reggere la città. Empedocle aveva fatto questa proposta con perfetta naturalezza, come parlando di cosa ovvia e dovuta. Non sperava che fosse accettata; ma contava che dopo una tale richiesta nessuno più si sarebbe illuso di farlo discendere dal posto che segretamente gli spettava.

Ma in queste parole i concittadini non avevano veduto che empietà e follia. E siccome non era possibile pensare davvero che Empedocle fosse di altra natura che umana (non si conoscevano forse il padre, la madre, i fratelli di lui?), l'idea di un'impostura prestigiosa, superba e grifagna, incominciò ad insinuarsi nel concetto che si aveva di lui. La sua solitudine, il suo silenzio, la sua ritrosia persino parvero ad un tratto atteggiamenti voluti, preparati, regolati a bella posta secondo un ascoso e interessato disegno. Così gli uomini riconoscevano la disumanità delle aspirazioni di Empedocle soltanto per ridurlo ad una umanità inferiore e mendace.

In realtà Empedocle sentiva crescere nel suo animo la vocazione di un culto; del quale però egli non sarebbe stato lo spettatore o il fedele; bensì, come aveva già dichiarato, il dio. Orgoglio poteva essere ritenersi divini per la sola sublimità dei pensieri; ma giustizia crederlo quando si sentisse la propria persona svincolarsi dai limiti umani ed entrare in necessario contatto con le forze superiori. Attore di così vasta e armoniosa vicenda, Empedocle sentiva nascere in sé necessità ineluttabili a cui capiva che non avrebbe potuto sottrarsi. Egli era chiamato a fornire gli uomini di una nuova religione; fondata non più sui capricci degli dei, bensì sulle varie leggi che governano il mondo. Ma gli restava da compiere l'ultimo atto di una vita che più tardi gli uomini avrebbero rintracciato e studiato in ogni gesto e in ogni parola come sacra. Già si era prodotta in lui quella estrema purificazione per cui ogni atto si specchia in un trascendente riflesso. Ora egli doveva coronare quest'opera di trasmutazione con il sacrificio della vita, umano peso, quasi a mettere tra sé e l'incredulità l'abisso della morte varcato e vinto. Già egli era e si sentiva un semidio come Orfeo in fondo alla sua discesa, come Ercole alla fine dei suoi travagli, come Dioniso nel suo folle viaggio. Non gli mancava più che l'incontro con la propria credenza, la dimostrazione ultima del proprio essere, la vittoria sulla morte.

Il giorno in cui gli uomini della costa videro innalzarsi dalla cima svasata e accesa del vulcano il pino altissimo di balenante fuliggine e propagare mollemente, secondo il vento, la tetra capellatura per i campi aerei del sole, quel giorno mentre le pendici fumavano bianche sotto il rovinare granuloso della lava, e la gente fuggiva per i quieti viottoli inseguita alle calcagna dai ciottoli roventi che si staccavano dal fronte dell'eruzione, Empedocle vide che era giunto il momento di compiere l'atto supremo, che doveva poi tramutarsi in mito per l'eccesso stesso del suo significato. Egli sapeva che in quel giorno il fuoco sarebbe uscito dalle sue latebre per entrare in connubio con gli altri elementi. A questo sposalizio egli avrebbe partecipato. Nell'armonia che ne sarebbe originata si sarebbe perduto.

Nella notte, tra i pallidi ulivi che parevano torcersi per il terrore della fuga impossibile, la gente che lasciava i casolari, le spalle curve sotto il peso delle masserizie, lo vide in più luoghi mentre saliva verso l'invisibile bocca tuonante. Essi fuggivano; e lui, calmo, pareva aggirarsi nella notte piena di spavento e di confusione, con un destino che lo rendeva malinconico e distante. Lo videro mentre guardava la frana terrosa e infuocata travolgere le mura di una casa; oppure ascoltava il crepitio degli ulivi cui la terra improvvisamente rabbiosa mordeva i pedali; o anche considerava il biancheggiare dei fumi sulle coste buie. I lapilli e le ceneri piovevano sul suo capo nudo; qualche masso incandescente piombava fischiando nel fango davanti il suo piede. I bagliori rossastri che ventavano nella notte, lo illuminavano in fondo alle tenebre più inaspettate, agli occhi increduli dei fuggiaschi. La sua presenza notata nei punti più perigliosi pareva confermare l'impegno di tutta la sua vita. I profughi, che rifuggivano dalla lava come dalla morte, capivano che Empedocle vi cercava la vita. Ciò che ad essi pareva la fine, per lui non era che il principio.

Trapassata durante la notte la zona in cui bruciavano gli incendi, Empedocle uscì sulla spalla tumefatta del vulcano nel cielo dell'alba. Il negro pino si levava con ruggente maestà, solitario, fino alle altezze più eteree; le stelle impallidivano intorno spegnendosi; lungi il mare specchiava, percorso da bianche pigre correnti fino ai limiti vaporosi dell'orizzonte. Mai c'erano stati in terra tanta calma e tanto furore. Entrò Empedocle, tra i neri mostri membruti della lava pietrificata che d'ogni parte minacciavano il suo cammino con le loro grinzose ed enfiate presenze. In un rigurgito di cenere fitta, finalmente, mentre il cielo rimbombava e una pioggia di fuoco zampillava fuori dal turbine, scomparve.

Ma venne trovato giorni dopo il suo sandalo di bronzo galleggiato su torrenti di fuoco fino alle porte degli uomini. La gloria di Empedocle non se ne offuscò, imperitura. Ma la sua divinità, trattenuta da quest'ancora nel porto dei fallaci calcoli umani, non riuscì a liberarsi. Il culto adombrato un istante, svanì in una leggenda ironica. Intanto le nozze degli elementi si erano compiute. Il fuoco era rientrato nelle sue caverne, la terra si era fermata, l'aria taceva, e il mare, senza più stridere, lambiva con le onde i raffreddati torrenti della lava.

FUGA IN SPAGNA

La notte stessa che i sicari di Mario e di Cinna incominciarono a girare per Roma ammazzando i cittadini, Crasso fuggì di casa. Egli aveva appena vent'anni, ma da quando era nato si può dire che le lotte civili non avessero rallentato un momento i loro tumulti. Di modo che, per quanto giovane, era più esperto di molti vecchi, avendo acquistato quasi un sesto senso che l'avvertiva del pericolo in quella specie di foresta buia e spaventosa che era diventata la vita politica. Dopo aver visto ammazzare uomini perché erano ricchi o perché erano poveri, perché erano romani o perché italiani, perché soldati o perché borghesi, infine perché si trovavano per caso sul luogo del tumulto e non avevano fatto in tempo a scappare, Crasso si era convinto che il tempo in cui viveva, novello Saturno, era affamato, atrocemente, della propria prole; e che in quella confusione orrenda in cui eroismo e viltà portavano egualmente alla morte, non ci potesse essere altra ragionevole ambizione che di sopravvivere; poi, mutati i tempi, e spenta nel sangue quella generazione feroce e sventurata, sarebbe stato possibile rivolgere l'animo a preoccupazioni più libere e più umane.

Così, a differenza di tanti altri che in quel periodo andarono, per stanchezza della vita insidiata o per disprezzo del pericolo, a darsi in braccio ai sicari, appena una nuova ondata di quella furiosa tempesta si profilò all'orizzonte, Crasso prese la fuga. Fece a tempo a vedere assassinati il padre e il fratello; visse nascosto qualche giorno; quindi di notte, insieme a qualche servo e a tre amici, raggiunse il porto di Ostia dove l'aspettava una navicella che subito sciolse le vele alla volta di Spagna.

Triste è viaggiare lontano dalla patria: ma tristissimo dover- ne fuggire per salvarsi da una morte spietata, dopo che la casa è stata devastata e la famiglia distrutta. Sebbene fosse la bella stagione, con il mare calmo e il cielo sereno, e i venti medi- terranei soffiando miti e costanti dessero alla navigazione la molle tranquillità di una crociera di diporto, Crasso per tutto il viaggio non poté fare a meno di vedere ogni cosa di un co- lore solo, che era quello dei suoi cupi e angosciati pensieri. Sapeva che al mondo non c'era che Roma, e fuori di Roma nient'altro che deserti, foreste, popolazioni inospitali; e la pro- pria fuga gli appariva vana: il dibattersi di un topo in una vastissima trappola. Se poi rivolgeva la mente a Roma l'assa- liva un'ira terribile al pensiero che laggiù ci fossero uomini che avevano voluto la morte dei suoi, e ora, con la medesima scellerata ostinazione, desideravano la sua. Così tra furori fe- rini e vendicativi e prostrati abbattimenti giunse in Spagna.

Non si era illuso di trovarci condizioni molto diverse da quelle di Roma; ma fu costernato nello scoprire che lo spavento di Mario era stato molto più rapido della sua nave; avendovi già creato quello stato di confusione, di viltà e di tradimento incombente che ormai ben conosceva. A nulla valevano la di- stanza, il cielo diverso, la sicurezza dalle minacce più dirette: in Spagna, come a Roma, già i fratelli diffidavano dei fratelli, gli amici degli amici, i superiori degli inferiori; già si allenta- vano i più antichi e solidi legami; e ogni uomo si vedeva con- tro la propria volontà idealmente aggregato al gruppo dei per- seguitati o a quello dei persecutori. In quest'aria di panico non ardì Crasso manifestare la sua presenza; e allontanatosi dal porto in cui era sbarcato, come disperato prese a camminare lungo il litorale.

Per un giorno non vide che cielo, mare e il pullulare dei cespugli sulla sabbia; non udì che il fragore numeroso delle onde che rodevano il litorale. Ma verso il tramonto, giunto sotto un monte che si sporgeva nel mare a guisa di promonto- rio, ricordò che in quel luogo doveva esserci una caverna da lui visitata durante un suo viaggio in Spagna; e che senza volerlo egli era entrato nei possedimenti di certo Vibio Paciaco ami- cissimo di suo padre e della sua casata. Decise così di passare la notte nella caverna; e intanto incaricò certi pescatori di portare un messaggio all'amico, nel quale esprimeva la speranza che non l'avrebbe tradito e gli avrebbe dato ospitalità per tutto il

13

tempo che sarebbe durato il dominio di Mario. Quindi entrò nella spelonca e attese ansiosamente la risposta. La quale non si fece aspettare; per mezzo degli stessi pescatori gli mandò a dire l'amico che restasse per ora nella caverna; lui avrebbe pensato a rifornirlo ogni giorno di viveri; e appena il sereno fosse tornato, l'avrebbe avvertito.

Da quel giorno cominciò per Crasso una vita singolare, al tempo stesso solitaria ed esaltata. Aveva creduto che, scacciato da Roma, privato di quelle civili attività a cui si era dedicato fin quasi da bambino, sarebbe rimasto, per così dire, esanime, come quei rottami sforacchiati e leggeri che il mare getta sulla spiaggia dopo le tempeste. Si accorse invece che, a misura che i giorni passavano, una nuova forza l'investiva, ilare e inebriata, quale non aveva mai avvertito dentro di sé, neppure nei momenti di maggiore fortuna politica a Roma. Era forse la spensierata forza della giovinezza che non conosce tristezze né stenti? O quella più profonda e sacra dell'uomo derelitto, perseguitato, che ha tutto perduto e sa di non potere più contare che su se stesso? O quella misteriosa di qualche plutonica divinità abitatrice della caverna, che, come già la terra con il gigante Anteo, lo soccorreva nel momento del pericolo? Crasso non avrebbe saputo dirlo; ma forza certo era, amara ed esultante forza davanti alla quale ogni paura e ogni mestizia erano svanite. Con quale intima gioia egli ascoltava il fragore ripercosso delle ondate che si rompevano sui massi, fuori della grotta. Quale incomparabile purità lo avvolgeva al mattino, quando, arrampicatosi all'orifizio della caverna, la luce splendente del mare illuminato dal sole gli batteva sul viso. Con quanta fiducia, a notte, ascoltando l'onda sotterranea penetrare tra gli scogli e poi ritrarsene gorgogliando, si addormentava. E come leggeri i risvegli. A tal punto che riaprendo gli occhi quasi si domandava se durante il sonno non gli fossero spuntate pinne e coda di tritone, in una miracolosa metamorfosi. Perché soltanto a una creatura più che umana poteva esser dato di sentirsi così forte e leggera.

Ma il maggior senso di libera e gioiosa potenza lo provava ogni volta che rivolgeva il pensiero a Roma; a quella Roma il cui ricordo durante il viaggio gli aveva fatto disperare di sé e della propria vita. Ora non più; quei personaggi ossessivi si erano fatti remoti e fiochi; e una superiorità esaltata e piena di compassione, quale può avere un visionario sui ciechi, faceva tacere in lui ogni odio, sgombrava la sua visione dei foschi colori della rampogna e del rimorso. Certamente era un dono divino, poter concepire tutti quei sanguinosi contrasti risolti in una sola armonia a cui non pareva bastare la vastità degli orizzonti marini per contenerla. Mario e Cinna, i patrizi e le plebi, i Romani e i Latini non gli apparivano ormai che come accidenti; di essi il fato si serviva, non essi piegavano il fato; sarebbero passati, travolti, dopo essere stati strumenti di un più vasto disegno. Il quale, come quei miraggi di eserciti e di città marmoree che vengono dall'Oriente e rispecchiati dalle sabbie del deserto e dalle onde del mare viaggiano intatti per gli spazi finché non si frangono contro qualche litorale, talvolta gli appariva per brevi momenti, sovrapponendosi al mare, al cielo, al rumore delle onde. Era il disegno in cui si configuravano i propri destini, quelli della sua patria, e del mondo intero. Allora sì che gli pareva di non essere più un uomo ma quasi un dio. E anche il tempo, in questi rapimenti, pareva sospeso.

La caverna ampia, alta e profonda, con il suolo per tre quarti coperto da una sabbia fine e gelida e il resto occupato da un ombroso e limpido specchio di acqua marina, era sbarrata all'imboccatura da due massi che non lasciavano in alto che un angusto pertugio. Sull'orlo di quel pertugio ogni giorno i servitori di Vibio deponevano il cesto delle provviste. Essi non potevano esser veduti da Crasso, ma chiaramente lo scorgevano laggiù in fondo alla spelonca. Riferirono così, dopo qualche tempo, al padrone, che senza dubbio la solitudine aveva dato di volta al cervello al profugo romano. Perché l'avevano visto accosciato presso lo specchio d'acqua parlare da solo; oppure starsene in mezzo al mare sopra uno scoglio con pericolo di essere travolto dalle ondate. Dissero anche i suoi capelli scarmigliati, i suoi occhi brillanti, i suoi strani gesti. Vibio impensierito mandò allora a Crasso un messaggio domandandogli come stava e se aveva bisogno di compagnia. Ma gli venne la risposta che non era mai stato così bene; e quanto a compagnia, soggiungeva stranamente, essa certo non gli mancava e delle più folte.

Finalmente Vibio, dopo otto lunghi mesi, avendo appreso la morte di Cinna e il rapido declinare delle fortune di Mario, si presentò con un seguito alla caverna per annunziare a Crasso la fine della sua prigionia. Dicono che Crasso dapprima non lo

15

riconoscesse né comprendesse il significato di quei nomi di Mario e di Cinna che l'amico trionfante gli lanciava dall'alto del pertugio. Ma alla fine si riebbe; e lasciata la caverna seguì Vibio alla sua villa.

Poi Crasso, guerreggiando con alterna fortuna, trascorse dalla Spagna in Africa e quindi in Italia. Ma molto più tardi, diventato uno dei tre maggiori cittadini di Roma e certamente il più ricco, non poté mai ricordare il tempo passato nella grotta senza un acuto rimpianto. Lì si era sentito quasi un dio. Ma adesso, terzo a Roma e nel mondo, non gli pareva di aver sottomano tanta potenza come allora che era solo, abbandonato e in fuga. E del mistero presentito nulla gli era rimasto; tanto da dubitare di quell'avventura della sua giovinezza come di un sogno.

IL SILENZIO DI TIBERIO

Il silenzio di Tiberio si nutriva piuttosto di presagi che di ricordi. Di ricordare ormai non c'era più tempo, la morte non era lontana; e poi che cosa avrebbe potuto ricordare un uomo come lui che aveva vissuto senza tristezza e senza gioia, ma non senza uno sdegnoso fastidio, in continuo arcigno adempimento dei propri doveri? Erano finiti i tempi di Silla, di Lucullo e di Cesare quando le guerre erano gloriosamente personali e una volta deposta la spada i condottieri badavano a costruirsi coi commentari non meno che con le battaglie una loro immagine vittoriosa per l'eternità; ora le guerre si facevano in nome dell'Impero e non di se stessi, per mantenere una pace che tutti si auguravano eterna e non per conquistare, ed erano una cosa dura, impoetica, quasi burocratica; e Tiberio, che aveva vinto quasi altrettante battaglie che Cesare, era il primo a saperlo. Meglio dunque volgere le spalle al passato e guardare al suo futuro di uomo vecchio; futuro breve se pensava alla morte incombente, vasto, eterno se dava ascolto a certe sue intime suggestioni. Nelle giornate più calde della stagione estiva, quando sotto la vampa immobile del sole il terriccio si sgretolava come creta mettendo a nudo le coste rocciose, e per le screpolature ardenti guizzavano i ramarri furtivi, e le piante aggrondate non davano più ombra, e le cicale stesse cessavano il loro canto e i termini del mare e del cielo erano avvolti in un bianco vapore simile a quello che si leva da una caldaia piena di acqua bollente, Tiberio, ravvolte le membra brune e inseccolite nella toga bianchissima, sedeva all'ombra della pergola, sulla terrazza della sua villa e guardava il mare. Non era il mare concluso e noto del golfo di Napoli coi due vaghi promontori azzurri, il mucchietto calcinato delle case raccolte ai piedi della montagna e il bianco specchio delle acque qua e là increspato dalla tranquilla navigazione di qualche navicella di pescatori. Da quel mare non c'era da aspettarsi nulla di buono: cortigiani adulatori e pettegoli, generali ambiziosi e ottusi, ministri indaffarati, tale era infatti per la maggior parte la gente senza misteri che, trepidamente e con la testa piena di sciocchi fracassi romani, varcava troppo spesso il golfo, si arrampicava tra le macchie di lentischi e di cipressi su per le scomode scalette fino alla villa e, ansimante e con un palmo di lingua in fuori, veniva a prosternarglisi dinanzi. No, non era quel mare che Tiberio sdegnoso delle cure mondane spiava nei momenti di solitudine, bensì il mare aperto dalla parte della Sardegna, della Spagna e delle colonne di Ercole. Da questa parte gli alti frastagliati bastioni dell'isola parevano di quarzo tagliato ad arte; il mare piatto e lucente sul quale poggiavano, un cristallo solido e colorato; il cielo, una sfera infuocata ed echeggiante. Mondo perfetto e assorto nella propria armonia che dava il senso di un prodigio sospeso e in procinto di accadere: Icaro garzoncello precipitante fulmineo dal cielo dentro il mare, oppure Venere emergente senza fretta dai flutti, ignuda e ritta sopra la sua conchiglia, in atto di torcere tra le dita rosee i biondi capelli fradici. Ora Tiberio, forse per troppa conoscenza delle cose umane, forse per suggestione dei tempi maturi, era avido di portenti, veri portenti, uomini trasformati in bestie, bestie in uomini, alberi e pietre parlanti, esseri soprannaturali capaci di sollevarsi per l'aria e di fendere gli spazi, di camminare sulle acque, di morire e poi risuscitare. Donde fosse venuta a Tiberio questa sete di prodigi neppure lui avrebbe saputo dirlo, forse dalla sua esperienza degli uomini, avvilente e veramente imperiale, forse da un oscuro sentimento che agli uomini smarriti nelle loro passioni e lontani così dalla primitiva religione di Roma, come dalla stoica virtù della vecchia aristocrazia repubblicana, fosse ormai inutile largire leggi, provvidenze e aiuti; che di fronte a tanta infelicità e malvagità anche l'imperatore poco o nulla potesse; e che, apparendo la natura dell'uomo corrotta e marcia fino in fondo, fosse ormai urgente rifare non gli ordinamenti civili ma l'uomo stesso. Tale il pensiero di Tiberio, e, insensibilmente, per le vie più sottili, l'idea del portento si era insinuata nel suo animo, né, soprattutto da quando s'era ritirato a Capri, l'aveva più lasciato.

E in verità quale luogo migliore di Capri avrebbe potuto suggerire il presentimento del prodigio? Giacché, pensava logicamente Tiberio, alle divinità non meno che agli uomini piacciono i luoghi belli e straordinari nei quali la natura pare aver voluto gareggiare coll'uomo in invenzioni e artifici mai visti. Un dio, pensava ancora Tiberio, non si degna di apparire in un deserto disabitato e squallido, oppure tra le magre terre coltivate dalla povera gente, a un dio non conviene l'umiltà e la nudità, sibbene la magnificenza e il mistero. Ora, grotte profonde e buie nelle quali il flutto fosforescente battendo e ribattendo contro le pareti corrose e dentro le cavità aperte a fior d'acqua rende nel silenzio i rumori combinati del bacio e della strozza che gorgoglia; castelli di rosse rupi sospese in solitudine sopra le basse boscaglie che si aggrovigliano fino al mare; punte eccelse di monti avvolte nelle nubi e circondate di precipizi, più alte dei lenti voli concentrici degli uccelli marini; tali e simili altri luoghi arcani, propizi alle apparizioni soprannaturali, abbondavano in Capri tanto da farla credere piuttosto che un'isola la dimora abbandonata di qualche divinità oceanica. Ma abbandonata o ancora abitata? Qui stava il punto. Dagli echi triplici e quadruplici che negli anfiteatri delle rocce rispondevano da lontano in tono di falsetto, si sarebbe potuto pensare che questa divinità fosse ancora presente e fosse tuttora possibile per mezzo di riti propiziatori costringerla a manifestarsi e comparirgli davanti né più né meno di qualche generale o qualche alto funzionario dell'amministrazione imperiale. Perché Tiberio, pur coi suoi presagi, era ancora nell'antica opinione che gli uomini fossero se non più forti almeno altrettanto forti che gli dei e che ci fosse sicuramente il modo di servirsi di questi ultimi e piegarli a servizi affatto terreni per non dire amministrativi. D'altra parte a chi meglio che all'imperatore romano, suprema autorità della terra, avrebbe potuto rivelarsi la divinità? Ma per quanto si adoperassero gli astrologhi caldei che con ingente spesa Tiberio aveva fatto venire d'Oriente, la divinità non si faceva viva, le grotte restavano mute e vuote, nelle boscaglie e dalle acque nessun dio sorgeva. Non che le religioni nuove mancassero, anzi pullulavano, specie a Roma tra il popolaccio cosmopolita, e chi adorava Bacco, chi Iside, chi Astarte, chi, come i Giudei, incredibile a dirsi, una divinità senza volto, senza corpo, invisibile, unica. Ma a Tiberio tutte queste nuove fedi sapevano troppo di servile; inoltre la natura, la misteriosa natura cantata da Lucrezio disperato e furioso, in quelle religioni o mancava affatto o era apertamente osteggiata. Ora dove cercare il sovrumano se non nella natura? Dei vizi e delle virtù umane Tiberio era sufficientemente edotto per essere convinto che dall'uomo nulla c'era da aspettarsi; nulla s'intende in senso divino. Invece il muggito delle foreste nordiche devastate dal vento, le notti glaciali e nebbiose sopra i procellosi mari iperborei, l'esplosione della primavera attraverso i nevai disciolti nelle terre selvatiche della Germania, tali e altri spettacoli della natura erano ancora davanti agli occhi di Tiberio dal tempo lontano che aveva guerreggiato contro i barbari delle frontiere; e adesso, in presenza di questo carattere demonico dell'isola, gli tornavano frequentemente alla memoria come gli aspetti diversi di una sola inafferrabile realtà. Il mare che si rompeva senza tregua contro le rocce parlava lo stesso linguaggio del vento che aveva udito tanti anni addietro, dentro la sua tenda militare, trascorrere sopra le foreste batave arrivando dagli spazi interminati del canuto oceano. Linguaggio un tempo compreso dagli uomini che popolavano il piccolo Lazio e ora, in tanta pace e in tanta potenza dell'Impero, per sempre perduto. Ma l'epoca era matura per l'avvento di un dio, di ciò Tiberio era sicuro. E a quest'uopo, ogni notte serena, insieme coi suoi matematici caldei spiava dalla terrazza della sua villa il moto, le figurazioni e lo splendore delle stelle.

L'IMMORTALE

> *Erostrato era nato il*
> *giorno stesso di A-*
> *lessandro Magno.*
> Strabone

Il naso lungo e triste, gli occhi di azzurra ardente iride, privi di ciglia e cerchiati di rosso, i radi capelli neri, piatti e umidi, la magra persona dinoccolata, la voce gracchiante di Erostrato erano da tempo lo zimbello della ragazzaglia e di ogni spirito burlone della città di Efeso. Erostrato camminava in piano come se fosse stato in salita, ossia con le ginocchia piegate. Erostrato parlava e anche declamava solo. Erostrato d'estate come d'inverno andava vestito di una tunica in brandelli. Erostrato rideva ai funerali e piangeva alle nascite. Erostrato corteggiava le vecchie e non degnava di uno sguardo le giovani. Erostrato aveva dilapidato il magro patrimonio per far rappresentare un paio di bruttissimi drammi; e la gente prima di andarci si era rifornita al mercato di torsoli e di uova marce. Così che gli attori per sottrarsi al tiro degli spettatori avevano dovuto ogni volta piantare a metà il dramma e improvvisare lì per lì un classico del loro repertorio. Erostrato insomma era il buffone involontario della città intera. Ma Erostrato aveva le spalle larghe; e sebbene un codazzo di monelli lo seguisse in perpetuità scandendo burlescamente il suo nome, se ne andava sempre serio e indifferente come se non li avesse uditi. Tutti lo conoscevano e lo apprezzavano per questa sua qualità così rara di subire senza batter ciglio le beffe più crudeli e gli scherni più villani. Il risultato era che non aveva luogo banchetto o altra festività senza che Erostrato vi fosse invitato.

In realtà Erostrato era inconsolabile di essere nato troppo tardi. Quando tutto era stato scritto, dipinto, scolpito, costruito, e tutte le guerre per le quali valesse la pena di morire erano state guerreggiate; e tutte le passioni profuse e spente salvo quella, senile, di conservarsi. Che importava a Erostrato di essere un pessimo scrittore, di non sapere maneggiare scalpello o squadra o pennello, e di aver paura, tanto era codardo, persino della propria ombra? Un insaziabile desiderio di gloria gli faceva egualmente ritenere che il tempo in cui viveva l'avesse derubato dei suoi giusti allori. Era il tempo delle grammatiche, delle compilazioni, delle antologie e delle enciclopedie; dei critici, degli esegeti e degli archivisti. Tutto insomma era stato fatto, non restava che ordinare e commentare. A Erostrato pareva un tradimento senza pari della sorte l'esser nato in un tempo come quello quando all'uomo bennato non si offriva altra risorsa che di godersi la vita. In un tempo siffatto c'era il pericolo di vedere ogni sublimità cambiarsi in ridicolo, ogni fierezza in buffoneria, ogni nobile gestire in farsa. E così infatti era accaduto. Erostrato aveva voluto diventare l'Alcibiade della propria città, rendendosi famoso, in mancanza di meglio, con le stranezze. Ma non era riuscito che a diventarne il Tersite.

Del resto, lo conoscevano il suo furioso amor della gloria. Ai banchetti, dopo avergli maliziosamente fatto alzare il gomito più del dovuto, con finta ingenuità gli domandavano quale avrebbe preferito, ove avesse potuto scegliere, tra le vite di Omero, di Achille, di Pericle e di altri simili eroi e grand'uomini. Serio serio, Erostrato rispondeva allora che la domanda mancava di fondamento; perché egli aveva forse il genio di Omero, il valore di Achille, la saggezza di Pericle e così via, che ne sapevano loro?, ma tutto il resto mancava. Che avevano a che fare Omero, Achille, Pericle e gli altri con questo tempo di stanchi eredi, con questa città di mercanti e di lenoni? E quelli a smascellarsi dalle risa, come se le ingiurie non li avessero riguardati, o Erostrato, sempre così serio, avesse anche lui voluto scherzare. Oppure fingevano che una commissione di Ateniesi fosse giunta a Efeso con l'incarico di offrire al celebre Erostrato la cittadinanza onoraria della capitale attica. Travestiti da Ateniesi questi buontemponi si presentavano alla casetta di Erostrato, bussavano, ingiungevano alla serva diffidente di avvertire il padrone dell'arrivo di una deputazione straniera che desiderava parlargli. Appena Erostrato si affacciava stralunato e con gli occhi più rossi che mai, l'intera deputazione si inchinava e il capo domandava se si trovava davvero in presenza del famoso Erostrato di cui tanto si parlava fin nelle più sperdute isolette dell'Egeo. Alla risposta affermativa del maldesto Erostrato, colui si traeva dal seno un foglio arrotolato, lo spiegava con gravità, e dopo essersi schiarita con un colpo di tosse la gola, leggeva a gran velocità la burlesca arringa. Ma Erostrato, ritto sulla soglia di casa sua, pur avvertendo la beffa, non batteva ciglio. E, finito il discorso, rispondeva con molta serietà rifiutando l'onore e protestando di non esserne degno. Egli non aveva fatto nulla di glorioso per meritarsi il titolo di cittadino ateniese, concludeva con accento allusivo e incomprensibile, ma aspettassero e chissà se tra qualche tempo egli non avrebbe giustificato questa distinzione. Quelli allora, felici per la burla così bene riuscita, scoppiavano in una gran risata. Interveniva a questo punto la serva armata di scopa, indignata, gridando a quegli sfaccendati: "Vergogna, prendersi giuoco a questo modo di un povero uomo... andate a lavorare fannulloni... vergogna..." Erostrato rimbucava in casa senza far motto, la serva restava sulla soglia ad agitare la scopa e a gridare, e la deputazione si sperdeva tra i fischi e gli sberleffi.

Erostrato ormai non aveva più nulla da perdere. E l'odio contro i concittadini provinciali e goderecci congiunto alla sempre insaziata brama di rinomanza, finì per diventare in lui una specie di fissazione. Pensava essere tempo, gran tempo, che gli Efesini si accorgessero con chi avevano a che fare. Pensava pure che le generazioni degli uomini si seguono trasmettendosi di bocca in bocca alcuni nomi, pochi in confronto della immensa moltitudine che muore ignota; e che non valeva la pena di aver vissuto se non si era tra quei nomi. Pensava ancora che gli uomini serbano egualmente memoria di coloro che li beneficano come di quelli che li danneggiano: di Pisistrato tiranno come di Pericle. Pensava infine che ogni tempo ha la celebrità che si merita: nel suo essa non poteva venire che da un'azione che fosse, per così dire, l'estratto potente di tutti quegli elementi esangui e distruttivi.

Era un pezzo che guardandole dal basso, le colonne altissime, colossali veramente, del tempio di Artemide gli ispiravano un acuto fastidio. Colonne sciocche nelle quali la mole smisurata cercava invano di compensare la grossolanità del concetto architettonico e dell'ornato. Il basamento su cui poggiavano tali colonne era già più alto assai di Erostrato; e ad abbracciare i tamburi giganteschi di marmo che sovrapposti ne componevano il fusto, certo ci volevano almeno quattro persone della sua medesima statura. Ritte in fila in cima ad una vasta scalinata, le colonne schiacciavano il disgraziato che con animo pio si avventurava su per quel deserto abbagliante di bianchi gradini; e i capitelli erano così eccelsi che Erostrato per guardarli doveva rovesciare indietro il capo col rischio di buscarsi un torcicollo. Nel frontone poi gesticolavano statue di cui un solo dito, a quel che si diceva, era grande come una gamba di Erostrato; ma chi poteva vederle all'infuori delle cornacchie che vi si annidavano numerose? E tutto questo per il rito decrepito di quella zitellona di Artemide a cui non credeva più nessuno. Il tempio era stato eretto quando la religione già decadeva. Ed era piuttosto un'attrattiva colossale della città che il santuario di una dea venerata. Del resto pietra canta, pensava dispettosamente Erostrato modificando un noto proverbio. Certi tempietti rustici dei villaggi montanini pieni di fiori campestri e di umili offerte esprimevano bene il sincero sentimento che animava quei villici. Ma quelle insipide colonne non esprimevano che boria di mercanti arricchiti e retorica di grammatici.

Una sera, dopo aver bevuto più del solito in casa di un riccone a nome Polifilo, seccato del consueto frastuono di scherno che i commensali gli facevano attorno sulla faccenda dell'immortalità, Erostrato uscì a dire che conosceva un mezzo infallibile per assicurarsela con poca fatica, quella benedetta fama: incendiare il tempio di Artemide, una delle meraviglie del mondo. Il fuoco, egli soggiunse facendo un giuoco di parole, si sarebbe spento dopo aver fatto la sua opera di distruzione, ma il suo nome mai più. E concluse dando molti chiarimenti sul modo che avrebbe tenuto per suscitare l'incendio. Dapprima avrebbe appiccato il fuoco con una torcia ai cortinaggi che nascondevano la dea, agli arredi sacri, ai tappeti e alle corone. Quindi si sarebbe arrampicato per la scaletta interna fino al soffitto e lì avrebbe incendiato il velario di lino sospeso sopra la cella; da questo il fuoco si sarebbe comunicato alle travature e ben presto tutto il tempio avrebbe divampato. Tanto lusso di particolari poteva insospettire i commensali, ma, abituati a non prendere sul serio i discorsi di Erostrato, scoppiarono invece tutti in una gran risata: delle panzane che da anni egli andava raccontando, questa certo era la più grossa. Né ci fu alcuno tra quegli scettici che si indignasse per un proposito così sacrilego. Anzi, uno dei più ubriachi gridò a Erostrato che gli conveniva, se non voleva fare la fine del topo in trappola, incendiare prima il soffitto e poi il resto. Quindi per tutta la serata non cessarono di canzonarlo per questa sua nuovissima stravaganza, chiamandolo eversore di templi, paragonandolo a Prometeo inventore del fuoco, ad Agamennone che aveva bruciato Troia. La gazzarra si protrasse anche fuori della casa ospitale, per le vie deserte. Finché tutti lasciarono Erostrato e se ne andarono a dormire ridendo ancora in cuor loro di tanta ridicola pazzia.

Ma Erostrato non aveva mentito. E penetrato quella notte stessa nel tempio, fece a puntino tutto ciò che aveva detto durante il pranzo. Ebbe, è vero, un momento di trepidazione guardando nella cella agli enormi occhi bianchi e d'oro della dea crisoelefantina. Ma girandole alle spalle, l'aria bolsa e slombata che hanno le statue colossali viste di dietro gli rese tutta la sua decisione. E fu in preda ad una specie di rapimento, quasi ubriaco dall'azione improvvisa dopo una vita di intenzioni, che compì la sua opera di incendiario.

Quella notte l'alba parve anticipata sulla città di Efeso da un gran chiarore rosso apparso nel cielo al disopra dell'Acropoli. Quindi, mentre le fiamme divampavano, tutta la città si riempì di un immenso clamore: il tempio di Artemide bruciava.

Ma ad Erostrato per poco non sfuggì lo stesso l'immortalità tanto sospirata. Perché i commensali increduli inclinarono dapprima a non vedere che una casuale coincidenza tra le sue vanterie e l'incendio. Così la solita fatalità minacciava di ripetersi: e invece di passare alla storia come l'uomo che aveva arso il tempio di Artemide, Erostrato rischiava soltanto di acquistare una breve nomea di uccello di malaugurio. Allora vedendo che i sospetti già si dissipavano, andò a denunziarsi.

Al processo diede la stessa giustificazione che aveva fornito quella sera al convito: di avere incendiato il tempio per procurarsi l'immortalità. Era sembrata una sciocchezza allora; ma ora, dopo che il tempio era bruciato davvero, parve una mostruosa affermazione d'empietà. Lo condannarono a morte, proibendo nello stesso tempo che si facesse il suo nome nella sentenza; e che nessuno, storico o annalista, lo ricordasse nei suoi libri. Ma dopo la sua morte la gente continuò a parlare di lui. E trascorsi pochi anni dal disastro fu chiaro a tutti che l'immortalità, sia pure infame, egli se l'era procurata forse più sicuramente che tanti altri cittadini onorandi per opere insigni di cui si inorgogliva la città.

MORTE DI LUCANO

Quando Lucano seppe che avrebbe avuto salva la vita se avesse acconsentito a rivelare i nomi dei suoi complici nella congiura di Pisone, l'atteggiamento di convenzionale e retorico stoicismo che aveva assunto fin dagli inizi del processo, gli cadde di dosso come una veste troppo larga, ed egli si sentì invadere da un morbido e smanioso malessere. A tutto nella sua prima disperazione aveva pensato; alle risposte fiere da dare ai giudici; al contegno pieno di nobiltà da conservare durante il processo; ai versi da recitare in punto di morte; alla fama di fortezza e di virtù che avrebbe per sempre aureolato la sua fine immatura; ai contemporanei ed ai posteri; tutto aveva previsto nella sua vanitosa agonia, fuorché di potere, a prezzo di viltà, salvare la vita. Questa morte che aveva creduto fatale, si era adoperato per addolcirla e abbellirla con tutti gli orpelli della retorica in cui era passato maestro; e nella sua forzata rassegnazione questi orpelli gli erano sembrati gesti e gridi memorabili strappati alla sua anima dall'estremo pericolo che lo minacciava. Ma ora questa stessa morte che non aveva potuto che rivestire e mascherare secondo la moda ultima e più seguita, gli appariva quasi un rifugio sicuro, un covo caldo e comodo, al paragone del dubbio a cui lo costringeva la promessa dei giudici; ora non lo consolava più, dolce alla vanità, l'immagine retorica di una fine strenua. In quei bui e prostrati giorni che erano seguiti alla scoperta della congiura, egli si era visto già fuor della vita, in una zona funerea e grigia, tra quelle ombre di cui meditava di seguire l'esempio. Ma ora la perfida e calcolata promessa dei giudici, insieme con la speranza e il desiderio di vivere, gli ridava il fardello più grave della vita stessa; quello della coscienza che deve deliberare sulla condotta da seguire. In quella notte di morte da cui la promessa dei giudici lo strappava non c'era che orrore; ma ora in questa nuova alba che pareva spuntare per lui c'era peggio di quest'orrore; l'obbligo, nuovissimo per lui, di agire non più come cortigiano dai molti talenti dappertutto accarezzato e ammirato, ma come uomo. Gli si chiedeva di scegliere; e in tali condizioni che non potevano soccorrerlo i molti doni di natura; senza fare alcuna differenza tra lui che era entrato quasi per giuoco nella congiura, e i suoi compagni che l'avevano tramata e avrebbero raggiunto il principato ove fosse riuscita. Impreparato per tutta una vita facile, fatua e vana a tale angustia di scelta, amareggiato dall'ingiustizia del proprio destino, Lucano provava quasi un'impossibilità a impadronirsi con il pensiero della gravità e importanza del dilemma propostogli; e piuttosto che persone e fatti reali, vedeva ombre retoriche lontane da lui quanto e più che i fantasmi di Cesare, di Bruto e di Pompeo evocati nella *Farsalia*. Mia madre, i miei amici, si diceva; ma la madre e gli amici restavano pallidi e inerti, difficili a definirsi nel loro giusto valore, fuori di quel mondo pieno di immobili e declamate regole morali da cui aveva tratto i suoi personaggi. Tradire gli amici, la madre, insisteva, è azione vile, indegna. Ma in quale mondo tali azioni erano vili e indegne? In quello in cui aveva vissuto sinora, o nel mondo teatrale delle tragedie dello zio Seneca? In realtà, il valore di questa viltà gli sfuggiva; a commetterla non sapeva che cosa avrebbe perduto, ma soltanto quel che poteva guadagnare. Falso e convenzionale si sentiva appena si confrontava con il dovere che gli incombeva; vero ed umano invece se considerava il premio che avrebbe ottenuto mancando a questo dovere. Di fronte alla madre e agli amici, c'era un personaggio stoico di tragedia, ritto nella toga ben panneggiata, il braccio steso, la bocca aperta a perorare; ma di fronte alla vita che avrebbe ottenuto in cambio del tradimento, c'era proprio lui, Lucano; quel Lucano scarmigliato d'orrore, senza più lagrime per piangere né voce per gridare, lordo e stracciato a furia di dibattersi; quel Lucano che aveva paura e non voleva morire.

"Timorum maximus" aveva chiamata nella *Farsalia* la paura della morte. E ora veniva forse da questa paura che, incontro al pallore e alla freddezza delle immagini della madre e degli amici, la vita gli apparisse così colorita e sorridente. Anzitutto il sole, il dolce sole, ardente d'estate, stanco e rosso d'autunno, lieto di primavera, grato durante gli inverni rigidi, l'aspettava fuori del carcere e avrebbe avuto altrettanta luce per lui che aveva denunziato sua madre che per il più nobile degli uomini. Anche la terra gli avrebbe sorriso, con i suoi fiumi che serpeggiano dai monti azzurri e si gettano in mare, le sue selve piene di uccelli e di miti belve, il suo vasto cielo nel quale i venti spingono le nubi. Su questa terra, avrebbe ancora camminato, se avesse vissuto. Ma più dolce ancora che il sole e la terra, ragione sufficiente di vita anche per un uomo senza onore, gli appariva il ghiotto e soave mestiere del letterato. Chi, pensava, non commetterebbe il peggiore dei tradimenti se fosse poi sicuro di scrivere un poema bello e perfetto quanto quelli di Omero? Fantasticare di eroi, di battaglie, di dei, di prodigi, scegliere nel profondo dell'animo ispirato le parole, comporle con attento orecchio nei lunghi periodi, leggere con acume, discutere con sottigliezza, meditare senza fine; e poi declamare, ricevere applausi, ascoltare lodi e critiche, vedere propagarsi il proprio nome; che cosa poteva esserci di meglio al mondo? Non certo una sterile e polverosa fama di virtù stoica; ché un solo verso di Virgilio valeva più di tutte le intrepide ostinazioni di Catone. Ora Lucano aveva appena ventisett'anni; e gli pareva che se avesse vissuto avrebbe saputo scrivere cose più belle di Virgilio; cose, cercava di convincersi, che ampiamente giustificavano qualsiasi tradimento.

Così, tra questi pensieri, in preda ad un malessere smanioso, Lucano passò quel giorno. E a sera, tornati i giudici ad interrogarlo: "Atilia," disse, "mia madre Atilia è tra i complici di Pisone." Uno dei giudici, seduto, scriveva, il secondo l'interrogava, il terzo stringeva in pugno una spada. E quello della spada, appena Lucano ebbe denunziato madre e amici, a lui che ansiosamente lo guardava, disse: "La promessa non sarà mantenuta. Si vuole che tu muoia." A queste parole Lucano, comprendendo che aveva perduto ad un tempo la reputazione e la madre e la vita, si gettò in terra implorando e gridando. Ma già i passi dei giudici si allontanavano fuori della porta serrata, per i corridoi.

Il giorno dopo, recitando certi suoi versi sopra un soldato morente, Lucano porgeva le vene dei polsi al chirurgo. A ventisett'anni, mentre il sole continuava a brillare e gli astri del cielo a volgersi in perpetuo movimento. Sapendo di morire per ragioni futili, dopo viltà che nessuna dignità poetica avrebbe mai potuto riscattare. Chi avrebbe più parlato di lui? Grammatici e retori. Recitati i primi versi, guardò il sangue ruscellare dalle vene grosse dei polsi e con più rivi sottili, specie di maligna radice purpurea, rivestirgli fino alle unghie le dieci dita spalancate e penzolanti. Pur continuando a recitare capì che il guasto di quelle vene aperte era senza rimedio, che quel sangue che gli gocciolava dalle dita non sarebbe più tornato nelle vene; e per la sua voce tremò e si allargò una liquida e vasta amarezza. Guardate, avrebbe voluto gridare, guardate come muoio. Ma nei versi che recitava la morte era già descritta; né c'era tempo. Così, finito il breve carme, si spense la sua vita.

ANTICO FURORE

A Lucrezio era venuto ormai in fastidio l'intero genere umano. Quando si credeva ancora agli dei, gli uomini potevano almeno considerarsi lo zimbello di quegli oziosi e spensierati immortali; consolazione scarsa ma che permetteva di illudersi che le fioche voci e le piccole stature di quaggiù destassero qualche eco, proiettassero qualche ombra nell'universo più vasto. Ma sfumata la credenza negli dei, svanite le innocenti e vetuste superstizioni che facevano di tutta la vita umana un solo rito, gli uomini pieni di voglie e di superbia erano ricaduti sopra se stessi, e non era rimasta che la politica. Ossia una specie di tragedia senza catarsi, recitata da personaggi che, nonostante gli alti coturni e le voci cavernose, non sapevano essere tragici; e le passioni e le fedi che in quei contrasti si rivelavano erano forti ed efficaci nella stessa misura che erano interessate. Gli interessi, insomma, determinavano ormai anche gli atteggiamenti più ideali; chi aveva esercitato l'usura, o saccheggiato una provincia, o derubato l'erario e possedeva case, schiavi e terre, proclamava con bocca sacrilega di voler difendere fino alla morte la libertà e il senato; chi invece fino a ieri era stato un servo fuggitivo dalle spalle ancor rosse per le frustate, un disperato crivellato di debiti, un mestatore di basso rango, invocava giustizia, additava la miseria dei plebei, reclamava riforme. Era una lotta torbida; anche se la posta evidente e spesso confessata era il potere. Bastava essere disinteressato, portare amore al proprio mestiere e sopra ogni cosa avere il senso della vita e della morte per guardare queste lotte con occhio gelato quando non sprezzante; come i combattimenti delle formiche intorno le loro dimore di polvere. Ora Lucrezio era disinteressato, portava amore infinito al proprio mestiere di scrittore, e soprattutto possedeva il senso, si vorrebbe dire il furore, della morte e della vita. Gli pareva che il mondo, corrotto, violento e ipocrita com'era, guardato con occhio di moralista stoico o di lodatore del tempo passato, fosse insopportabile. Perciò occorreva ricondurre l'uomo nel novero delle forze naturali, renderlo innocente e insignificante come gli animali che quando uccidono o derubano o si sporcano o tradiscono nessuno pensa a biasimarli e a dedurne che la civiltà va in malora, o come le piante che conoscono soltanto vita, crescita e morte e tutto il resto è mistero. Gli uomini volevano lode o biasimo, pretendevano che si prendessero sul serio le loro ambizioni, le loro vittorie, i loro mancamenti e persino le loro intenzioni. Ma Lucrezio, oppresso dalla grave noia di tutto questo vano agitarsi umano, era fermamente deciso a non parteggiare, a non lasciarsi prendere dalla prurigine deprecatoria o eulogica. Abbastanza, pensava, si era parlato delle cose umane da storici, poeti, oratori, teatranti, satirici, filosofi; ora era venuto il tempo grave e deluso di sollevarsi nella luce perpetua del cosmo, là dove non ci sono più né regni né repubbliche, né ricchi né poveri, né cose buone né cose cattive, ma soltanto leggi di natura, eterne e infrangibili, di vita e di morte.

Tutto questo pensava Lucrezio. Tutto questo e molto più ancora andava scrivendo nel suo poema. Ma, contro ogni sua volontà, la filosofia pacata di Epicuro nella sua mente accesa si esprimeva non già in serene formulazioni bensì in un furore che pareva trarre la sua maggior forza da quel moralismo appunto che Lucrezio aborriva. Egli celebrava, sì, la natura, ma come in odio agli uomini; cercava sì di dimostrare l'inesistenza dell'anima e il totale trionfo della morte, però non senza un'eco dell'antico terrore che intendeva di fugare. Ma dove soprattutto restava lontano da quella scientifica serenità a cui aspirava, era parlando dell'amore. Avrebbe voluto trattarne con didattica freddezza come degli atomi o delle eruzioni dell'Etna; ridurlo da fatale passione a stimolo necessario e naturale. Invece non poteva fare a meno sia descrivendo un amplesso sia parlando della pubertà o dei sogni di lasciare trasparire certi sentimenti di malinconia e di riprovazione, di astio e di furore, che gli erano rimasti dalle amare esperienze della inquieta giovinezza; e di cui aveva sperato di liberarsi con la filosofia di Epicuro.

Ora occorreva invece togliere ogni umana tristezza all'amore; renderlo alla natura; far sì che la vita diventasse tutta una sola estate incendiata e silenziosa. Durante l'estate, il sole essendo al colmo della sua esaltazione, mentre sui campi bruciati e terrosi l'aria infuocata rintrona dell'assordante canto delle cicale e il ramarro dalla pancia palpitante sta fermo sulle crete e fissa con pupille che non tremano il bianco incendio del sole, nell'animo degli uomini, in fondo alle case buie e fresche ogni pensiero tace assopito e sola rimane desta e pura la vampa dei sensi. Brucia essa ogni dubbio, e dopo tante cure sterili, rende finalmente agli amanti l'antica comunione con la natura. Rendere perpetuo tale stato felice, mai più scadere da tale ardore, a questo, tra il disprezzo per gli uomini e l'insaziata aspirazione ai misteri naturali, tendeva Lucrezio. E per questo ottenere, un giorno d'estate in cui il sole ardeva forte e il silenzio stesso pareva divampare, egli bevve una pozione amatoria acquistata da una donna; la quale faceva parte di una tribù errante di nomadi che si era attendata con i suoi carri tra i campi e il mare, al margine del terreno dove si trovava la villa di Lucrezio.

La villa sorgeva sopra un litorale basso e deserto, davanti aveva la breve spiaggia nera di alghe, e poi il torbido mare insabbiato, dietro si stendevano i campi già mietuti, irti di stoppie e sparsi di macchie. Bevuto che ebbe il filtro, sembrandogli di non risentirne alcun effetto, come abbagliato, Lucrezio uscì sul mare e camminò lungo il litorale alla ricerca dei nomadi. Ma come fu giunto sul luogo, scoprì che la tribù era partita. Ancora si vedevano gli spazi tondi e calpestati dove erano state le tende, ancora restavano i tizzi spenti e le ceneri dei fuochi, ancora freschi parevano i solchi profondi scavati nel terriccio dalle ruote dei carri carichi di masserizie e di bambini; questi solchi appaiati si allontanavano serpeggiando e scomparivano tra il pullulare delle macchie. La fiamma del sole tremava per l'aria; le cicale assordavano; a intervalli, ogni volta che un'onda si spingeva sul litorale, giungeva la voce del mare, triste fino alla morte. E bruscamente, mentre guardava quei mozziconi carbonizzati disposti in cerchio, quei solchi che se ne dipartivano, mentre con la fronte e le orecchie nella vampa del sole ascoltava il mare, ecco morderlo un bruciante desiderio, quale si prova soltanto nell'adolescenza allorché si desta la prima volta la passione morbosa. Il desiderio cresce a dismisura, come un cieco Lucrezio brancola nel solleone cercando con le braccia tese di abbracciare forme che non ci sono, finalmente, pazzo di insaziato furore, corre verso casa. Qui, in fondo ad una buia stanza incominciò a contorcersi ed a gridare incoerentemente. Diceva che egli era un dio e che Venere, discesa apposta per lui dall'Olimpo, giaceva sul letto al suo fianco. Venere, gridava, Venere stessa, vestita dei suoi capelli gli stava a lato e gli prodigava le sue carezze. Da Venere gli veniva quell'insaziabile brama; quella ronzante delizia; da Venere procedeva la sua estasi. Ritti sulla soglia della porta, senza osare entrare nella camera, i servitori allibiti lo guardavano che si contorceva ed urlava. Così, lui farneticando e sempre invocando e abbracciando Venere, e quelli della famiglia guardandolo dalla porta, le ore del pomeriggio passarono. Calate le ombre della notte e accese le lampade, continuò Lucrezio ad agitarsi, seppure più fiaccamente; ora pareva sbalordito. Finalmente, verso la mezzanotte, parve assopirsi. Ma ritiratisi i servi, non più di un'ora dopo l'udivano lamentarsi, con voce umana questa volta. Accorsi, lo trovarono che dal giaciglio, tutto ravvolto nel lenzuolo, come per insofferenza dell'afa, era per metà scivolato in terra. Ma poiché l'ebbero sollevato scoprirono che era lordo di sangue già nero per una larga ferita che si era fatta lasciandosi cadere sulla propria spada. Ancora pareva che respirasse. Ma disteso che l'ebbero di nuovo sul letto, si accorsero con stupore che era morto.

MAOMETTO

A Maometto pareva di aver ricevuto in dono dalla natura come un sesto senso, quello del presentimento. Senso delle poche cose che potrebbero essere tra le infinite che sono; dell'imminenza sempre possibile dell'unità tra il disordine dei contrasti; del principio e della fine. Per questo senso gli sembrava di continuo di avere sulla lingua parole che non sapeva dire, negli sguardi visioni che non poteva vedere, forme in cima alle dita che non riusciva a toccare. Il sesto senso fuorviava gli altri cinque con delusivi indizi; e intanto precludeva ad essi il mondo reale. Nulla più egli appetiva, perduto al mondo; ma quel che presentiva gli sfuggiva di continuo. Sentiva Maometto di essere perpetuamente sulla soglia del mistero; ma anche sentiva che a varcare quella soglia, le sue sole forze, umane forze, non sarebbero mai bastate. Egli aveva voluto che l'anima sua si sgombrasse di ogni cura mondana, rendendosi simile a quelle morte valli del deserto in cui non cresce un filo d'erba e non scorre mai acqua e che paiono serbarsi così nude e vuote per meglio accogliere il rimbombo delle folgori celesti; ma pronta a risuonare delle voci supreme l'anima di Maometto taceva e l'eco presentita non si decideva ad abitarne l'apprestata e vogliosa solitudine. In questa spasimosa aridità Maometto si sentiva prosciugare, in questa assetata ebbrezza morire. E non c'erano più giorni né notti per lui, ma solamente attesa.

Eppure come il linguaggio di coloro che lo spavento ha reso muti, e gli viene fuori a brani, slegato e incomprensibile, ogni tanto nelle lunghe peregrinazioni per il deserto, gli balenavano balbettii. Vedeva sparsi sulla faccia della terra popoli che la mancanza di speranza faceva inferocire come le bestie che vengono chiuse dentro il sacco del parricida e con lui buttate a mare; questi popoli erano disposti... ma a che cosa? Gli tornavano alla memoria gridi, lontananze, cieli, musiche, notti, invocazioni. Se invece l'animo stanco di bussare invano alla porta serrata del presentimento, rinunziava e cedeva il luogo alla mente, tutto era chiaro, fin troppo. Gli indizi si moltiplicavano e tutti coincidevano: le nazioni si erano sciolte dai loro vincoli naturali e aspiravano a un comune verbo che le riunisse; individualmente gli uomini non erano mai stati così sperduti e infelici, la vita umana mai così disprezzata e di poco valore, mai così grande l'empietà. Nessuna potenza terrena pareva capace di portar rimedio a tanta ingente massa di mali; la filosofia atterrita taceva o dichiarava la disfatta della ragione umana; gli antichi idoli pagani ogni giorno di più si rivelavano per quello che erano, simulacri di deità create dagli uomini per gli uomini. Ancora, apparivano a oriente e a occidente i conquistatori, incaricati di distruggere, per i quali i popoli sono strame ai loro cavalli; e così la funesta eguaglianza che i vizi non avevano prodotto, sarebbe stata raggiunta con la morte. Tutto questo era buono, gli sussurrava la mente, era propizio, era ottimo. Ma che cos'è la mente?, si disperava Maometto. Nient'altro che misura; e l'incommensurabile le sfugge. Anche la natura non dava maggior affidamento. Bastava infatti un'ubriachezza o un sogno per vedere cascare il sole e volare le bestie, per udire parlare le pietre e le sabbie, per sentire i profumi risuonare come musiche e le musiche odorare come profumi. Peggio ancora avveniva se, sdegnando l'orgoglioso pensiero e disertando i falsi misteri naturali, si mescolava agli uomini. Allora tutte quelle vane cure gli facevano l'effetto di mulini che macinassero fumo e più ne macinavano più ne usciva, nero, fitto, soffocante.

Una frase sola invocava Maometto, uscita dalla sua bocca ma parlata da Dio; e al suono di questa frase tutto il mondo sarebbe diventato santo. Santi i matrimoni, le nascite, le morti, sante le guerre e i traffici, sante la ricchezza e la povertà, santi gli uomini e la natura. Ma la frase non veniva e allora Maometto disperava; e lo tentava l'empio pensiero che non da Dio avrebbe potuto ricevere la parola che cercava, bensì da un uomo. Il mondo era immenso, con paesi e montagne e mari e città al di là dell'orizzonte; possibile che in tutta quella vastità non ci fosse un uomo, un solo uomo a cui le cose supreme fossero note? Maometto sarebbe partito in pellegrinaggio alla ricerca di quell'uomo. Ma il presentimento lo tratteneva, avvertendolo che quell'uomo non poteva essere altri che lui; e ove egli fosse morto non vi sarebbe stato più nessuno per tutti i secoli a venire.

La giovinezza ormai era lontana; ma il fervore di Maometto non diminuiva. Usciva ogni giorno di casa, lasciava la città, seguiva la pista delle carovane, e poi si inoltrava nel deserto. Soltanto il deserto conosceva i suoi pianti, le sue preghiere, le sue urla e i suoi silenzi. E, ove egli non fosse stato esaudito, il deserto solo avrebbe accolto, insieme con le sue ossa, la confessione della sua disfatta. Per la città sarebbe morto un austero e onorato mercante. Gli amici avrebbero parlato dei suoi occhi, della sua barba, della sua bella persona e delle sue ricchezze. Ma a Dio sarebbe stata resa l'anima di cui non aveva voluto servirsi come pareva aver promesso. Tale intimità e tale segreto confortavano Maometto. Egli lottava contro gli angeli, ma per gli uomini non doveva restare traccia, in lui, di tali combattimenti. Egli si faceva tra gli uomini tanto più modesto e umano quanto più gli pareva che si avvicinasse il momento della rivelazione. E se nel deserto chiedeva a Dio la morte come liberatrice da tanta infelicità, nella sua casa, accanto alla moglie, continuava a invocare la pace e il tranquillo godimento di quei beni che disprezzava. Buon Maometto, saggio Maometto, prudente Maometto, virtuoso Maometto, lo chiamavano gli amici; ma nel deserto egli non era più buono né saggio, né prudente, né virtuoso; bensì soltanto colui che attende e spera. E alla fine delle lunghe giornate di vana aspettazione, avrebbe voluto gettarsi in terra e lacerarsi le vesti per la disperazione. Perché bontà, saggezza, prudenza, e virtù, senza la luce di Dio, nient'altro erano che nebbia e parole di nebbia.

Ora accadde che una notte Maometto, sospinto da una insopportabile irrequietezza, uscisse di casa, e poi di strada in strada, dalla città. Le bianche mura merlate per un poco si drizzarono dietro di lui che camminava, per un poco ancora udì i cani dai cortili abbaiare, sempre più fiochi, quindi le dune salendo fino al cielo inghiottirono le mura e il silenzio spense il clamore canino. La notte era eccessivamente calma. A mezzo il cielo la falce verdognola della luna stava sospesa in un alone purulento quale un verme che divorino le formiche; e come un verme pareva visibilmente torcersi; tutt'intorno le stelle scintillavano scapigliate e furiose; e il deserto si svelava fino all'orizzonte con il suo pullulare di dune, grigio e gelato. Seguì Maometto dapprima la pista delle carovane quindi si incamminò a caso tra le dune. Giunse così ad un pianoro sabbioso, in lieve salita, tutto sparso di massi erratici che gettavano lunghe ombre sul pendio imbiancato di luce lunare. Un anfiteatro di rupi nere, lustranti qua e là come il ferro, coronava questa salita; la quale pareva convergere verso il buio orifizio di una gran caverna che si apriva sotto quelle rupi. Giunto sul limitare della spelonca, Maometto si distese sulla sabbia e levò gli occhi al cielo.

Allora, ad un tratto, davanti ai suoi occhi, tutto il cielo svelò il suo fondo come il mare il suo, se le onde si ritraggono. Non una ma ben cinque lune risplendevano simili a disfatte e stregate corolle, occhi cigliati che girassero le pupille parevano le stelle, astri mai visti ronzavano tra la minutaglia stellare, quali composti di anelli d'oro, quali in forma di globi fiammanti, quali esagonali e quali irti di punte infuocate. Le comete dalla ruggente capellatura si avventavano in ogni direzione, i pianeti turbinavano come trottole, le costellazioni ondulavano e si torcevano. C'era in questa visione una certa ostentazione, come capì Maometto: i cieli gli venivano svelati affinché potesse ammirarne la straordinaria complessità e ricchezza. Quindi si levò un terribile fruscìo e Maometto vide tutti quegli astri farsi da parte, cascando gli uni addosso agli altri e tutti insieme verso occidente. Qualcuno li spazzava via, come se nonostante il loro fulgore e la loro bellezza essi fossero di troppo e dovessero sgombrare il cielo per dar luogo ad una maggiore apparizione. Era una mano, Maometto ne fu subito certo, immensa e invisibile, che, dopo avergli svelato il cielo fino alle più lontane galassie, ora dimostrava la propria potenza svuotandolo d'ogni splendore. E in verità nel cielo questa mano era simile alla mano della massaia che pulisce con un cencio un tavolo sudicio: ad ogni colpo il mucchio degli astri spazzati si faceva più grosso, più vasto il buio. Ben presto tutto il cielo fu vuoto e nero, salvo a occidente dove la massa degli astri insieme con la luna e con le stelle calava lentamente spegnendosi dietro la linea dell'orizzonte. Poi, ecco un punto luminoso accendersi dando al cielo la forma di un imbuto; credette Maometto di ravvisare in questo punto un angelo slanciato che fendeva lo spazio; l'aveva appena visto che già gli era addosso abbacinandolo di luce. Ed egli cadde riverso torcendosi, e schiumando dalla bocca. Gli sembrava che una mano potente gli avesse afferrato la lingua alla radice e a sé la tirasse come si fa con un'erbaccia che si vuole svellere. La mano furiosa, con intenso suo dolore, gli strappava la lingua finalmente; e con essa qualcosa usciva dal suo corpo: la vecchia anima muta e impotente. Egli parlava; ed erano le parole tanto attese. Ma già la luce risaliva fulminea, rimpiccioliva, scompariva.

Un leone e una leonessa uscirono dalla caverna e si avvicinarono lentamente al corpo disteso di Maometto. Scosse il leone l'irsuta criniera e si sdraiò presso Maometto covandolo con i rossi occhi infuocati. La leonessa leccò le mani con le quali Maometto stramazzato artigliava la sabbia. La luna bagnava Maometto della sua luce e il suo viso risplendeva benché tenesse gli occhi chiusi. Poi la leonessa si allontanò per il pianoro girando intorno i massi erratici; e il maschio la seguì. Le loro ombre errarono a lungo per il pendio tra i massi, silenziose, lente, vagabonde; finalmente scomparvero.

Maometto si levò, ché era stato fino ad allora disteso come morto. E fu con passo sicuro che discese il pendio allontanandosi dalla caverna. Pensava che tutti i popoli che dormivano a quell'ora dovevano conoscere il primo sonno leggero dopo l'incubo che durava dall'inizio dei tempi. Perché il prodigio era avvenuto; ed egli si apprestava ad accendere una speranza che non si sarebbe mai più spenta nei secoli.

I SOGNI DEL PIGRO

Ogni mattina, destandosi, Talamone pensa alla morte. Il pensiero gli viene naturalmente, feccia triste e incredibile del profondo calice bevuto durante tutta la notte. Come gli amanti dopo l'amore, così Talamone pensa alla morte dopo il sonno, suo unico e massimo piacere. Lo sbigottisce questo sonno senza fine, di ossa e polvere che un giorno interromperà per sempre i brevi sonni di carne, di sangue e di sudore nei quali egli non smetterebbe mai di crogiolarsi. Pensa: "Un giorno cesserò di vivere," ma in realtà è come se dicesse: "Un giorno cesserò di dormire e di sognare." Perché se il sonno è il maggior piacere di Talamone, dentro questo piacere se ne cela un altro, mille volte più fine e più ghiotto, che è quello di sognare. Che cosa avvenne per esempio quella notte mentre dormiva? Pur standosene sotto le coperte fino al mento, Talamone cerca di rintracciare uno a uno i sogni che, come un treno illuminato e pieno di gente per una campagna notturna, gli hanno attraversato la memoria a grande velocità, diretti chissà dove con il loro carico di avventure e di stupori. Ah, poter ritrovare quel momento in cui, in un cerchio di gente ammirata, egli si librava con bella agevolezza tutt'intorno le nude pareti di un'alta stanza disadorna. Talamone si accanisce su questo primo sogno cercando di pescare anche gli altri che seguirono, ma il sogno, come un pesce di grande profondità, dà uno strattone all'amo, mangia l'esca e scappa via. È tardi ormai, bisogna alzarsi.

"Mi alzo," pensa Talamone. E come se formulando questo pensiero avesse già compiuto l'atto, resta fermo più che mai, anzi mette sotto le coltri il braccio che stendeva di fuori.

40

Gli è che, svaniti i sogni notturni, cominciano quelli a cui Talamone si abbandona in pieno giorno. Pigro per costituzione, egli non ha mai saputo abbandonare l'età puerile, dono generoso della natura, per quelle successive, frutto di esperienze e di sforzi troppo faticosi; così che, rimasto bambino, tuttora l'appassionano pensieri di violenza, di attività turbinose, di risolutezze estreme, di avventure. Pensieri, non atti, ché c'è di mezzo il gran mare della pigrizia; pensieri senz'atti, che in altri diventerebbero rimorsi, velleità, veleni dell'anima, e in Talamone, delicato e puerile, si cambiano piacevolmente in sogni. Del resto, riflette Talamone, è soprattutto nelle azioni violente, inconsuete, grandiose che si avverte il delizioso sapore del sogno. Non per nulla si dice di esperienze poco ordinarie: fu un sogno, mi par di sognare, è un incubo e così via. Agire insomma è sognare a occhi aperti. Al contrario, a lasciarsi vivere sul filo sonnolento dei giorni tutti eguali, si giunge inevitabilmente ad una crudele e razionale chiarezza. "Sogniamo, dunque," pensa Talamone. Egli non ha certo bisogno di quelle giustificazioni e di questi incitamenti.

Talamone, sempre ficcato nel calduccio del letto, pensa ad un tratto di afferrare una rivoltella, cacciarsela in tasca, correre per le strade, entrare in una casa, sparare, ammazzare. Ma ammazzare chi? Non importa, ammazzare. Dato l'avvio su questa traccia, la fantasia di Talamone si perde, con fittezza decorativa, nei particolari: una donna che egli ama o che l'ama, un delitto passionale, l'arresto, il processo, la galera... A questo punto la sveglia, da Talamone prudentemente ricaricata al suo primo destarsi con mezz'ora di ritardo, scatena il suo maledettissimo trillo. Talamone esce a malincuore dall'immaginaria prigione in cui già si trovava benissimo e si alza davvero. Sospirando mette i piedi in terra, passa con il corpaccio pingue attraverso tutti i fili di luce che rigano la penombra della stanza, e se ne va nel bagno a vestirsi.

Grande, forte, autorevole e posato, con un volto ponderato e schifiltoso di uomo d'ordine e di uomo di gusto, chi non prenderebbe Talamone per qualche personaggio importante e pieno di senno, di quelli che, come si dice, formano la base della società? E invece, nei sogni almeno, è uno spirito folletto, un tirannello, uno screanzato, un facinoroso e non so quante altre cose ancora. Eccolo sull'autobus, pigiato tra la folla degli altri impiegati, pare sveglio ma in realtà dorme. E dormendo sogna. Immagina di essere al posto del guidatore e tutto ad un tratto di mettersi a correre a rompicollo, saltando una dopo l'altra le fermate. Urla e proteste della gente, tentativi di animosi per fermarlo, nulla vale. Corre, corre, lascia il centro, rovina di gran carriera per gli stradoni della periferia, fila in aperta campagna. In un punto deserto in cui si stendono bellissimi prati pieni di fiori gialli, ferma l'autobus e libera il suo carico di impiegati furibondi. Ma come vedono quei prati, quel sole, quello splendore, si placano d'incanto, afferrano ciascuno un bastone con una reticella, e si mettono ad acchiappare farfalle. Grandi farfalle bianche che volano ondeggiando su quel mare d'erbe e di fiori; a rincorrerle, ben presto gli impiegati neri sembrano a perdita d'occhio un vasto e scompaginato stuolo di corvi piombati dal cielo, i più vicini grossi con le falde svolazzanti, a qualche distanza meno particolareggiati, i più lontani macchie nere che se ne vanno di qua e di là per l'aria piena di sole sui prati fioriti, secondo il volo molle e scherzoso dei bianchi farfalloni... Sogno delizioso; ma l'autobus si ferma davvero, Talamone scende, varca la soglia salutato da una gran sberrettata del portiere, sale gravemente una rampa di scala, entra nell'ufficio.

Qui Talamone lavora un po' come durante la notte gli avvenne di sognare. Distante, chiuso nel bozzolo di una magica irrealtà, sbriga le numerose incombenze con una facilità che lo stupisce e ha dell'incubo; proprio come nel sogno quando gli pareva di librarsi a mezz'aria, e tutta la gente intorno con il naso in su ad ammirarlo. D'altronde, la sua attività, per quanto burocratica, non è avara di spunti alla svagata fantasia. Entra per esempio un sottoposto che Talamone odia per una quantità di giustificatissimi motivi: strisciante, adulatore, ipocrita, rampichino, pavido. "Tagliargli la testa," pensa Talamone con spietata freddezza appena lo vede. E mentre con voce pacata impartisce istruzioni e risponde cortese alle obiezioni, un patibolo si leva nel cortile del palazzo e il giovane l'ascende accompagnato da un frate consolatore. Di questa immaginazione nulla trapela nel volto immobile di Talamone che continua a dare i suoi ordini all'impiegato ossequiente. E nulla trapelerà mai, perché Talamone, nella sua pigrizia, neppure considera l'eventualità di far sentire al giovane la propria antipatia; anzi, per uno scrupolo squisito della coscienza, lo tratterà meglio degli altri impiegati. Meglio assai di quest'altro giovane dal viso aperto e intelligente la cui apparizione fa subito pensare a Talamone: "Dirgli che sono contento di lui, promuoverlo, abbracciarlo." Ma il giovane non si sentirà mai lodare, per quanto almeno dipende da Talamone non verrà mai promosso, tanto meno sarà abbracciato. La pigrizia di Talamone si appagherà di una preferenza tutta fantastica. Piuttosto l'odioso tartufo degno di mannaia, grazie alle sue male arti e all'inerzia talamoniana, otterrà l'avanzamento immeritato.

Talamone mangia solo, in camera sua ad una tavolina apparecchiata presso il caro letto. Mangia disteso al modo dei romani alternando ai bocconi lunghe trasognatezze, riflettendo profondamente su questioni di questo genere: se fosse assediato nella casa quanto tempo potrebbe resistere difendendosi con una buona mitragliatrice? Oppure: se un leone entrasse nel suo appartamento, farebbe egli a tempo a mettersi in salvo sul balcone e di lì, aggrappondosi al tubo della grondaia, a scendere in strada? Verso la frutta l'occhio di Talamone si appanna, le palpebre si appesantiscono, ad un tratto egli si stende supino sul letto e si addormenta. O meglio, piuttosto che dormire, lascia che il sonno, come fa l'acqua bassa di un lago con una barca infradiciata, l'invada pian piano senza tuttavia sommergerlo del tutto. In questo dormiveglia i rumori giungono voluttuosi e remoti: il fruscio di seta delle macchine sull'asfalto della strada, le lunghe voci passionali del vento, il ronzio di un aeroplano sperduto nel cielo. Il sonno avvince il corpo di Talamone, ma non la mente. "Un pugnale," egli balbetta fantasticando le solite violenze. "A me un pugnale;" e geme e si torce godendo della propria impotenza.

Verso le quattro, come punto da una tarantola, Talamone balza dal letto e, vestitosi con ogni cura, va a fare una visita a cui annette la massima importanza. Si tratta di una matura vedova che il nostro uomo da almeno un anno sogna di sposare. Quella visita lì, come del resto tutte le precedenti, dovrebbe essere decisiva. Talamone dunque esce di casa, e dopo aver sognato di comperare un mazzo di fresche violette, sempre baloccandosi con questo sogno che non gli è stato possibile tradurre in realtà, sale quattro rampe di scale e suona ad una porticina. Gli viene ad aprire la vedova stessa che spiava da tempo la sua venuta dietro le tendine di una finestra. La casa della vedova è vecchiotta e nitida; la pulizia, in quelle stanzette basse che odorano di legno stagionato, tra quei mobili lucidati, ha qualche cosa di musicale. Seggono Talamone e la vedova sopra un duro sofà di reps, davanti il vassoio del caffè; Talamone, vuotata la tazzina, guarda la vedova, e questa Talamone. La vedova, una bionda enorme con una faccia da bambina, ha la testa piccola con i capelli corti, le spalle grasse, il busto voluminoso e palpitante, il braccio forte, i fianchi in maestà. Ravvolta in sete e veli neri vaporosi, par grande il doppio, ma a Talamone non dispiace, anzi il contrario, lui è per le forme ampie e classicamente sviluppate. Come avviene spesso alle donne di forte corporatura, ha le caviglie e i polsi esili e una vocina dolce che incanta Talamone. Ella vorrebbe creare una favorevole atmosfera d'intimità, ma, intimidita, non riesce che a muovere all'ospite insignificanti domande sul tempo, il lavoro, la salute e altrettanti argomenti; alle quali Talamone risponde con monosillabi. In realtà egli ha da tempo in mente il discorso che vorrebbe farle, ma nella sua pigrizia ha varcato i limiti del presente e si è messo a fantasticare sul futuro come se quel discorso l'avesse già fatto, e il matrimonio fosse bell'e combinato. Eccoli sposati, vivono insieme, mangiano insieme, passeggiano insieme, dormono finalmente insieme, l'uno a fianco dell'altra, le teste affondate in bei guancialoni ornati di pizzi, le coperte pese tirate fin sotto il mento. E in altre stanze Talamonini di ambo i sessi dormono anche loro in letti ben rincalzati... Talamone sogna a occhi aperti e non si accorge di rispondere appena alla sua ospite. La quale tra le sue semplici e patetiche domande e il silenzio di pietra del visitatore vede avvicinarsi con amaro disappunto la fine della visita. Finalmente Talamone si alza e si congeda da quella che durante tutta la visita fu sua moglie e lo sarà, seppure in un piano fantastico, chissà per quanto tempo ancora. Nel vestibolo, prendendole la mano, pensa Talamone che quello è il momento o mai più; e mentalmente si getta a ginocchio, le labbra su quella piccola mano. Ma non ne fa nulla, e, salutata quasi seccamente la vedova, se ne va.

Soddisfatto della sua giornata Talamone rincasa, mangia e si mette a letto.

IL MALATO IMMAGINARIO

Nel paese l'inverno è venuto, finalmente. La pioggia scura e gelata di dicembre, non paga di aver riempito di larghe pozzanghere la piazza scoscesa, in cui tra gli orti e le casupole sorge il villino del bibliotecario, piove sopra se stessa, ossia flagella quei piccoli laghi motosi che la terra inzuppata rifiuta di assorbire. Anche piove a vento contro il vetro sul quale il bibliotecario, guardando, schiaccia il naso; e quello stesso vento agita freneticamente gli stecchi dell'albero che sorge in mezzo alla piazza mandando le ultime foglie morte, navicelle improvvisate, a navigare nelle pozze; asciugate le quali, resteranno incollate nella belletta almeno fino a primavera. Pioggia dunque e vento e freddo e al mattino già buio come se fosse crepuscolo; il bibliotecario non se lo confessa, ma sente che è venuta la sua stagione; e mentre con le labbra la maledice, in cuor suo non sa trattenere un fremito di lugubre contentezza. Gli è che l'inverno porta gli acciacchi e la paura sempre infondata di una morte immatura. Ora il bibliotecario, senza acciacchi e senza paura di morire, temerebbe di ammalarsi davvero.

Del resto è in regola con la stagione, il bibliotecario. Quel mattino appena alzato quattro starnuti, uno dietro l'altro hanno destato nel suo animo la prima apprensione. Raffreddore o polmonite? Il bibliotecario sa che è raffreddore ma teme lo stesso il peggio. Un dolore leggero, appena avvertibile, ma avvertibile purtroppo ogni volta che respira, gli angustia una spalla. Il bibliotecario guarda le pozze giù sullo sterrato che si accapponano di rade gocciole e ogni tanto respira profondamente per controllare se davvero il dolore si ripeta ogni volta che tira il fiato. In fondo, sta ancora giocando con la sua malattia, supposta o vera, a cui crede e non crede, e deliziosamente l'apprensione ancora si mescola di incredulità. Ma ecco, ad un respiro più largo, il dolore risponde con una fitta; e il bibliotecario questa volta si spaventa davvero. Si volge verso la stanza', guarda il letto. Deve coricarsi? Il bibliotecario ricorda la ridicola figura che fece giorni addietro allorché scambiò una semplice contusione addirittura per un cancro; e vi rinunzia. Non senza rammarico tuttavia. Perché è pur dolce giacere infermo in un buon letto, la testa nel guanciale, il termometro sotto il braccio e gli occhi fissi sui vetri che il maltempo rabbuia. Ma il bibliotecario sa che tali giorni verranno durante i lunghi mesi invernali, infallibilmente. Epperò, rincuorato da questa prospettiva, si copre ben bene ed esce di casa.

Come una grande cortigiana che oltre le avventure spicciole e casuali abbia i suoi amanti fissi e di riguardo, il bibliotecario oltre i mali immaginari di cui giorno per giorno fantastica di essere affetto, ne ha altri non meno immaginari che tuttavia per una quantità di indizi e di osservazioni ritiene cronici e ormai incurabili. Questi mali, per un istinto inconsapevolmente previdente, egli se li è scelti tra quelli che possono durare una vita intera, sempre che siano vigilati e nutriti di medicine; non gravissimi insomma ma tali da mantenere acceso il fuocherello di una intermittente inquietudine.

Mali dunque di compagnia, addomesticati; non tanto però che quando meno egli se lo aspetta, non gli allunghino un colpetto; come si dice che facciano certe giovani belve che gli esploratori si fidano di tenersi in casa. A questi suoi mali di riserva il bibliotecario, per così dire, ricorre soltanto quando anche ad un orecchio finissimo come il suo è impossibile avvertire il minimo scricchiolio nella carcassa. Sono le risorse dei tempi magri, le batterie che sparano di sicuro quando tutte le altre cartucce hanno preso l'umido. Quel giorno il bibliotecario non è ancora ben sicuro né del raffreddore né, tanto meno, della polmonite. Ma passare per la piazza senza fare una capatina in farmacia è impossibile. Appigliandosi ad una delle sue tante malattie croniche il bibliotecario entrerà dunque per comprare il solito depurativo per il "ricambio".

Oltre il depurativo, si può star sicuri, acquisterà anche uno specifico contro i raffreddori e un buon cerotto ornato di molte figure esplicative e bene impregnato di rosso catrame da incollarsi sulla spalla: le precauzioni non sono mai troppe. Ma non è la varia urgenza dei malanni da cui si crede afflitto a spingerlo in quella bottega bensì il richiamo del nume che, come un tempo le sibille nei loro antri, se ne sta appiattato là dentro, invisibile eppure presente, tra tutte quelle credenze a vetri ricolme di farmachi bene impacchettati. Egli ci starebbe tutto il giorno, nella farmacia, se potesse, e sempre con la stessa compunta sospensione dell'animo. Tutta la sua superstite religiosità, il suo sospetto del trascendente si è fissato in quella bottega vecchiotta in cui le scansie di legno scuro si ornano di bei vasi inutili di porcellana con i titoli latini. Quattro colonne scannellate di gesso in quattro nicchie ai quattro angoli fanno da piedistallo a quattro magistrali ed enormi barattoloni di vetro fiorato; e quei fiori verdi e gialli onde si decorano giustificano le scritte d'oro: iride, papavero, peonia e belladonna. In quei boccali scenografici, solo lusso della bottega, il bibliotecario amerebbe nascondersi come Alì Babà nella giara della mirifica caverna; per il solo gusto di spiare gli andirivieni della povera gente del borgo e di contemplare tutti quei fatati tesori delle credenze. Ma già tale atto richiederebbe una sacrilega freddezza di cui il bibliotecario è affatto incapace. Il farmacista che ritto dietro il banco ripiega con dita abili cartine e pesa polverine sulle bilancette di ottone è bene un sacerdote, per lui; e come tale lo intravvede nel pulviscolo di una mistica aureola. Quanto alle credenze a vetri, il bibliotecario ci perde gli occhi come i fedeli nella preziosa e luccicante chincaglieria degli ex voto. È un pagano il bibliotecario, Esculapio in quell'angolo d'Olimpo dove si è rifugiato lo annovera tra i pochi superstiti fedeli. Magia della tipografia farmaceutica per cui intorno una bottiglietta non più alta di una spanna si trova arrotolato tutto un trattatello di medicina; magia delle etichette con la testa di morto; magia delle parole scientifiche composte di lunghissime radici greche e stampate a caratteri microscopici. Il bibliotecario non comprerebbe medicine che per leggere quei rotolini di carta velina, per decifrare quelle etichette. Nella farmacia, in quel casto odore di disinfettanti, egli si trova a suo agio, nuota, pesciolino da lisoformio, nel suo elemento. Ma trattenersi oltre il tempo necessario all'acquisto delle medicine è impossibile. A malincuore, invidiando il gattone soriano che, beato lui, non si muove tutto il giorno dalla seggiola su cui sta appisolato, il bibliotecario lascia la farmacia.

Gli occorre la solitudine. Il bibliotecario, come tutti i viziosi, ama del suo vizio soprattutto gli eccessi più paurosi. Ora egli sa come in solitudine si facciano vertiginosi e scatenati i monologhi delle sue apprensioni e dei suoi sospetti. Nella biblioteca, nome pomposo di una sala del civico palazzo, aperta, come avverte una targa sull'uscio, a tutti gli studiosi ma dove in realtà non capita mai un cane, il bibliotecario trova tra i medaglieri sotto vetro, i cimeli, le statuette e le credenze piene di rilegature fregiate d'oro, la solitudine che fa per lui. Siede presso uno di quei finestroni, accende un lumino e cava di tasca le sue care medicine. Pillole, bottigliette piene di tinture, ostie gravide di polverine, pastiglie da succhiare, ogni ora della giornata ha il suo farmaco. Nel cassetto della scrivania c'è un altro di tali armamenti, ma abbandonato, questo. Se quelle bottigliette inacidite, quelle impolverate scatolette potessero parlare, direbbero tutte le volte che il bibliotecario temette per la sua vita. Testimonierebbero terrori che lo spinsero in farmacia o dal dottore con la cera disfatta e le ginocchia disciolte. Il bibliotecario quel cassetto lì preferisce non aprirlo; un po' per timore che la vista di quel cimitero di medicine dissipi le sue presenti apprensioni, un po' per la vergogna che gli ispirano quei documenti delle sue passate chimere. Del resto, di ben altro si tratta, oggi. Il bibliotecario questa volta teme davvero di essersi beccato una polmonite. Il dolore alla spalle è tornato a farsi sentire. In quel silenzio della sala, quel dolore egli lo sente parente stretto dei due o tre tarli inesorabili che rodono le credenze; e non passerà molto tempo che le avranno ridotte in polvere.

Per un poco, la fronte corrugata e il viso tra le mani, legge o meglio finge di leggere un vecchio libro per il quale prova un interesse particolare. Sono le ricette e i consulti del Redi. Quelle antiche malattie così bestialmente curate e così esemplarmente descritte, procurano di solito al bibliotecario un piacere da non si dire. Come a leggere resoconti di naufragi o di cacce grosse o di avventure poliziesche nel calduccio del proprio letto, lontanissimo da quei dilettosi pericoli. Ma quel giorno il libro del celebre medico lascia freddo il bibliotecario. Gli occhi percorrono è vero macchinalmente la pagina ma il pensiero è altrove. Gli è che quel dolore alla spalla, nel silenzio e nell'immobilità, prende sempre più il ritmo di una fitta. Si direbbe a momenti la pressione di un polpastrello che qualcuno appoggi con forza, pensa il bibliotecario, e un brivido di paura gli passa per il filo della schiena all'idea che forse il polpastrello insistente appartiene alla grande ossuta che a quel modo, dopo tanti falsi allarmi, gli fa gentilmente cenno di seguirla. Immaginazione da danza macabra che nel buio della sala assume gli aspetti di una realtà possibile; tanto che nulla in quel momento deciderebbe il bibliotecario a guardarsi alle spalle. Invece, innervosito chiude il libro e si tira un gran pugno nella spalla. Quindi ascolta: sfumato il grosso dolore innocuo del pugno, ecco la fitta ricominciare. Suda il bibliotecario, benché la sala sia gelata, si tasta il polso per vedere se è febbricitante, incapace di star fermo si leva in piedi e passeggia in su e in giù, al buio, tra le credenze. "È la volta buona," pensa, "polmonite." Ormai il frastuono della mente atterrita supera la causa che l'ha provocato, ingrossa per conto suo. Il panico rotola, pallottola che si fa valanga, lo travolge. Il bibliotecario ad un certo momento si sorprende a tirarsi i capelli con le due mani; un minuto più tardi a parlare da solo. La crisi è al colmo. Incapace di resistere più a lungo al dubbio che lo tormenta, infila il cappotto e si precipita fuori della sala.

Dieci minuti più tardi è già nudo fino alla cintola, la camicia rovesciata sui pantaloni, le natiche premute sull'incerato gelido del lettuccio di ferro del medico e la calda orecchia di quest'ultimo applicata contro il torace. Seguono, quindi, le solite assicurazioni, la manata benevola sulla spalla, le chiacchiere che nascondono l'imbarazzo di aver disturbato il dottore per un fantasma. Tornato a casa il bibliotecario mangia un boccone e si ficca nel letto. Com'è bella la vita, dopo la morte. Vita immaginaria, morte immaginaria. Il vento scuote le imposte, la pioggia mormora, il bibliotecario si addormenta.

IL MISTERIOSO

Gli occhi, a dire il vero, piuttosto miopi, simili a due bottoni neri usati, di Milone, se ne stanno appiattati dietro due lenti di un notturno turchino, la falda del cappello gli si abbassa fin sul naso; la punta del quale si immerge in una grossa sciarpa che, sostenuta dal bavero rialzato del cappotto, gli fascia la bocca e gli sale fino alle orecchie, contornandogli le guance e la nuca. Così camuffato, Milone scivola fuori dal portoncino ricavato nel portone più grande, e stringendosi contro i muri, si dirige alla chetichella verso il centro della città. Si crederà che Milone sia un congiurato, un ladro, un uomo deturpato in viso, che vada in luogo proibito o pericoloso, che si sappia sorvegliato, per camminare a quel modo e con quelle precauzioni. Niente di ciò: Milone si reca al caffè dove l'aspettano un paio di amici. Tutta quella pantomima di uomo perseguitato non esprime altro che il costante desiderio di Milone di nascondersi e di circondarsi di mistero. Forse perché la sua vita è molto comune e il suo avvenire si può dire previsto e scontato fino alla morte, egli prova il bisogno di circondarsi di un mistero che con ogni mezzo si adopera a rendere impenetrabile. Milone vive con la madre vecchia e podagrosa e con la sorella nubile e ormai intristita. Ma è impossibile farlo parlare della propria famiglia, come se chissà che drammatica e inconfessabile vicenda sia mescolata ai suoi natali; oppure se lo fa, sarà alla lontana, con frasi sospese e sibilline che proprio sul più bello rifaranno più fitta l'ombra là dove prima baluginava un poco di luce. Egli vuole che l'ambiente familiare, questo terriccio in cui affonda le radici, rimanga segreto, peggio, clandestino; di modo che non soltanto non se ne sappia nulla ma anche si possa supporre cose fantastiche e straordinarie. Lo stesso criterio lo guida nel diligente occultamento della propria dimora. Nessuno ha mai saputo dove stia di casa; sempre, di giorno come di notte, egli saluta bruscamente la compagnia e se la svigna per le vie più traverse. Dapprima questa segretezza venne attribuita alla vergogna di una casa troppo umile; quindi all'avarizia di chi abitando in qualche gran palazzo non vuole che si conosca la propria ricchezza. Ma finalmente, come sempre avviene, trapelò che era un appartamento né bello né brutto, come ce ne sono migliaia, situato nel solito casamento giallognolo, con il solito portiere di cattivo umore, il solito gatto soriano assopito nello stanzino della portineria, il solito ascensore malodorante, la solita sonora scala, il solito cortile nudo. E i curiosi, dopo aver appurato che nulla di men che ordinario avveniva in quella casa, convennero che era tutta una mostra. E per la prima volta si domandarono se per caso Milone non fosse un poco matto.

Milone del resto non limita il mistero ai fatti importanti quali la casa e la famiglia. Ma, meticoloso, tappa tutti gli spiragli attraverso i quali si potrebbe spiare nella sua anche più ordinaria intimità. Si allontana dalla compagnia, gli si domanda dove vada, risponde, con un risolino di circostanza, che preferisce non dirlo; ma girato l'angolo della strada entra in una tabaccheria per comprare le sigarette. Se nel suo studio leggicchia un libro e la madre entra bruscamente, egli, come preso in fallo, nasconde il libro sotto le carte. Una lettera gli giunge mentre sta a tavola, o all'ufficio, ne guarda la scritta, ne scruta il francobollo ma non l'apre, bensì, con un gesto largo e insolente, come diffidando dell'indiscrezione dei presenti e riserbandosi di leggerla più tardi, se la mette in tasca: ora, la lettera è una circolare stampata di un negozio di pannine. Non parliamo dei denari: il portafogli, Milone l'apre in presenza di altri con la medesima precauzione che se fosse il vaso funesto di Pandora: in realtà non contiene che pochi quattrini, una tessera e qualche biglietto da visita. E le telefonate? Ritto in fondo al corridoio di casa sua Milone fa conchiglia e paravento con la mano, se potesse entrerebbe tutto intero nella tromba del ricevitore, e girando intorno sguardi circospetti parla con la voce appena udibile; sì che la persona all'altro capo del filo afferra una parola su due.

Ma il maggior segreto, Milone lo stende sulle assenze a cui lo costringono le naturali necessità. Soffuso il volto di tristezza parla del suo desiderio di solitudine oppure allude a impegni a cui non è lecito sottrarsi. Né si creda a pudore. Gli è che a Milone non par vero di fabbricare del mistero così a buon mercato; spandendolo per così dire dal proprio corpo come fa la seppia con il suo inchiostro, quando viene assalita. Gli amici e i colleghi di Milone, a dire il vero, normalmente non si interesserebbero a codesti suoi fatterelli. Senonché come è possibile, almeno nei primi tempi, non rimaner presi nel vischio del mistero miloniano? Egli ne è tutto imbevuto, impregnato, gocciolante. Basta vederlo, per sentire che quel mistero attira la curiosità, la provoca, l'invoca. Gli occhi di Milone ne sono velati, il pallore del suo viso pare ancora serbarne il terrore, tutta la sua persona ne è come rattrappita. Per tacere della voce di Milone, questa sapiente accolta di mezze frasi, di sospiri, di interruzioni, di allusioni, di evasioni. Simile ad un fuoco spento nel mezzo di una corona di tizzi neri e smozzicati di cui non si capisce bene se sono pezzi di suppellettili, ceppi, o altro.

Ma dove il gusto di Milone per il segreto e per il sotterfugio si rivela in tutta la sua labirintica complessità è negli accorgimenti con cui tenta di porsi a demiurgo del piccolo mondo dei suoi amici dividendoli in categorie incomunicabili. Il "divide et impera" degli antichi, Milone cerca di applicarlo alla gente che conosce. Il suo ideale sarebbe una vita fatta come un sottomarino, cioè a compartimenti stagni, di cui egli fosse il solo a possedere la chiave. Ci sono i suoi compagni di ufficio ai quali, cascasse il mondo, sarà sempre proibito saper nulla della vita sociale di Milone. C'è la famiglia che tutto ignora dell'ufficio. Ci sono un paio di case di riguardo, gente nobile o ricca, che non sanno che Milone lavora. Ci sono certi poveri amici d'infanzia e di scuola, rimasti indietro nelle carriere, che sono all'oscuro delle fortune e dei progressi di Milone e lo immaginano senza lavoro, senza famiglia, senza denaro e senza appoggi, nella loro medesima condizione. E fin qui le distinzioni sono ancora spiegabili, dettate come sono dal tornaconto e dallo snobismo. Ma chi spiegherà perché Milone si farebbe tagliare un braccio piuttosto che presentare un uomo, giovane o vecchio che sia, alla sorella che pure ha tanto bisogno di sposarsi? O perché Milone non permetterà mai che quelle due famiglie di riguardo entrino in rapporti con il suo migliore amico Filippo, che pure, sono sue parole, per lui è più che un fratello? Mistero; anche per Milone del resto, il quale, interrogato, sarebbe il primo a non saper dare una ragionevole risposta. In una categoria a parte stanno poi le donne. In questo campo, Milone vorrebbe passare dalla decorazione all'arte, dall'amministrazione all'impresa in grande stile, dal tran tran normale, insomma, all'avventura. Disgraziata la donna che si fiderà ad amare Milone. Con abilità di virtuoso che dopo molti preamboli giunge finalmente alla sua frase preferita, Milone moltiplicherà le assenze inspiegabili, gli appuntamenti chimerici, gli incontri inconfessabili, i lapsus sospetti, le allusioni, le tracce e gli indizi. Lascerà credere che non una ma due, ma tre, ma quattro donne si disputino i suoi avari e subreptiziosi favori. Come al solito, non ci sarà nulla di vero, ché Milone è appena capace di darla a intendere a una sola donna; ma egualmente la poveretta si divorerà di gelosia. Finché Milone incapace di sacrificare il proprio vizio all'amore, si vedrà tradito o abbandonato. E non avrà altra consolazione che quella assai amara di continuare a fingere inaudite conquiste; mentre in realtà si troverà scioccamente e disperatamente solo.

Come dispiacciono a Milone i discorsi precisi, le frasi logiche, le cifre. Egli farebbe di ogni sua frase, ove lo potesse, un indovinello; lasciando agli altri la briga di risolverlo. Se deve descrivere una festa, posto che si sia riusciti a fargliene parlare, traccia una specie di ghirigoro verbale significante la sontuosità; ma dentro non ci mette che esclamazioni. "C'erano donne... ah, ah... personaggi... eh, eh... quanto al buffet... uh, uh." L'ascoltatore dopo un discorso simile può immaginarsi quello che vuole. Oppure deve Milone dare precisazioni sopra una certa persona. "Io," dice, "l'ho sempre veduto così... sai uno di quei tipi che... mi capisci insomma..." L'interlocutore risponde che non capisce, Milone allora senza scomporsi ripete la frase. Va a finire che l'altro parte disperato; ma Milone è riuscito nel suo scopo che è quello di non dire quello che pensa. Quanto ai numeri, essi ripugnano a Milone a tal punto, che li ha aboliti, sostituendoli con approssimazioni o giri di frasi. Non si domandi perciò a Milone che data del mese sia, quanto costi un oggetto, o che età abbia una certa persona; non se ne caveranno altro che generalità e frasi inconcludenti.

Milone con tutto questo mistero perpetuamente disteso su tutte le cose della sua vita, anche le più insignificanti, fa come il bravo giocatore che nasconde le proprie carte più che può; sì che i suoi compagni ignorino se sono buone o cattive. Ora, anche Milone in principio ebbe una siffatta idea di giuoco. E pensò che nascondere così bene i propri punti gli avrebbe dato molti vantaggi su tutti gli altri che nella vita giuocano a carte scoperte. Ma è avvenuto, e Milone oscuramente se ne rende conto, che riuniti in gran segreto quei pochi fanti, re e assi che il destino gli ha largito, egli non ha trovato più nessuno che voglia giocare con lui. Non c'è più amico che ormai perda il suo tempo a capire Milone e affezionarsi a lui; non una donna che attirata da tanto lusinghiero mistero, come accade appunto spesso alle donne, si lasci invischiare e paghi il suo prezzo di carne e di amore per vedere se esiste realmente. Milone insomma viene sempre più considerato come un inoffensivo maniaco; piacevole forse; ma non da prendersi sul serio. Tutte le carte gli rimangono in mano, le buone come le cattive; e il suo mistero è simile a quello di certi baracconi da fiera, avanzi degli antichi barnum, in cui nessuno, neppure nella più rustica e sperduta provincia, si avventura per vedere la solita tigre impagliata, o il boccale con dentro il mostro di cartone dipinto.

IL VANITOSO

Al mattino, mentre la cameriera si sbraccia a spalancare le imposte, il primo sguardo di Tancredi dal largo e molle letto nel quale sta sprofondato non è per l'orologio, il tempo per lui che vive ozioso non esiste, né per la colazione posata lì accanto sopra una sedia, Tancredi non è goloso, e neppure per il cielo che intravvede attraverso i vetri, per Tancredi il clima non ha importanza che in rapporto con la sua vanità, ossia con la necessità di vestirsi pesante o leggero, di infilare un bel cappotto con la martingala o un leggero impermeabile color bianco d'uovo; no, il primo sguardo dei suoi occhi ancor lagrimosi è per un vestito nuovo che il sarto portò la sera avanti, e Tancredi, rincasando a notte alta, trovò spiegato sopra il letto.

Ora, simile ad uno spaventapasseri, il vestito se ne sta infilato sopra un manichino nel mezzo della camera, e Tancredi con la medesima sollecitudine con la quale una giovane madre appena desta si fa portare in letto il figlio, ordina alla cameriera di mettergli il vestito a portata di mano; in modo che egli possa senza sforzo sporgersi a guardarlo e palparlo. Quest'esame dura una ventina di minuti; ma si ingannerebbe chi lo credesse motivato da una giustificabile severità di intenditore e di cliente. In realtà Tancredi non guarda né tocca il vestito per vedere se abbia difetti; già, durante le numerose visite, ebbe modo di seguire e controllare palmo per palmo, cucitura per cucitura, l'opera del sarto; al contrario la sua contemplazione è priva affatto di intendimenti critici, si può anzi dire che egli quasi non veda il vestito, più che un esame è una perplessa e invaghita estasi. Insomma, nel vestito ben stirato, dalle maniche penzolanti e dal bavero girato intorno il collo mozzo e garbato del manichino, Tancredi si specchia come già Narciso nel suo stagno; e non è tanto l'opera del sarto quanto il riflesso fallace e incomprensibile della propria vanità che lo fa stare con gli occhi sbarrati e invetriti, proteso verso l'immobile e ironica giubba senza testa.

Intanto il caffè si raffredda nella tazza, il tempo passa, anzi vola, la giacca sulla stampella che già dieci minuti or sono era soltanto una giacca ora è un mistero, un feticcio, un tabù, un idolo, un oggetto intriso di trascendenza, imbevuto di significato, fradicio addirittura di magia. Come distaccarsi? Ha un bel dirsi Tancredi: "Si tratta di una giubba di stoffa marrone a grandi scacchi raddoppiati, verdi, niente altro"; qualcosa che non è tanto nella giacca quanto in lui stesso gli rimane oscuro e però affascinante. Finalmente con un gran sospiro si scuote, ingolla in fretta il caffè, e, levatosi dal letto, passa nel bagno.

Si dice che Emanuel Kant, nella nativa Koenigsberg, facesse ogni mattina una passeggiata per un viale in fondo al quale sorgeva un certo albero; e che, essendo stato abbattuto quest'albero, quel gran filosofo ne risentisse tanto turbamento da non essere più capace per quel giorno di pensare con l'usata serenità. Ora, cambiati luogo e persona, si può affermare, senza tema di sbagliare, che Tancredi sarebbe un uomo morto se ogni mattina non avesse quelle due o tre ore di toletta, durante le quali, come un pianista che accenni qualche accordo prima del concerto, egli riprende confidenza con il proprio genio, ossia con la propria vanità. Mentre sottopone il corpo nudo allo scroscio della doccia, e poi si asciuga, e asciugatosi si fa la barba, e poi si pulisce i denti, si incipria, si pettina, si lustra; mentre insomma, metodicamente ma con assorta compunzione, quale sacerdote durante un rito, si avvicina per gradi al momento supremo della vestizione, con crescendo eguale, tutto in lui, anima e corpo, si trova vivificato, ringalluzzito, stimolato da un'onda di profondo e vanitosissimo compiacimento. Il sangue gli corre più rapido per le vene, i pensieri insieme leggeri e vaghi gli ronzano per il capo come api sonore, i muscoli prendono a giocargli sotto la pelle come quelli di un purosangue, all'ombra dei capelli arruffati e fradici, l'occhio già opaco di sonno gli si sveglia, brilla, guarda. E cosa vede? Null'altro, in tutti gli specchi grandi e piccoli, in ombra e in piena luce, alti e bassi, null'altro nei molti specchi della stanzina maiolicata, che Tancredi. Sempre Tancredi. La schiena, la nuca, la faccia, le gambe, il petto, le braccia, il viso di Tancredi. Tentato fino ai visceri come un uomo che per strada o in altro luogo pubblico si vede sorridere da qualche bella donna e non sappia, tra l'impaccio e la voglia, se ricambiare o no, Tancredi resiste per un poco, finalmente cede, si mette allo specchio e si fissa. Non c'è millimetro della sua faccia che non gli paia delizioso e significativo, quel suo viso è un abisso, chi ne capisce nulla?, alfine non potendone più scocca un bacio sullo specchio; tieni, pensa, tieni, prendi su, non c'è nulla da fare, è più forte di me, tieni, bellone, simpaticone, prendi questo bacio, l'hai avuta vinta. La crisi è passata, Tancredi si guarda intorno con prudenza, quasi temendo di essere stato spiato, rientra in camera, e incomincia a vestirsi.

Camicia, mutande, calzini, cravatta, vestito, orologio da polso, astuccio per le sigarette, accendino, portamonete, spilla, scarpe, cappello, guanti, tutti questi oggetti non sono già presi da Tancredi e messi addosso: no, sono essi che dotati di vita propria saltano d'ogni parte su quel corpo nudo e in un batter d'occhio lo ricoprono, lo rivestono, l'adornano. Tanto lieve, aerea, armoniosa è per Tancredi quest'ultima parte del rito mattutino. Tanto rapido e beato passa il tempo. Tanto miracoloso gli pare di ritrovarsi ad un tratto vestito dal capo ai piedi e non sa come ha fatto. Certamente c'è stata un'estasi, un abbandono al soprannaturale, un tuffo nel mistero. Altrimenti non si spiegherebbe questa magica levità, quest'oblio rapinoso, questa violazione inconsapevole delle leggi del tempo e dello spazio. Ma Tancredi non indaga. È tardi, prima del tocco deve fare la sua passeggiata, entrare in vari negozi, farsi vedere. "Ebe!" grida; "Ebe!" e si precipita fuori della stanza.

Che differenza passa tra un'automobile di marca, una gardenia infilata all'occhiello e una donna? Pare un indovinello, e dei più stupidi; oppure una domanda ovvia, diamine, la differenza è molta, enorme, incolmabile, una macchina, un fiore e una donna, la prima minerale, il secondo vegetale, la terza animale; e poi c'è l'anima, diamine, la gardenia e l'automobile non posseggono un'anima, la donna sì; è vero che c'è chi lo contesta, ma sono i delusi dell'amore, i misogini incurabili, i

57

positivisti arrabbiati, tutta gente che ragiona per dispetto. Ora non si vuole certo mettere Tancredi tra costoro; tuttavia è fuori di dubbio che per lui, nel momento in cui esce, la moglie Ebe, il fiore all'occhiello e la macchina in cui sale fanno tutt'uno, sono sullo stesso piano, accomunati dalla medesima sorte. E qual è questa sorte? per nulla triste, quella di adornare, abbellire, dare importanza alla sua persona, soddisfare la sua vanità. L'automobile esce, corre sull'asfalto, di albero in albero, nel chiaro sole. Ecco la strada elegante; scende la coppia dalla macchina e passeggia. Molti si voltano a guardare Ebe, così ben vestita, così giovane, così bellina. Questi sguardi, lungi dall'ingelosire Tancredi, gli danno le ali ai piedi, lo ravvolgono in una rete di compiacimento, lo inebriano. Che cosa si può desiderare di più che un vestito marrone a scacchi verdi raddoppiati addosso e una bella moglie al braccio, che cosa c'è di meglio al mondo? Il pavone pettoruto e roco, allor che fa la ruota nel mezzo di una aiuola e nello stesso tempo gira attorno pian pianino il capo per vedere se lo ammirano, il pavone, dico, è certamente meno soddisfatto di Tancredi.

La mattinata volge al termine e tutti rincasano fuorché Tancredi, il quale entrato in un negozio di mode maschili, e messa la moglie da canto sopra uno sgabello, si è perduto nella scelta indecisa di una cravatta. La moglie freme che vuol tornare a casa, lo stesso venditore, in principio così cerimonioso e insistente, tace e guarda perplesso l'orologio, ma Tancredi non si decide. Gli piacciono le strisce non meno che le palline, le tinte unite che quelle variegate. L'arcobaleno di cravatte sciorinate dal venditore sopra il banco gli par tutto bello, tutto giusto, tutto attraente. In tali casi scegliere vuol dire sacrificare, tarpare, rinunziare. Un ghiotto sorriso di vanità solleticata, pieno di indecisione e di invaghimento, erra agli angoli della bocca di Tancredi, le sue dita vogliose si perdono tra le sete, vorrebbe un argomento qualsiasi, uno solo, anche assurdo, pur di far pencolare i piatti di questa sua atroce e dolcissima bilancia e non può. Finalmente, in fretta, quasi chiudendo gli occhi, è duro fare un'ingiustizia, sceglie, paga, esce dietro la moglie impaziente.

La mattinata è finita. Tancredi torna a casa. Ma mentre corre lungo la bella strada asfaltata, nel sole dorato e mite dell'autunno, ecco sorprende sul vetro del parabrezza, tra il variar di nubi e d'alberi della corsa, la propria immagine. L'immagine, azzurra dove si specchia il cielo, verde dove si riflettono le fronde, gli sorride; e Tancredi, subito vinto, non può fare a meno di sorridere a lei. Variano sul lucido e pulito vetro gli alberi, le case, le nubi del cielo, ma l'immagine rimane. Cara immagine e fuggevole! Tancredi vorrebbe che la corsa durasse in eterno.

Intanto la macchina di Tancredi si allontana, uno scintillio acuto brilla sul cofano e ogni poco abbaglia, si allontana sul nastro grigio dell'asfalto, lungo gli alberi fronzuti, si allontana, rimpicciolisce, finalmente scompare. La strada piena di sole è tornata deserta.

IL GHIOTTONE

Nello studio del notaio gli scartafacci verdi e arancione, posati un po' dappertutto sulle sedie e sulla tavola, a furia di starsene indisturbati l'uno sull'altro, si sono amalgamati in masse cartacee cementate dalla polvere e dall'abbandono. Da tempo i clienti hanno disertato lo studio, ma il notaio non se ne preoccupa, una piccola rendita gli permette di fare a meno di quei noiosi disturbatori delle sue più intime gioie. È il mattino presto, sulla tavola c'è ancora il vassoio del caffè e latte che sorbì or ora, ritta la testa bianca e rapata dall'enorme naso rubicondo nel colletto all'antica alto e inamidato, il notaio con una mano regge un giornale che ricopre mezzo scrittoio e gli ricade sulle ginocchia e con l'altra va a tentoni in un cassetto aperto a ghermire in una scatola un biscottino croccante che si caccia in bocca e mastica in fretta girando gli occhi attorno come se temesse di essere sorpreso. Piove, una luce bassa e umida entra per la finestra che una tenda a fiorami ricopre, al notaio in mancanza di clienti non resterebbe altro da fare che aspettare l'ora ancora lontana della colazione. E così infatti avveniva quando la sua ghiottoneria era ancora timida e non era passata dal palato a tutta la persona, dalle ore dei pasti alla giornata intera. Ma con gli anni ha trovato il modo, quando non mangia, di occuparsi almeno di quel che mangerà. Eccolo infatti respingere da sé il giornale, levarsi in piedi scuotendo di dosso le briciole dei biscotti e staccare dall'attaccapanni, oltre al cappello e al pastrano, una sporta di quelle che servono alle cuoche per la spesa. Prende la sporta sottobraccio, con una certa rigidità, come se fosse una busta di avvocato, si calca il cappello sul capo ed esce di casa a passettini dignitosi.

Per la strada cammina senza fretta, agitando in fondo all'animo un dubbio, anzi una domanda che lo riempie di dolce ansietà: pesce o carne? Alla cuoca chiacchierona e incompetente il notaio lascia la incombenza di comprare la pasta, il pane, la frutta, lui si incarica del piatto di mezzo e d'ogni eventuale squisitezza. Pesce, dunque, o carne? Ogni mattina questo dubbio ispira al notaio un brivido avventuroso; come se quella carne o quel pesce non dovesse comprarli in una bottega, bensì andarne a caccia o pescarlo con le reti in mezzo al mare. Robinson nella sua isola, incerto se adoperare il tridente o le frecce per procurarsi il cibo, provò di sicuro il medesimo brivido. Ecco la pescheria annunziata dal lezzo di scaglie e di salsedine; il notaio entra, guarda, esamina, i cesti scarsi non contengono che minutaglia azzurra e moscia, sui banchi giacciono pochi cefali, naselli e altri grossi pesci di dubbia freschezza, le bocche aperte e rosse atteggiate ad una specie di smorfia lamentosa. Deve essere mare grosso, pensa il notaio, e scuotendo il capo esce nella strada. Meglio affacciarsi tra i marmi gelati della macelleria.

Quivi, tra i quarti bianchicci e sanguinosi appesi agli uncini di ferro e tenuti bene aperti e separati, con una macabra impudicizia, da robuste canne incrociate, il notaio può fare a suo agio la più indecisa e la più varia delle scelte: farsi spaccare sul ceppo arrossato, con un sol colpo di mannaia, una bella bistecca con l'osso, o involtare nella sonora carta gialla il lobo scuro e lustro di un fegato, oppure farsi pesare sui piatti di ottone della bilancia un grappolo di trippe rugose e giallognole, o meglio ancora, il notaio è grande amatore di lessi, radunare insieme un grasso e irsuto piede di porco, una punta rasposa di lingua, e il lato destro di una testina di vitello con tutto l'orecchio quasi asinino, il tenerume delle cavità orbitali e persino qualche dente. Durante questi acquisti, il notaio si leva sulle punte dei piedi per meglio dominare l'alto banco marmoreo del macellaio, senza ribrezzo rivolta con le mani trippe, rognoni e fegati, i colpi di mannaia non gli fan battere ciglio, né arricciare il naso il puzzo delle carni. Quindi esce con la sporta appesantita da più di un involto e si dirige verso la vicina pizzicheria. In questa bottega, specie di grotta dai grassi profumi, sotto le stalattiti penzolanti dei prosciutti cotennosi, degli zamponi unti e gonfi, dei salami infiocchettati, tra le colonne nere delle forme di parmigiano e le piramidi gialline delle caciotte, il notaio raddoppia di diffidenza e di severità. Perché se questo è il luogo delle più stuzzicanti squisitezze, è anche quello delle contraffazioni più sfacciate. Occorre spalancare gli occhi e le narici; né c'è da prestar fede alle assicurazioni del pizzicagnolo che si sporge dietro la rossa macchina per affettare; a tali dimostrazioni il notaio risponde addirittura con un malgarbo sgraziatissimo, facendo la più brutta faccia di questo mondo. Finalmente si fa tagliare una fetta di marmorizzato gorgonzola, vi aggiunge qualche oliva nera e pochi sottaceti da mangiare con il lesso e se ne va.

Tornato a casa il notaio consegna la sporta alla cuoca, e poi si chiude nello studio a leggere il giornale e a rosicchiare biscotti. Ma non è ancora passata mezz'ora che si leva e a passi furtivi striscia fino alla cucina per raccomandare alla cuoca la massima cura nella preparazione di un certo condimento. La cuoca, nonostante la lunga consuetudine, accoglie con fastidio queste intrusioni; e non di rado gli risponde per le rime: sa lei quel che va fatto, non ha davvero bisogno di consigli. Al che il notaio facendosi subito cattivo: "Pettegola, oca," le inveisce contro con una vocetta stizzosa, il viso imporporato dalla collera. Poi, verso il mezzodì, dopo la vigilanza incomincia l'assaggio. Il notaio scoperchia le pentole, ficca il naso nel vapore delle vivande, inzuppa una mollica di pane nel sugo di pomidoro e se lo caccia in bocca. Oppure mastica in fretta e in furia una bollente patata. "Ma che vi mettete a tavola a fare," grida la cuoca spazientita, "se avete già mangiato?" Il notaio leva le spalle con furore, cerca con le dita di tirar fuori dall'acqua che fuma la testina di vitella, si scotta, esce bestemmiando dalla cucina. Così tra queste ansietà, questi andirivieni, questi battibecchi, queste degustazioni passa la mattinata. Giunge alfine il momento più importante, quando nell'acqua ormai bollente vengono buttati giù il riso o la pasta, secondo i giorni. Quel momento lì il notaio, per antica consuetudine rimastagli dal tempo in cui ancora lavorava, l'aspetta nello studio. Appena cominciato lo scampanio del mezzogiorno la cuoca deve bussare alla porta e domandare se può "metter giù". Con molta degnazione il notaio trae di tasca l'orologio e risponde che può. Mezz'ora dopo, questo pranzo tanto faticato e assaggiato viene servito.

A tavola, pur tra i familiari, il notaio è come se fosse muto, sordo e cieco. Separato da essi da una parete. Estraneo. Non soltanto non si cura il notaio di partecipare alla conversazione se non con grugniti e cenni, ma anche, troppo spesso, di osservare le regole della più blanda buona creanza. Gli è che il godimento pieno delle vivande richiede una quantità di gesti e di attitudini che ad un osservatore possono parere sconvenienti, ma per lui sono il migliore condimento; anzi senza di esse forse non varrebbe più la pena di mangiare. Far con le labbra un rumore di risucchio e di brodaglia, mettersi la lama del coltello in bocca, leccare il dorso del cucchiaio, parlare con la bocca piena, cercare con accanimento nel vassoio il boccone migliore, divorare a testa china proteggendo il piatto con un braccio come temendo di esserne derubato, queste e altre simili trascuraggini accrescono il gusto del notaio almeno quanto dispiacciono ai suoi commensali; e non è dir poco. Spesso taluno, disgustato, lo rimprovera; ma il notaio ora sgarbato, ora evasivo, ora ironico, ora addirittura silenzioso non se ne dà per inteso. Ammette certamente di dar fastidio agli altri; ma ha deciso una volta per tutte che di fronte allo sfogo della sua viziosa passione gli altri non contano. Che possono importare il galateo e altre siffatte convenzioni a chi, come lui, ha da nutrire un mostro? Il notaio è inflessibile.

Finito il pranzo, sorbito il caffè, egli si ritira di nuovo nello studio. Qui si assopisce ritto nella poltrona, la testa un po' reclinata verso la spalla, la bocca semiaperta sotto il naso paonazzo. Non dorme proprio, è una specie di ronzante torpore, ogni tanto la mano gli va nel cassetto a prendere un biscotto che non finisce di masticare e di inghiottire: di modo che le briciole gli cascano dalle labbra sulla cravatta. Ma poi ad un tratto si sveglia di soprassalto, subito, come ispirato, si leva con decisione ed esce dallo studio. Furtivo, proiettando un'ombra grottesca sopra le buie mura dei corridoi domestici, striscia fino alla dispensa, un camerotto senza finestre, quadrato, con tante mensole intorno le pareti, accende una gialla lampada e s'avventa sui piatti. È appena un'ora che si è levato da tavola, ma che importa? tutto è buono per lui e a tutte l'ore: una crosta insecolita di formaggio, quattro fagioli freddi cagliati nel sugo coagulato, un rimasuglio di insalata russa impiastricciata di maionese, l'avanzo unto e gelato di un pasticcio di maccheroni. In piedi nel camerotto ermetico, in quell'agro odore di muffa e di bisunto, il notaio spizzica, rosicchia, assaggia, mastica, ingolla, con strani gesti frenetici, strani schiocchi di lingua e scricchiolii di mascelle, ancor più strani roteamenti di pupille. Perché come tutti i viziosi il notaio è un solitario, ama il sotterfugio e il batticuore; e però trova più gusto a ingozzarsi di nascosto in quel ripostiglio che a mangiare a tavola alle ore debite, tra la sua gente.

La sera a cena si ripetono i gesti e le scene della mattina. Che più? il notaio è felice. Di lui, coloro che lo conoscono dicono che così vegeto, robusto e arzillo com'è, vivrà certamente fino ad un'età molto avanzata.

IL CURIOSO

Il naso del segretario non è aquilino né diritto, bensì ondulato come un succhiello, corposo al tempo stesso che appuntito, rivolto in giù e tuttavia par che voglia sollevarsi come la testa di un aspide; è un naso pallido che dà nel giallo, lucido ma non untuoso, con narici lunghe e sagaci e la punta lievemente biforcuta così da dare la sensazione di una certa prensilità; è un naso sagomato come il manico malfatto ma comodo di una pentola di coccio; e tutto il viso gli viene dietro e in esso finisce come se veramente, quando il segretario era bambino, una mano violenta l'avesse afferrato per il naso a guisa di mala erba che si voglia sradicare e avesse tirato con quanta forza aveva.

Ai due lati di questo naso brillano due occhi piccoli, aguzzi, neri, inespressivi, ritagliati nella pelle gialla come in una pergamena; sotto il naso si apre una bocca grande e un po' sgangherata; tutto il rimanente, fronte, guance, orecchie, fugge indietro come per dar maggior risalto al naso. Il segretario è alto, secco, di una magrezza nera e triste; e quel naso, appunto, così lungo e massiccio, che visto da solo pare un piccolo coccodrillo dalla schiena cuspidata e dal muso ritto, quel naso par che gli faccia da contrappeso. Perché non pare ben fermo sulle gambe, il segretario, forse a causa della sua antica abitudine di piegar le ginocchia e ficcare l'occhio in ogni serratura di porta che veda chiusa. Di tali porte, soltanto nella casa della sua affittacamere, il segretario ne ha quattro.

Dietro queste quattro porte che si aprono tutte sopra un salottino ombroso e affollato di chincaglierie, sono quattro stanze di cui il segretario conosce a perfezione ogni recesso e ogni mobile benché non ci sia entrato neppure una volta; e questo per avervi spesso spiato attraverso il buco della serratura. Sono strane le stanze viste per un forellino, strane le persone che vi si aggirano e di cui non si vede che il mezzo del corpo dalle ginocchia al petto, ancor più strani i loro gesti, anche i più consueti.

Una singolare, remota e quasi musicale irrealtà si sprigiona da quelle buie e radenti visioni ottenute a prezzo di batticuori e di torcicolli accaniti. Le serrature sono basse, si vedono le mani che si posano sui mobili, spostano gli oggetti, scompaiono; si vedono in una poltrona due ginocchia accavallate e un libro sopra, aperto, che una mano va lentamente sfogliando; si vedono due piedi, laggiù in fondo, davanti uno specchio, scalpitare con impazienza sul pavimento e una gonna cadere. Tutto questo avviene in un gran silenzio che ha un che di drammatico e di sospeso come se, invece di atti affatto normali, si trattasse di momenti supremi, misteriosi, conclusivi. Ma una mano, una schiena, un piede sono cose vive; vive da sole anche fuori della camera dove si muovono. Donde viene, invece, che quando le stanze sono vuote, anche i mobili, inerti e affondati nell'ombra, si rivelino all'occhio avido del segretario tutti impregnati di misteriosa e tacita vitalità? Potenza della curosità sempre affamata di indiscrezione! Ad essa anche una poltrona di reps dai merletti cuciti sopra la spalliera par cosa intima, segreta, rivelatrice.

Il segretario conduce vita grama, dalla camera di affitto all'ufficio, dall'ufficio alla camera; ma ad un osservatore sagace quante avventure si rivelerebbero in quella vita apparentemente così regolare, quante ambizioni, quanti amori, quante paure, quanti desideri e soprattutto quante curiosità! Passa il segretario per una strada del centro, appunto, andando all'ufficio; ad un tratto le case si interrompono, si alza una lunga palizzata ermetica, dalle tavole ben commesse, con appena qualche fessura qua e là.

Tanto basta perché il segretario incolli l'occhio ad una di quelle fessure e spii. Che cosa vede? Nulla, o quasi, i lavori sono sospesi, c'è un grande scavo bruno dal quale una gru leva il braccio, carriole, badili e vanghe sono sparsi in giro, una botte di calce biancheggia presso una baracca, tutto intorno si stende un vasto spazio di terra brulla sparsa di detriti e di pozze nelle quali si specchia il cielo, più lontano l'orizzonte è sbarrato da una fila di case diroccate e sventrate, quali bianche, quali gialle, quali rosa.

Nulla vede il segretario e tuttavia non si decide a staccare l'occhio da questa fessura, affascinato proprio da questo nulla come da un sortilegio. Nulla, parimenti, c'è da vedere in quella buca scavata da due operai in cui s'imbatte qualche metro più in là; ma non può fare a meno di fermarsi e di guardarne invaghito il fondo terroso come se invece di un tubo di fogna i suoi occhi sbarrati vedessero spuntarne il bianco braccio di una statua o il coperchio di un cofano prezioso.

Dopo la palizzata, dopo la buca, altre simili sciocchezze stuzzicano la curiosità del segretario: la lettera che una donna legge nell'autobus e lui sbircia con la coda dell'occhio, l'attesa di un giovane davanti una porta chiusa in una strada solitaria, una macchina rossa ferma in un vicolo, un gatto che trotterella lungo il marciapiede e ad un tratto si ficca in un interrato. Tutto interessa il segretario, nulla egli rifiuta; come chi vada raccogliendo pietre, e poi a casa separerà le pregevoli dalle comuni. Giunto finalmente nell'ufficio, il segretario dal suo scrittoio può, attraverso la finestra, gettare lo sguardo in certe sale basse e buie del palazzo dirimpetto; vede tre o quattro tavoli da biliardo, basse lampade dalla luce bianca, uomini attorno con le stecche in mano; e tanto gli basta per le lunghe ore di lavoro.

Parrebbe che una tale curiosità quasi sempre delusa dovesse alla fine stancarsi e cessare; ma non è così. In realtà, il segretario, piuttosto che di misteri è avido di intimità. Egli sa che, per quanto innocenti e normali, le occupazioni delle persone che spia cambierebbero di una sfumatura ove si sapessero osservate. Ora è appunto questa sfumatura che gli preme; non già di vedere cose straordinarie e proibite. La curiosità dei vecchioni nascosti tra le foglie del bagno di Susanna non è la sua. Molto meno gli basta; né si propone alcuno scopo o utile; disinteressata a forza di raffinatezza, la sua curiosità ha più dello studioso e dell'artista che del cacciatore. Tanto è vero che non ha preferenze; e gli mancano quelle manie le quali, testimoniando il predominio di una passione, abbasserebbero la curiosità a mero strumento.

Durante le sue scorribande gli accade ora di aggirarsi per i quartieri ricchi e, attraverso certe finestre che la festa imporpora, spingere gli sguardi fino ai divani stipati di donne; ora di sgattaiolare in un vicolo miserabile, e per lo spioncino di una rozza porta intravvedere dentro uno stanzone un letto immenso con la Madonna e l'ulivo sopra il capezzale, una tavola imbandita, teste arruffate di bambini illuminati da una rossa lucerna e il padre in farsetto e la madre con un poppante attaccato al petto intenti a piombare con i cucchiai nelle fonde scodelle; ma non antepone la prima visione alla seconda, ambedue nel suo concetto hanno quell'aria di intimità vergine che soprattutto gli sta a cuore. Insomma la sua curiosità è tutt'altro che volgare, scandalistica, malintenzionata; tende semmai col tempo a farsi difficile, incontentabile, sottile, metafisica; e là dove la maggior parte degli uomini spalancherebbero gli occhi stupefatti, lui spesso concede appena uno sguardo.

Finita la giornata, che cosa resta al segretario di tante perlustrazioni? Quasi nulla, una specie di sazio stupore. Nella sua camera si spoglia, infila il magro corpo in un camicione con la greca ricamata sui polsi e sul bavero, e appoggiandosi con il gomito sopra il guanciale, rimane assorto a contemplare con occhi attoniti il marmo del comodino. Non pensa a nulla, aspetta, beato, che il sonno lo vinca. Ma ecco giunge dal vestibolo il noto rumore di una chiave che gira dentro una serratura: qualcuno rientra. Subito il sonno che già faceva pencolare il naso al segretario, come d'incanto svanisce; e un combattimento si accende nell'animo suo; deve scendere e sfidando il gelo del pavimento andare a spiare chi sia, oppure rinunziare, e rimanersene a letto? Breve è il dubbio, trionfa la curiosità, il segretario esce dal calduccio delle lenzuola, e, saltellando con i piedi nudi sopra le freddissime mattonelle, va alla porta, la disserra e guarda. Un'ombra gli passa rapida davanti al naso, un uscio si apre e poi pian piano si chiude, ripiomba il silenzio. "La signorina Valeria," pensa il segretario assai contento. Di un balzo raggiunge il letto, si rimette sotto le coperte, e spegne il lume. Cinque minuti dopo, già dorme.

LA VERITÀ SUL FATTO DI ULISSE

...e carne umana desinò...
Odissea - Trad. di Pindemonte

Giunto all'orecchio del governo della Maestà Ciclopica che un suo suddito a nome Polifemo aveva intrapreso con successo l'allevamento di un animale mai visto prima di allora, animale, a quanto si diceva, commestibile e di grande rendimento, il detto governo desideroso, come sempre, di accrescere i mezzi di sussistenza del proprio popolo, deliberò di inviare una commissione di tecnici allo scopo di appurare quanto ci fosse di vero nelle voci che gli erano pervenute. La commissione si recò dunque nella lontana località marina dove abitava l'allevatore. Ma dopo un breve soggiorno tornò con la notizia sorprendente che l'allevamento non esisteva più. Comunque, anche nel caso si fosse ripresentata l'occasione di ritentare l'esperimento, i tecnici lo sconsigliavano vivamente. Per mille e un motivo che enumeravano in una loro relazione. Dalla quale, tralasciando i preamboli, stralciamo i passaggi seguenti.

"... e sappiate anzitutto, Maestà, che il detto Polifemo è conosciuto in tutta la regione come valentissimo allevatore. I suoi alveari razionali sono noti a tutti gli apicultori del Regno; famosi sono i suoi incroci di montoni da lana, in virtù dei quali, dopo molti e pazienti studi, ha ottenuto non meno di tre specie diverse e completamente nuove; dei suini di Polifemo è appena necessario parlare, forse anche al Vostro orecchio è giunta l'eco delle lodi che riscuotono universalmente. Questi particolari circa l'attività di Polifemo potranno forse sembrare oziosi; ma in realtà non lo sono. Infatti, prima di procedere oltre nella narrazione dei fatti avvenuti, ci preme di rendere ben chiaro che il Polifemo non è un contadino ignorante che si sia imbarcato a casaccio in un'impresa superiore alle sue forze, bensì un allevatore sperimentato e attentissimo. E che, questo è il punto importante, egli nulla intraprende né ha mai intrapreso se non razionalmente e scientificamente. Insistiamo a bella posta su questa qualità *razionale* degli allevamenti polifemiani. Essa spiega i successi sinora riportati, e nello stesso tempo rende ancor più misterioso il fallimento del suo più recente tentativo.

"Dice dunque Polifemo che, da qualche tempo, era solito trovare sulla spiaggia, particolarmente dopo le tempeste, esemplari singoli di questa nuova specie che egli chiama degli occhiuti, forse perché, a differenza di tutta la fauna del Regno, invece di un occhio ne posseggono due. Alcuni di questi occhiuti, Polifemo li trovava morti e sfracellati dalle onde tra le alghe e i detriti marini, altri vivi, appiattiti nelle cavità delle rocce. Dice che un giorno, preso uno di questi vivi, se lo mangiò crudo inaffiandolo con una tazza di latte; e lo trovò buonissimo, di un sapore delicato tra il coniglio e la ranocchia, e, secondo ogni apparenza, dotato di alte facoltà nutritive. Da allora prese l'abitudine di mangiare tutti quelli che gli capitavano sottomano, sia morti che vivi, sempre trovandoli ottimi e molto corroboranti. Ma dopo un paio di mesi gli accadde di scoprire in una grotta ben quaranta esemplari di cui cinque femmine. E allora, attirato dalla speranza, cara al cuore di ogni zootecnico, di arricchire la nostra fauna di una nuova specie domestica, deliberò di tentare l'allevamento.

"Presa questa decisione, egli ritenne giustamente che se un metodo razionale è sempre consigliabile nell'allevamento di qualsivoglia animale, in questo caso, data la novità e la mancanza di nozioni sicure, esso era indispensabile. Dunque niente improvvisazioni, niente lasciar fare alla natura che di rado fa bene, niente semiselvatico abbandono come viene praticato da contadini ignoranti con il solo risultato di empire le bestie di malattie e di parassiti e di diminuirne il valore commerciale. Controllo invece dei più rigidi, particolarmente per quanto riguardava il cibo e l'abitazione, in modo da favorire le nascite e da permettere la raccolta dei dati statistici necessari allo sviluppo futuro dell'allevamento. Polifemo, come s'è già detto, aveva contato trentacinque maschi e cinque femmine. Giudicando in base alla prolificità degli altri piccoli mammiferi (l'occhiuto, a quanto pare, non è più grosso di una comune talpa) egli pensò che in capo a poco tempo il suo allevamento dovesse almeno raddoppiarsi..."

A questo punto la relazione passa a descrivere minutamente l'animale, descrizione da cui (dice la relazione) si può desumere che, salvo lo strano particolare dei due occhi e il fatto di essere rosei e nudi di peli come i vermi, gli occhiuti sono molto simili ai ciclopi, dovendosi così ascrivere alla specie dei ciclopoidi. Descrive altresì la relazione, con molta dovizia di particolari, le speciali cassette razionali ideate da Polifemo per l'abitazione e l'accoppiamento degli occhiuti. Su tutte queste descrizioni, infarcite di termini tecnici; non ci soffermeremo più che tanto. Esse sono certamente interessanti per gli studiosi di tali questioni e attestano l'alto grado di progresso scientifico a cui è giunta la nazione ciclopica nei campi della zootecnia, dell'etnologia, dell'ecologia, della biochimica, e, in generale, delle scienze biologiche; ma rischierebbero di rendere ancor più noiosa la nostra già arida narrazione; e del resto non è propriamente quest'aspetto della faccenda che ci interessa. Ci basti dire che la relazione insiste di nuovo sulla razionalità perfetta dell'allevamento ideato da Polifemo; venendo quasi a insinuare tra le righe che se difetto ci fu, non si deve imputarlo all'allevatore; il quale fece tutto ciò che era ciclopicamente possibile per far riuscire il suo esperimento.

Spezzata questa lancia in favore del metodo e dei mezzi polifemiani, la relazione così prosegue: "... data la bontà delle idee e la rigida conseguenza della loro attuazione, c'era da aspettarsi che l'allevamento avesse in breve tempo a fiorire. Ma non fu così. Per prima cosa, per quanto Polifemo procurasse di isolare le femmine in apposite gabbie e di introdurvi i maschi nei momenti più acconci, nessun connubio ebbe luogo. Il più delle volte i due si guardavano in cagnesco. Oppure rimanevano inerti l'uno a fianco dell'altro. A proposito delle femmine, Polifemo fornisce un tratto curioso: che in esse più che la paura poteva la smania di celarsi. Le prendeva infatti Polifemo tra le mani e sebbene sentisse benissimo il cuore battere furiosamente in quei piccoli corpi, pure i gesti non erano tanto di paura quanto, come dire? di pudore. Con quelle che siamo costretti a chiamare le braccia, le strane creature procuravano di coprirsi le membra; oppure si tiravano sul corpo le lunghe e fini capigliature; e intanto cacciavano certi loro deboli e sottili stridi. Osserva a questo punto Polifemo che gli occhiuti sono sforniti di parola, come è giusto, sebbene muovano continuamente la bocca allo stesso modo dei conigli e degli altri roditori; così che quegli stridi debbono considerarsi come i soli suoni che siano capaci di emettere. Ma oltre a non accoppiarsi, gli occhiuti parevano visibilmente innervosirsi e deperire. Chiusi ciascuno nella sua cassetta, Polifemo li vedeva quali agitarsi furiosamente, e quali, specie le femmine, giacere sulla paglia del nido, stracchi e avviliti. Tutto l'allevamento pareva insomma in preda ad una epidemia di agitazione e di tristezza. E il cibo che Polifemo rinnovava senza tregua, veniva appena toccato.

"Nei giorni seguenti i sintomi funesti si fecero sempre più numerosi. Due delle femmine, Polifemo le trovò morte una mattina nelle loro gabbie. Poi fu la volta di ben sei maschi che egli rinvenne uccisi in strana maniera, cioè tre con il collo stretto da un sottile lacciuolo assicurato alle sbarre della gabbia, due feriti all'addome come con armi da taglio, e un sesto con il capo rotto che pareva aver dato di cozzo nelle pareti della cassetta fino a sfracellarsi. Polifemo confessa che non sapeva a che cosa ascrivere questo singolare stato di cose. Tutto quello che era necessario, egli l'aveva fatto. Le cassette erano pulite, le mangiatoie piene, i truogoli traboccanti, l'aerazione perfetta, ogni individuo separato dagli altri, che si poteva far di più? In tali condizioni, un allevamento, mettiamo, di cani si sarebbe già più che raddoppiato. Ma nonostante tutte le sue cure, la moria continuò nei giorni che seguirono. Altri tre li trovò morti con il solito lacciuolo intorno al collo. Due, di cui una femmina, toccò a Polifemo di ammazzarli, giudicandoli inguaribilmente malati e ben sapendo come in tali casi non valga la pena di insistere con le cure e l'uccisione immediata si imponga come la sola soluzione. Intanto gli altri continuavano ad agitarsi; e Polifemo dice a questo punto che è incredibile come animali di così deboli forze siano capaci di una frenesia tanto incessante e durevole.

"Una mattina certi nuvoli neri di fumo fecero accorrere Polifemo. Trovò che il fuoco si era appiccato alla paglia del nido in più di dieci gabbie. Risultato: sette individui morti soffocati, due colpiti da asfissia, uno moribondo che Polifemo dovette abbattere. L'allevatore, considerando che, se continuava di questo passo, in capo a pochi giorni l'intero allevamento sarebbe perito, prese una decisione ardita. Tolse tutti gli animali dalle cassette e li chiuse insieme in una grande gabbia collettiva, razionale anch'essa, che si era dimostrata di grande utilità nell'allevamento dei castori. E dapprima la novità parve produrre un buon effetto. Gli occhiuti visibilmente si riebbero, gli agitati calmandosi e gli avviliti rianimandosi. Tutto l'allevamento mostrò per chiari segni un netto miglioramento. In questa seconda fase ebbe modo Polifemo di fare alcune curiose osservazioni. Anzitutto gli occhiuti, dotati, a quel che pare, di forti istinti sociali, si riunivano, o sembravano riunirsi, intorno una specie di rialzo da loro costruito con pietruzze, e compivano strani gesti come di prosternamento e di preghiera. Poi parevano tutti obbedire a uno di loro, non più robusto né diverso, il quale evidentemente assolveva lo stesso ufficio che tra le api spetta alla regina. Questo capo pareva avere istituito una specie di disciplina, spartendo lui il cibo tra i compagni, dormendo dietro un piccolo steccato ingegnosamente costruito con ramoscelli e pagliuzze, tirandosi dietro tutti gli altri nei suoi frequenti e incomprensibili andirivieni per la gabbia. Notò anche Polifemo che le femmine non erano più neglette come prima, essendo continuamente accompagnate da due maschi a cui il capo pareva averle assegnate. Da ciò arguì l'allevatore che la tribù dovesse presto accrescersi di qualche nascita. Fu invece giusto il contrario che avvenne.

"Di lì a pochi giorni scoprì infatti Polifemo che quattro maschi, tra i quali quei due che parevano più accetti alle femmine superstiti, erano morti. Il sangue sparso intorno i loro piccoli corpi, i segni indubitabili di una violenza esteriore, fecero supporre a Polifemo che, accapigliatisi per rivalità amorosa, si fossero uccisi tra di loro. Ma mentre esaminava le tracce di questa specie di battaglia, ecco avvenire un fatto ancor più strano. Ecco quel capo di cui s'è già detto, avventarsi seguito da altri quattro maschi contro uno dei suoi compagni e, prima che l'allevatore potesse intervenire, trucidarlo staccandogli la testa dal corpo. Poi, come racconta Polifemo, la testa sanguinosa fu infitta sopra uno stecco e portata in giro, come in trionfo, per la gabbia. Tutto questo, occorre notarlo, venne eseguito con ordine e quasi, si sarebbe detto, con premeditazione. Intanto più che mai avvilite erano le femmine. E tutta la tribù pareva esser tornata alla primitiva agitazione.

"Dopo una settimana, nuova sorpresa. Sette altri individui giacevano morti, ciascuno nella sua cella, evidentemente uccisi durante il sonno. Polifemo attribuisce questo nuovo eccidio a una rivalità misteriosa che, secondo lui, aveva diviso in due fazioni la tribù. Comunque, l'allevamento era ormai quasi dimezzato, da quaranta che erano in principio, gli animali essendosi ridotti a soli ventidue. Quattro altri, in maniera affatto misteriosa questa volta, morirono di lì a qualche giorno contorcendosi e rimanendo poi stecchiti in strane funeste posture, i corpi gonfi e sparsi di scure chiazze. Non ne rimanevano dunque che diciotto.

"Cade qui l'incidente più misterioso di tutta la faccenda. Polifemo racconta che, disperato per il magro risultato dell'allevamento, decise di rinunziarvi e di mangiarsi in santa pace gli animali che rimanevano.

"Intanto, pensando che l'aria aperta, lo spazio e la completa mancanza di cure razionali avrebbero forse favorito l'ingrassamento degli occhiuti più di quel che avessero fatto fino allora le sue scientifiche applicazioni, li tolse tutti dalle gabbie e li mise in libertà in un vasto prato recinto da un basso steccato dove, a notte, usava rinchiudere il gregge allorché tornava dal pascolo. Quindi dopo essersi mangiato le due femmine superstiti e averci bevuto sopra numerosi crateri di vino caloroso, se ne andò a dormire. Ma verso l'alba fu destato da un atrocissimo dolore nell'occhio. E risvegliatosi del tutto, e strappatosi dall'orbita un legno aguzzo che vi stava confitto, si ritrovò accecato. Di quest'ultimo fatto Polifemo dà una spiegazione quanto mai complicata. Dice che quelli non erano animali bensì ciclopi, seppure piccoli e diversi da noi; che tutto il suo errore era stato di considerarli bestie; che il capo di essi doveva chiamarsi Ulisse, perché gli era stato predetto che qualcuno appunto di questo nome l'avrebbe accecato; che si era figurato quel tale Ulisse un gigante smisurato, e questa era stata l'origine del suo abbaglio; e cento altre simili frottole. Noi crediamo invece che egli, ubriaco fradicio, si sia in qualche modo ferito durante il sonno; inventando poi quelle menzogne a giustificazione della propria sciagura e del fallimento dell'allevamento. Perché non si possono in alcun modo attribuire a bestie affatto sprovvedute di intelligenza e di libero arbitrio, quali sono evidentemente gli occhiuti, l'invenzione e l'esecuzione di un atto così difficile. Ad ogni modo, salvo questa strana menzogna di Polifemo, tutto il resto è vero. Quanto agli occhiuti, durante quella stessa notte essi riuscirono a fuggire, aggrappandosi, secondo Polifemo, alle pance dei montoni nel momento in cui si recavano al pascolo; e di loro non si è saputo più niente. Ma la loro esistenza è provata dalle piccole ossa rosicchiate che abbiamo trovato nella cucina, tra gli altri detriti della pattumiera. Ossa del tutto diverse da quelle di qualsiasi animale del Regno; le quali, acconciamente ricollegate, ci hanno permesso di ricostruire un paio di scheletri da poter essere esposti nel Museo di Storia Naturale della Capitale."

A guisa di conclusione, la relazione dice che il fallimento dell'allevamento si spiega poco o nulla. L'esperienza insegna che le specie domestiche (e non c'è dubbio che gli occhiuti siano domestici) sono infinitamente plasmabili, sempre che si abbiano idee chiare sugli scopi da raggiungere e sui mezzi da adoperare. Non si può certo imputare a Polifemo la razionalità dei suoi metodi. Semmai il solo rimprovero che gli si possa muovere è di avere abbandonato ad un certo punto i sistemi seguiti sino allora per altri affatto opposti. Se avesse invece insistito senza lasciarsi scuotere dai primi insuccessi, forse tre quarti dell'allevamento sarebbero periti, ma avrebbe ottenuto dal rimanente quarto quei risultati che si riprometteva. Comunque resta il fatto che l'occhiuto si dimostra supremamente refrattario ad un trattamento razionale e scientifico. E che il suo allevamento non potrà mai generalizzarsi come quello di bestie ben altrimenti fruttuose quali sono gli ovini, i polli e le altre specie domestiche.

Lo scrittore e sua moglie, costretti dalla povertà a vivere nel sobborgo, non cessano di enumerarsi a vicenda gli inconvenienti del quartiere dove abitano. Lo scrittore, come uomo, sebbene soffra di più della situazione, è più moderato nelle sue lamentele; la moglie, che lo ama e indovina la sua sofferenza, più violenta. Il quartiere in un tempo recente non era che una distesa di prati con qualche rara casuccia, qualche osteria con la pergola, qualche sala da ballo all'aperto. In meno di un lustro tutto ciò è scomparso; e in suo luogo si sono levati d'ogni parte casamenti di cemento fitti di finestre, alti e degradanti come torri babilonesi, simili, con gli innumerevoli balconi rettangolari, a giganteschi comò con tutti i cassetti aperti. A pian terreno di queste fabbriche, botteghe e bottegucce hanno aperto le loro vetrine; botteghe lustre e misere con le soglie e gli stipiti intarsiati, secondo la moda più recente, di materiali plastici che imitano i marmi pregiati. Questi casamenti sospendono la tetra cateratta dei massicci balconi sopra una piazza o meglio un esiguo lago di asfalto. Trampolieri di specie urbana, i distributori gialli e rossi della benzina curvano il becco su questo lago. Intorno, squallidi di giorno ma sfarzosi di notte per le filettature isteriche del neon, spalancano le loro porte il cinema dai cartelloni melensi, con l'atrio pieno di quegli stessi marmi delle botteghe, tanto simili a unte e musive fette di salumi, il bar scintillante di zinchi tra i fumi della vaporiera, il salone da ballo in cui si ingolfano frusciando sui pavimenti incerati gli abiti pomposi di grosse sete cangianti. Il lago d'asfalto tra i casoni falotici è il foro, l'agorà delle domestiche cariche di gialli cartocci, degli sportivi ricciuti, in maglia a strisce, appoggiati ai manubri delle biciclette, dei ragazzi della squadra di calcio, dei garzoni in camice delle barbierie, di tutto il quartiere insomma. E, purtroppo, le finestre dello scrittore si aprono su questa piazza; e il brusio delle chiacchiere, le urla dei ragazzi, il vocio della radio e del cinema, lo sferragliare dei tram che nella piazza fanno carosello, tutti i rumori insomma salgono alla sua tavola, gli assediano le tempie, lo distraggono dal lavoro.

Ma non basta. C'era, or non è molto, un parco, in quel quartiere; una vasta accolta di alberi fronzuti intorno un antico casino da caccia e da diporto dei tempi dei cardinali umanisti e dei principi archeologhi. Era un ristoro: dalla finestra lo scrittore poteva, sia pur di sbieco, riposare l'occhio oppresso su quella poetica verdura. Ma, ecco, una fabbrica di cemento ottiene di impiantare i suoi baracconi tra i grandi alberi ameni, sulle macerie del casino distrutto. Ben presto tutto è schizzato di calcina, alberi, cancellata, terra, pietre, l'aria persino, si direbbe. Il cancello pende divelto. Si dirada l'antica solitudine boschiva, cara agli ozi degli arcadi, rivelando il terreno tignoso e sconvolto; scoppia un andirivieni di vagoncini, di uomini impolverati come mugnai fino alle ciglia, di camion traballanti, di brutali carrette. Si levano, intorno ai bassi tetti delle baracche, le piramidi infarinate dei molli sacchi; uno stantufo batte come un cuore malato in mezzo a tutto quell'arido polverio. Lo scrittore sospirando chiude la finestra e non guarda più da quella parte.

Ma non basta ancora. C'era una chiesetta, o meglio una cappella, forse eretta in ricordo di qualche rustico portento dei tempi antichi. L'hanno distrutta, hanno tirato su una chiesa nuovissima, color biscotto, tutta luccicante dentro di metalli cromati e di marmi falsi. La moglie dello scrittore, religiosa e al tempo stesso molto sensibile alle bellezze barocche o arcaiche di cui di solito si circonda il culto nelle nostre antiche città, dopo il primo giorno ha rinunziato ad andare a pregare in quel tempio pieno di lusso profano e anonimo. Troppo le dispiacciono gli affreschi che si incurvano nell'abside, sopra l'altare luccicante di utensili fiammanti. D'ora in poi ella pregherà inginocchiata presso il letto, davanti l'immagine stampata della Madonna di qualche antico maestro.

Tutto, nel quartiere, insomma, contribuisce ad offendere i

due sperduti. La moglie che va a fare le spese quotidiane si lagna della sgarbatezza dei bottegai che vedendola così timida e giovane cercano di abusare di lei rubandole sul peso; e non di rado, rientrando con il pacco delle provviste, ha gli occhi pieni di lagrime. Gli inquilini del casamento, gente alla buona e chiassosa, non smettono di fare urlare radio e grammofoni: ballabili e vociacce stentoree. Essi si sono accorti molto presto della presenza di quei due così diversi da loro; e vorrebbero attirarli nella loro vita. Non tanto, forse, per cortesia, quanto, come avviene sempre in questi casi, per il fastidio di un paragone continuo, di una riserva che, giustamente, pensano sdegnosa, di un'insopportabile aristocrazia. Così vengono ad invitarli alle loro festicciuole; né giova schermirsi. O amici, per la pelle, o nemici. Ben presto, dopo i rifiuti, son tutti loro nemici, dalle mogli ai mariti, ai bambini persino. Che hanno quei due, ci si chiede nel casamento, son forse di un'altra razza? In mancanza di meglio, tutte quelle famiglie si vantano di un'umanità fertile in dolori, in intrighi, in difficoltà di tutti i generi, in patetiche e sempre eguali vicende. E vorrebbero che quei due insieme con essi si commuovessero, amassero, ridessero, vivessero insomma. Ma il giovanotto che abita l'attico spia invece il momento in cui la moglie esce di casa per le compere mattutine, per rincorrerla, sbarrarle il passo, offrirle di accompagnarla con l'automobile. Un giorno la prende per la cintola, sopra un pianerottolo, e cerca di strapparle un bacio. La donna si rifugia in casa indignata. Ma il marito non si sente la forza di affrontare un diverbio; e consiglia alla moglie di cambiare l'orario delle sue uscite.

Ma tutti questi inconvenienti, come dice spesso lo scrittore alla moglie, sono ancora sopportabili in paragone al danno di un'atmosfera come quella, di vivacchiamento promiscuo, di piaceri senza elevazione, di doveri senza eroismo. Si ha un bel dire, spiega certe sere lo scrittore alla moglie, che l'ambiente non conta nulla; ma pian piano certe influenze penetrano anche le difese più corazzate. La mente e l'anima finiscono per atteggiarsi secondo la vita che si conduce e le cose che ci circondano. Quel che è peggio, siccome l'aspirazione al bello e al buono sono fondamentali nell'animo umano, si arriva, per via di graduali compromessi, a trovar belle le cose che paiono brutte, e buone quelle che si sentono cattive. In certi ambienti, ci si trasforma, che pure è una maniera di perire, la più crudele forse e irreparabile. Ancora adesso essi considerano orribili i falsi marmi degli atrii, insopportabili il fracasso della radio e gli spettacoli del cinema; ma con il tempo, forse, si addomesticheranno seguendo il consiglio dei sensi che sono sempre i primi a cedere; scopriranno sordide delizie là dove ora non vedono che difetti; per adagiarsi finalmente in una viziosa beatitudine fatta di piaceri deviati e storti e di minimi compromessi. Lo scrittore termina con serena ironia dicendo che prevede il giorno in cui andranno insieme a quel cinema; oppure, estatici, si fermeranno davanti la vetrina del mobiliere invogliati dalla camera da letto in stile novecento. Al quartiere insomma finiranno per affezionarsi come ci si affeziona ad un vizio invano combattuto e al quale si è costretti a riconoscere una certa quale angosciosa piacevolezza.

"Andiamo via," mormora la moglie ascoltando queste previsioni, "andiamo via di qui finché siamo giovani; andiamo via, te ne prego." Il marito accarezza quella testa chinata e risponde che un giorno se ne andranno certamente: per ora egli confessa che non si sente il coraggio di affrontare il trambusto di uno sgombero; e poi mancano i soldi.

Ma dopo un anno il denaro è stato trovato; e la noia dei due ha raggiunto il suo colmo. Decidono perciò di cambiare dimora. Dopo molte perlustrazioni trovano tre stanze in una casa nuova, sopra una collina, in una parte ancora campestre, dove tra i giardini delle ville arcadiche, i campi e i pomarii, si spalancano le buie voragini delle catacombe e sono sparsi i sepolcri dei primi martiri della fede. Quivi, tra gli alti muri fradici e verdi di borraccina, le straducce incassate non vedono passare che frati appaiati, pii e studiosi; oppure qualche buon mendicante canuto, la bisaccia sul fianco. Le greggi sfociano di notte per queste strade belando discordi e fitte, verso i pascoli non lontani. Le campanelle dei conventi vi hanno un suono squillante; ed è il solo rumore di quella solitudine. Ogni tanto le mura si aprono circondando uno spiazzo erboso in mezzo al quale un albero fronzuto protegge un banco sempre deserto. Su questi spiazzi levano le facciate le chiese arcaiche che custodiscono le tombe dei martiri.

Dal suo studio, attraverso l'ampia limpida vetrata, lo scrittore guarda la moglie che passeggia lentamente per i vialetti ghiaiati del giardino sottostante. Gli iris bianchi e violetti la circondano, folti, fino all'altezza dei fianchi. I tulipani ingemmano le aiuole smeraldine. I roseti si arruffano, costellati di fiori, agli angoli, intorno le erme, sui capitelli romani capovolti. Un melo fiorito stende contro il cielo azzurro di primavera lo stupore del suo ramo bianco. Lo scrittore guarda a lungo la moglie che avanza lentamente, umile in tanta gloria; quindi con un lieto sospiro torna al tavolino, alle sue carte.

Ma la moglie dopo aver passeggiato a lungo nel sole, entra in una di quelle chiese deserte e si inginocchia in un angolo oscuro. Il vasto pavimento di lastroni grigi sul quale le grezze colonne romane poggiano senza basi, si stende nel giorno incerto dei finestroni piombati. Nell'abside scintillano anneriti i mosaici vorticosi, figure nimbate si levano, un libro tra le braccia, o una spada in pugno. Le lettere d'oro delle scritte latine fiammeggiano nell'ombra, caste e indecifrabili come note musicali di una silenziosa sinfonia. La moglie dello scrittore prega; ma dopo aver pregato siede sopra una seggiola di paglia e si perde in riflessioni che il silenzio e la solitudine del luogo favoriscono. Pensa ai tempi che ha passato nel brutto quartiere moderno, laggiù nelle bassure della città. Pensa anche alle reliquie custodite sotto le lapidi, dentro gli altari. Uno scrupolo la insidia, non vorrebbe pensarci, ma l'anima glielo ripropone con insistenza affettuosa. È meritata la pace di cui godono ora? Ed è pace veramente del cuore; o non, forse, dei sensi soddisfatti e placati? Ancora, ella si domanda per quale colpa o quale mistero dopo tanti secoli dalle morti eroiche dei santi sepolti in quella chiesa, il mondo per il quale essi si sono immolati sia, o, almeno, sembri ricaduto nei vecchi vincoli materiali. Sarebbero forse morti invano, quei lontanissimi e fiduciosi martiri? E loro, quassù, di che morte moriranno? Non dovrebbero essi, come quei martiri, gettare la loro vita quale pegno di un avvenire migliore? La moglie dello scrittore vorrebbe non pensare in questo modo; dimenticare, sia pure pregando; ma non può. Finalmente, gli occhi pieni di lagrime, si inginocchia, si segna ed esce sul sagrato. Il sole illumina l'erba tra le pietre, nel recinto delle mura romite. Un grosso uccello nero saltella sui rami di un abete; e dai rami pendono immobili le lunghe barbe verdi dei licheni. L'uccello fischia sottile ed è come se la primavera intera rabbrividisse per un funesto presentimento.

SOGNO NELL'ALTANA

L'amico pittore partendo per un viaggio mi aveva dato la chiave del suo studio. "C'è una vista bellissima;" mi aveva detto, "se un giorno vorrai star solo e tranquillo in cospetto alla città intera, va pure lassù." Poi era partito; e come spesso avviene quando, avendo la possibilità libera e immediata di un godimento, ci si accontenta di vagheggiarlo senza approfittarne, avevo continuato le mie faccende ordinarie accarezzando la chiave in fondo alla tasca e rimandando di giorno in giorno la visita allo studio. Si era allora in un tempo incerto tra la primavera e l'estate. Il cielo era continuamente percorso da grandi nuvole bianche e grigie che non di rado si confondevano in un solo nembo scuro, cadendone, sulla distesa mortificata dei tetti ancora caldi di sole e sul fogliame già polveroso dei parchi, una pioggia sciatta e abbondante che prima ancora di toccare gli asfalti arsi era già evaporata, innocuo diluvio. Poi, tutto ad un tratto, il tempo cambiò e l'estate, che simile ad un esercito antico, dopo aver bruciato tutte le terre intorno la città, era venuta sempre più accostandosi e ormai la stringeva d'assedio, l'estate, dico, fece il suo folgorante ingresso tra le nostre mura. Tutto ad un tratto, al vento di scirocco subentrò quello marino tanto più leggero e frizzante; le nubi fecero una loro estrema difesa, scaricando una furiosa grandinata contro i vetri sonori delle case e subito dopo fuggendosene oltre l'orizzonte, verso paesi lontani; la mattina seguente il sole si levò signore assoluto di un cielo perfettamente sgombro di nubi, persino di quei minimi fiocchi bianchi che in altre stagioni fan parere più belle e poetiche le giornate serene, un cielo insomma pienamente estivo. E infatti, a mezzogiorno, rimbucata la gente dentro le case, cessato ogni traffico ed ogni rumore per le vie, la calma e il silenzio infuocati del solleone si stabilirono sopra la città ardendo ogni strada, smorzando ogni voce, infondendo in ogni corpo umano dentro le stanze buie e fresche quel torpore fondo e ronzante che pare annullare le abitudini cittadine e ridare il ricordo primordialmente agreste delle campagne assolate, del canto delle cicale e del mormorare delle fonti. Fu appunto quel giorno, dopo il mezzodì, che mi decisi finalmente a visitare lo studio dell'amico pittore.

Non ci ero mai stato, sapevo soltanto che si trovava in uno dei quartieri più antichi della città. Del resto, anche se non l'avessi saputo, il nome della via era parlante; mettiamo che fosse qualcosa come via del Polverone o vicolo dell'Oca. Una insomma di quelle viuzze senza marciapiedi ma, alla bella stagione, popolate di donne e di vecchi seduti sulle soglie; e i bambini fanno il giuoco del "piso pisello colore così bello" raggruppati nel bel mezzo del selciato; e numerosi gatti spelati e famelici ci si aggirano annusando la polvere; e nelle bottegucce buie si vedono gli artigianelli del rione, falegnami, ciabattini, meccanici, fabbri, intenti ai loro lavori. Ma in queste viuzze non tutte le case sono modeste come lascerebbe supporre la gente minuta che vi si incontra; ogni tanto si spalancano alti e profondi portoni di palazzi, in fondo ai quali s'intravvedono cortili senza sole e pieni di piante verdi e prospere, cresciute intorno a qualche fontana. Questi palazzi conservano dentro le loro scale di pietra, insieme ad un odore particolare che sta tra quello delle chiese e quello delle antiche cassapanche piene di drappi tarlati e di pezzi scollati di mobili, una freschezza veramente d'altri tempi; quella freschezza, voglio dire, che in altre estati di un'altra Italia permetteva di salire dieci rampe di scale in vesti di pesante broccatello o in abito talare, senza neppure dire "uf!". Quel giorno, venendo dalla sferza della canicola, questa freschezza mi fu assai gradita. Salii senza troppa fatica una rampa, poi una seconda, una terza, una quarta, a questo punto la scala si abbassò, si rimpicciolì, andò sempre più stringendosi, finché, per una scaletta a chiocciola che pareva ricavata nello spessore della muraglia, raggiunsi lo studio dell'amico.

Non era veramente uno studio ma una loggia costruita sul tetto del palazzo. Il proprietario aveva chiuso le arcate tra i pilastri con vetrate gialle e turchine; di arcate ce n'erano otto, due per lato, dunque otto finestroni attraverso i quali si diffondevano e s'incrociavano nello stanzone pieno di tele, cavalletti e altra roba polverosa e disordinata, onde silenziose di luce calda e azzurra. Pareva di essere in una specola; e a questo senso di grande altezza contribuivano le tende che si agitavano senza posa nel vento, dietro i vetri colorati, e i sibili lunghi e appassionati che questo vento, genio lamentoso del luogo, rendeva soffiando tutt'intorno la loggia. Stordito, accaldato, non mi curai di aprire le finestre, ma dopo aver dato un'occhiata ai quadri, che non erano belli, presi un libro, e precisamente i *Promessi Sposi*, e buttatomi sopra un divano incominciai a leggere il capitolo nel quale il cardinale Federigo sermoneggia Don Abbondio. Ma le prediche talvolta fanno venir sonno, specie poi d'estate, nelle prime ore del pomeriggio e in un'altana calda e luminosa come una serra. Ben presto la fronte mi cadde su quel libro famoso e mi addormentai.

Subito feci un sogno strano e delizioso. Mi pare di aver spalancato una delle finestre dello studio e di guardare stupefatto alla città distesa sotto i miei occhi. Il vasto cielo è tuttora incendiato di sole, ma sotto quella gran luce estiva non vedo alcun tetto, bensì soltanto campanili e terrazze. I campanili sono tutti diversi uno dall'altro, tutti costruiti in stili alambiccati e preziosi; quali tortili, quali sormontati da una cupola a cipolla, quali smilzi come minareti, quali tozzi come torri e tutti con le loro campane penzolanti e immobili che paiono d'oro, tanto scintillano sotto i raggi del sole. Quanto poi alle terrazze, ce n'è un'infinità, disposte su piani diversi, quali più alte, quali più basse, a perdita d'occhio, tutte quadrate e pavimentate di losanghe nere e bianche come scacchiere, circondate di verdi piante tagliate ad arte, veri giardini pensili; e in ciascuna di esse c'è una macchia scura e uno scintillio d'oro. Guardo meglio, guardo alle terrazze più vicine, e vedo che ciascuna di quelle macchie è una donna seduta e vestita all'antica, ossia fino ai piedi e con larghe pieghe, di una stoffa greve e lucida che pare una seta dai colori diversi, turchino, rosso, verde, ma tutti intrecciati e intonati al cupo; e che quello scintillio aureo viene dai lunghi capelli biondi che ognuna di quelle donne tiene sciolti sopra le spalle e il petto. Queste donne sono tutte giovani e bellissime, e fanno tutte la stessa cosa, ossia si occupano della loro bellezza; e quale passa un pettine nella cascata fluente della capigliatura; quale rimira il viso in uno specchio d'argento; quale stende davanti a sé la mano bianca come il latte e la contempla con compiacimento; quale chinando il capo aggiusta tutt'intorno a sé le grosse e pesanti pieghe del vestito. Questa vista mi riempie d'entusiasmo, "beata città," esclamo, "che possiede tante giovani e bellissime donne e tutte così serenamente oziose!" e assalito da un gran desiderio di farmi notare da una almeno di quelle amabili e vanitose bellezze, comincio a gridare, e a far segni con le mani, affinché, distogliendo un momento solo l'attenzione dalle loro persone, si accorgano della mia presenza ammirativa e invaghita. Ma più mi agito e grido e più quelle crudeli, le vicine come le lontane, sembrano assorbirsi nelle cure compiaciute della loro avvenenza. Scoppia a questo punto un grande scampanio, tutte le campane di tutti i campanili suonano a distesa e tutte con suoni differenti, agri, cupi, striduli, sonori, ampi, pettegoli. E a questo scampanio, sempre più forte e più vicino, finalmente mi desto.

Del sogno non era rimasto che il suono delle campane, le quali, dalle molte chiese del rione, mi avvertivano che avevo dormito come un poltrone per più di un'ora. Ma per il rimanente, niente, niente finestre spalancate, niente donne bionde, nient'altro che lo studio caldo e polveroso e quella luce del cielo appena più bassa e meno intensa. Il libro del Manzoni era caduto in terra ed era rimasto aperto alla pagina precisa sulla quale mi ero addormentato, quella che incomincia: "Purtroppo," disse Federigo, "tale è la misera e terribile nostra condizione." "Misera e terribile davvero," pensai fra me levandomi dal divano, "poiché nessun sogno trova rispondenza nella realtà"; e non senza una certa irragionevole speranza se non di trovare le donne del sogno, per lo meno di azzeccare non sapevo che avventura attraverso i tetti, corsi a una delle finestre e la spalancai. Il sole, che dopo aver toccato il punto più alto della sua ascensione già discendeva verso occidente, illuminava di una luce obliqua e più calma tutta quella parte della città che si stendeva sotto i miei occhi. Sotto il cielo purissimo che adesso, scemato il fuoco del mezzogiorno, era di un azzurro più duro e più limpido, vedevo cupole, terrazze, campanili e tetti a perdita d'occhio fino alle colline coronate di pini che limitavano d'ogni parte l'orizzonte. Panorama bellissimo, di una calda tinta bionda e rosata, con gli spacchi profondi delle strade piene d'ombra e serpeggianti in tutte le direzioni, panorama, ripeto, imponente, ma quanto diverso da quello del sogno! C'erano, è vero, vicine e lontane, delle terrazze, ma invece dei bossi verdi e tagliati ad arte intorno le scacchiere bianche e nere dei pavimenti, barattoli di latta, cassette da imballaggio, vecchie pentole nelle quali crescevano mentucce, garofani, basilichi, geranii e altre simili piante modeste; invece delle innumerevoli e vanitose Veneri, scene familiari che davano una curiosa e intima animazione a tutte quelle abitazioni scoperchiate. In una terrazza vedevo un povero ragazzo malato, disteso con una gamba ingessata sopra un lettino, al sole; in un'altra c'era una coppia: lui grasso e strippato, in camicia e con le bretelle, un fazzoletto intorno il collo e le pantofole ai piedi, sdraiato a pancia all'aria a leggere il giornale; lei alta e gonfia, vestita di un pigiama ridicolo e troppo attillato, intenta a innaffiare le piante dei barattoli; in un terzo due servette sciorinavano candidi panni appena lavati; in un quarto uno stuolo di bambini s'adunava intorno una giovane madre florida, i più grandi su e giù di corsa per le scalette, l'ultimo attaccato a poppare dal gonfio petto materno. E poi altre terrazze ancora con altra gente. Questo curioso spettacolo tanto meno splendido del sogno, alla fine tuttavia mi piacque, riuscendo quasi a consolarmi della delusione. "È vita anche questa," pensavo, "e il sole non rifiuta di illuminarla." Stetti, così, a lungo seduto sul davanzale ora leggicchiando, ora contemplando la città. Poi il sole tramontò, le rondini uscirono da sotto i tetti e incominciarono a girare nel cielo rosso e fresco; chiusi allora la finestra, lasciai lo studio e discesi nella strada.

OLTRETOMBA AMERICANO

Quando mi trovavo negli Stati Uniti, fece il giro di quella stampa, sotto i titoli significativi di "Verità o fantasia?", "Effetti di una sbornia", "Un nuovo Dante", "Peccatori pentitevi: l'oltretomba esiste", "Un caso di autosuggestione" e simili, la lunga narrazione di un minatore cinquantenne di Pittsburg, il quale pretendeva di essere stato all'altro mondo. Tale narrazione conteneva, misti a sciatti moralismi di origine biblica e a volgari allusioni politiche, particolari assai interessanti; epperò, sembrandomi che non sarebbe stato del tutto inutile serbarne memoria, non fosse altro che per lumeggiare la psicologia del popolo americano, ritagliai da quanti giornali mi caddero sottomano gli articoli che ne trattavano, riuscendo a mettere assieme un racconto sufficientemente ordinato e preciso. Prima di trascriverlo, voglio tuttavia avvertire il lettore religioso che non c'è neppure una probabilità su cento che la cosa sia realmente accaduta. Nessuno ignora infatti come gli Stati Uniti siano un paese fertile in scandali e notizie strabilianti; epperò trattasi con ogni certezza dell'allucinazione di un visionario; oppure della fantasia di un imbroglione desideroso di crearsi una breve notorietà giornalistica; o, peggio ancora, dell'invenzione poco spiritosa di un cronista a corto di avvenimenti sensazionali. Ma veniamo al fatto.

Dice dunque il minatore che, trovandosi un giorno in fondo all'estrema propaggine di una profonda galleria della miniera, intento a frantumare con la perforatrice il filone carbonifero, la punta del trapano fece ad un tratto crollare una specie di sottile diaframma; ed egli, perduto, per la spinta del corpo, l'equilibrio, precipitò in una buia voragine che si inabissava al di là della sfondata parete della roccia. Cadde, secondo i suoi calcoli, per un centinaio di metri; quindi diede del capo contro una sporgenza di quella specie di pozzo e svenne. Quanto tempo rimanesse senza coscienza non saprebbe dire, ma, riaperti finalmente gli occhi, si ritrovò disteso sul suolo terroso di una vasta spelonca semilluminata da una forte luce esterna. Levatosi e constatato di non essersi prodotto nello spaventevole capitombolo neppure una scalfittura, si avviò verso quella luce; e di lì a poco, dalla soglia della caverna, scoprì lo sconfinato deserto sabbioso di una regione meridionale che giudicò essere l'Arizona o il Nuovo Messico. Nel mezzo di questa solitudine il minatore vide una bassa costruzione quadrata, tra la fattoria e il lazzaretto, che a prima vista, ricordandone le descrizioni lette nei giornali, immaginò che fosse certa celebre prigione situata appunto in quei paraggi, tra le più vaste e severe degli Stati Uniti. Dice che si mise a correre in direzione del carcere con l'intenzione di chiedere aiuti e informazioni. Ma a misura che si avvicinava alla bassa parete tutta forata di finestroni grigi, questa pareva farsi sempre più estesa, allungandosi a destra e a sinistra, smisuratamente. Finché, giunto sotto il fabbricato, una porticina si aprì ad un tratto e un tale vestito come un operaio con la tuta di cotone turchino gli diede il benvenuto, dicendogli che quello era l'Inferno e che egli era ben contento di farglielo visitare. Il minatore sbalordito da una proposta tanto straordinaria non seppe, lì per lì, che dire; e seguendo senza aprir bocca lo strano individuo, penetrò con lui nella fabbrica.

L'Inferno, secondo il nostro viaggiatore dell'aldilà, rassomiglia forte a qualche moderna fabbrica di oggetti in serie, la Ford oppure la Vickers Armstrong. Una galleria vetrata, interminabile, piena della luce cruda, polverosa, giallognola del deserto. Soffitto basso a travature metalliche, pareti verniciate di grigio, pavimento di calcestruzzo. Sola differenza che qui, al posto delle macchine tutte eguali allineate coi loro operai a perdita d'occhio lungo la corsia, il minatore vide innumerevoli dannati ciascuno occupato a purgare la sua pena.

Il minatore, assiduo ascoltatore delle prediche domenicali nella chiesa del suo villaggio, confessa che alla parola inferno si era aspettato punizioni terribili quanto convenzionali a base di pece, fuoco, carboni ardenti, graticole, demoni armati di tridente e altre simili diavolerie; ma fu sorpreso da uno spettacolo tutto diverso e oltremodo inaspettato. In apparenza tutti quei dannati sembravano occupati in qualche lavoro industriale; soltanto, e qui stava la pena, ciascuno di loro aveva, per assolvere la sua eterna incombenza, ordigni antidiluviani degli inizi del macchinismo, o addirittura nessun altro mezzo che le proprie mani, prima macchina, al dire degli economisti, che l'uomo abbia inventata. La coscienza, come spiegò la guida, che esistessero altri ritrovati più speditivi e moderni per sbrigare lo stesso lavoro, oltre al continuo rompersi e inceppare dei loro trabiccoli, costituiva il maggior tormento di tutti quei miserabili.

E così, racconta il minatore, si vedevano ciabattini penosamente intenti a cucire scarpe che le fabbriche producono a mille all'ora; sarti sudare con il gesso e le forbici su vestiti che le macchine tagliano con prodigiosa rapidità; pittori accecarsi a dipingere con pennelli e tavolozze ben sapendo come lo stesso risultato venga ottenuto in un batter d'occhio con la macchina fotografica; musici accanirsi su pianoforti con il pensiero tantalizzato dai comodissimi grammofoni; tessitori cavarsi gli occhi sui telai a mano con il ricordo amaro delle macchine tessitrici che compiono nello stesso tempo un lavoro cento volte maggiore; fabbri spezzarsi le braccia a forgiare ferri battuti che nell'industria si stampano in ghisa con vertiginosa facilità; tipografi rompersi la schiena a girare rozzi torchi con nell'orecchio l'alacre fracasso delle infaticabili rotative... e la lista potrebbe continuare all'infinito.

Tutta questa gente, pur senza interrompere il suo eterno travaglio, volgeva al visitatore volti ruscellanti di pianto e dava in alte esclamazioni di dolore. D'ogni parte giungevano frasi come queste: "Vedi, ahimè, come sono mutato: fabbricavo in vita mille chiodi al minuto... Ora per ogni chiodo mi ci vuole un quarto d'ora." "Ah dov'è il mio tornio elettrico?" "Su nel mondo trovavo lenta la macchina schiacciasassi... che dire ora di questo pesante mazzapicchio?" "Tirar su l'acqua coi secchi... e pensare che ci sono le pompe a vapore." "Potessi tornare ai tempi felici in cui fotografavo donne nude, paesaggi, nature morte... ma dipingere, dipingere, dipingere." "Scrivevo in vita prosa di giornale... ora eccomi costretto a comporre versi." "Era pur bello il tempo in cui stampavo a decine statuette di ghisa... ma scolpire, ahimè, scolpire." "Ah, macchina mia di caramellaio... eccomi ridotto a impastare zucchero come si usava un tempo, durante la Befana, a piazza Navona." "Chi mi renderà alla fabbrica di cappelli?... Chi mi libererà dalla fatica di intrecciar paglia di Firenze?" "Ah la mia cara sedia elettrica... ma tagliar teste con la scure, quale macello." "Un'ora, un'ora soltanto con la mia bella mitragliatrice a due canne." "Eccomi condannato ai remi e alla vela... Ah, i piroscafi." "Un giorno, ahimè, andavo in aeroplano... ora eccomi a cavallo."

Il minatore a proposito di queste due ultime esclamazioni che paiono sottintendere un movimento incompatibile con l'immobilità dei dannati, fa notare che tanto il cavallo come la barca stavano fermissimi, ma i due dannati avevano egualmente l'illusione del moto. Allo stesso modo, del resto, che tutti i vari ciabattini, caramellai, pittori, fabbri eccetera credevano di progredire nel loro lavoro mentre in realtà era sempre la stessa scarpa, la stessa caramella, lo stesso quadro, lo stesso chiodo e via dicendo, che avevano per le mani. Come in terra così all'Inferno sono i sentimenti che contano, non i fatti. E i sentimenti, aggiunge il minatore, erano davvero dolorosissimi. A tal punto che egli, pur camminando dietro la sua guida tra quelle due siepi di tormenti, si sentiva struggere dalla pietà e quasi non ci vedeva più per il pianto che gli offuscava gli occhi.

Il tempo e lo spazio all'altro mondo sono aboliti; ragione per cui il nostro viaggiatore non saprebbe dire quanto durasse la sua visita né quale fosse l'estensione anche approssimativa della smisurata fabbrica dell'Inferno. Dice che dopo aver percorso parecchie miglia di gallerie vetrate, la guida lo avvertì che ormai egli si era fatto un'idea dell'Inferno ed era tempo di passare al Paradiso. Del Purgatorio non fece parola; epperò il minatore suppone che non esista. Avendo risposto alla guida cortese di sentirsi sicuro che dopo tanti spettacoli infernali un pochino di visioni celesti l'avrebbero ritemprato, colui aprì una porticina e l'introdusse, senza più, nel Paradiso.

Il Paradiso, al dire del minatore, sembrerebbe molto meno originale dell'Inferno; non essendo altro che una sterminata fiera campionaria permanente, sempre fornita e sempre aperta. Le costruzioni effimere e variopinte di tale fiera sono disposte lungo straducce o intorno piazzali in modo da formare una specie di città; che, a sua volta, è contenuta nel quadrilatero formato dalle quattro gallerie dell'Inferno. Così l'oltretomba è concentrato in un corpo solo in cui i gai padiglioni del Paradiso contrastano con le lugubri corsie dell'Inferno; e alla immobile fatica dei dannati fa riscontro l'incessante, festivo rimescolarsi della folla degli eletti.

Per i viali del Paradiso si muove, infatti, in un frastuono di radio e di altoparlanti, una moltitudine giuliva e incuriosita; la stessa che si nota nei primi giorni delle grandi fiere industriali. Gli eletti non fanno che comprare; con una moneta speciale di lassù che si rinnova nelle loro tasche a misura che la spendono. Come la loro moneta si rinnova senza tregua, così la merce non li ingombra né diserta i padiglioni di vendita, perché appena comperata, per un prodigio tutto celestiale, i vuoti delle vetrine e degli scaffali si riempiono da soli; mentre gli oggetti appena il compratore ne sia stanco svaniscono come per incanto permettendogli così di fare nuovi acquisti senza perciò caricarsi di roba. Da questo comperare e possedere sempre rinnovato, il beato trae un piacere così squisito, una soddisfazione così ampia, una gioia così ricca, che l'eternità non soltanto non gli pesa, ma anzi, per così dire, vorrebbe prolungarla. Qualunque oggetto acquistato nei padiglioni del Paradiso, un paio di calze, un sapone da barba, un pettine, un fermaglio, uno stecchino, procura la beatitudine diciamo così, fondamentale e minima; ma ci sono diversi gradi di beatitudine in stretta correlazione con i meriti e le conseguenti possibilità di acquisto. In altre parole, le maggior virtù di un eletto sono premiate con un maggior valore della moneta assegnatagli; e l'uomo che fu in vita soltanto buono porterà via per il suo denaro una quantità di merce inferiore a quella di chi fu ottimo. Inversamente l'effetto di beatitudine della merce varierà secondo il suo costo. Così, per esempio, una penna stilografica di galalite verde con pennino di iridio procurerà un leggero spianamento ottimistico della fisionomia; la stessa penna con il pennino d'oro farà santamente sfavillare gli occhi; tutta d'oro estenderà questo sfavillio al volto del possessore; d'oro con piccoli brillanti lo circonfonderà dalla testa ai piedi di una ineffabile luce celestiale. Il minatore cita molti e diversi gradi di beatitudine. A suo dire, d'un certo beato che era stato in grado di acquistare un magnifico cappotto di vera lana, foderato di seta e con bavero di pelliccia, a mala pena, tanto risplendeva, si poteva sostener la vista.

Anche del Paradiso il minatore non sa dire l'estensione, né quanto durasse la visita. Racconta soltanto che avendo manifestato alla sua guida il desiderio di comperare un paio di bretelle da un dollaro e mezzo esposte in uno di quei padiglioni, non per brama di beatitudine ma per reale necessità essendo le sue tutte slentate e rotte, egli si ritrovò in un batter d'occhio di nuovo in fondo al tenebroso budello della miniera, con la macchina perforatrice in mano. Dapprima, stupefatto, cercò a tastoni sulla parete rocciosa il pertugio per il quale era precipitato, ma non trovò un bel nulla. Si accanì quindi con la perforatrice ma non riuscì che a fare un enorme mucchio di carbone. Allora, all'uscita, si sfogò a raccontare la sua avventura. La quale, riportata di bocca in bocca, giunse finalmente ai giornali. Da questi io l'ho ritagliata e ne ho tratto per i lettori italiani questo fedele resoconto.

IL COCCODRILLO

La signora Curto, verso le cinque, si mise il cappello e uscì di casa per recarsi a far visita alla signora Longo.

La signora Longo, moglie di un direttore di banca, abitava un appartamento al pianterreno di una palazzina vecchiotta ma signorile, in un quartiere un tempo elegante e ora decaduto. Per la signora Curto, il cui marito era un sottoposto del signor Longo, la visita rivestiva un'importanza particolare. In primo luogo ella era di una condizione molto inferiore a quella della signora Longo, abitando poche stanze moderne ma misere in uno dei tanti casamenti della periferia. In secondo luogo era la prima volta che la Longo, dopo quasi un anno che si conoscevano, si degnava di invitarla a casa sua.

La signora Curto rassomigliava molto ad una gallina tra affaccendata e misteriosa che stia raspando prima di deporre l'uovo: piccola, ancheggiante, con una faccia olivastra, due rotondi occhi neri molto vicini l'uno all'altro, il naso a punta. La signora Longo era una grande donna bionda, maestosa, strabica, teatrale, pettoruta, dolciastra, affettata, protettiva e dignitosa. La signora Curto aveva cinque figli piccoli, e non sapeva parlare d'altro. La signora Longo non aveva figli, ma in compenso andava alle rappresentazioni teatrali, proteggeva i musicisti, dipingeva acquarelli e recitava versi. La signora Curto vestiva preferibilmente di nero, portando ai piedi grandi scarpe simili a ciabatte, e in testa informi e complicati cappelli ornati di veli e di perline. La signora Longo si può dire che vestisse sempre da sera, in toni violacei o verdoni. Tutte queste differenze facevano sì che alla signora Curto, giunta da poco dalla provincia, la signora Longo apparisse come una specie di simbolo e di personificazione di tutte le eleganze cittadine; e il salotto di costei come un luogo più sacro di un tempio e più misterioso della grotta di un oracolo.

Questa intimidita e ammirativa soggezione non impediva tuttavia alla signora Curto di avere il suo piano circa la visita che si accingeva a fare. Tale piano consisteva nella ferma risoluzione di osservare e, per quanto le era possibile, stamparsi bene nella memoria, tutto quello che la signora Longo facesse o dicesse, e tutti quegli oggetti che nella casa della signora Longo le sembrassero degni di nota. Abbiamo detto che la signora Curto era provinciale; aggiungeremo che i suoi natali erano stati umili e la sua educazione sommaria. Donde, in lei, una continua, penosa incertezza circa quelle regole del vivere mondano che si rendono tanto necessarie per la moglie di un impiegato di banca il quale sia desideroso di far carriera. Si aveva da tendere la mano a un uomo o da aspettare che venisse tesa? Soffiarsi il naso ritti o torcendosi da parte? Fumare o non fumare? Accavallare le gambe? Togliersi i guanti? Levarsi in piedi per ogni persona che arrivasse? Inzingere i biscotti nel tè oppure mangiarli asciutti? E, in un senso più largo di eleganza e di compitezza, come si serviva l tè? Con le paste o con i biscotti? Come si ammobiliava una casa? Che specie di tende si mettevano alle finestre del salotto? E a quelle della stanza da pranzo? Come doveva essere vestita la cameriera? Che vestito si portava alle cinque ricevendo le amiche? eccetera, eccetera. La signora Curto sperava che durante quella visita l'ospite avrebbe dato con la sola presenza una muta risposta a tutte queste domande, sciolto per sempre tutte queste incertezze.

Altra speranza della Curto, nell'animo della quale questa visita determinava lo scioglimento torrenziale di tutte le ambizioni sinora congelate, era che la signora Longo avesse anche invitato quel giorno alcune delle sue amiche, di lei non meno eleganti e mondane. È vero che non era un venerdì, giorno in cui la Longo invariabilmente riceveva. Ma lo stesso, per fare onore alla Curto, ella poteva avere invitato alcune di quelle sue amiche così celebri nell'ambiente della banca: la signora Sgroi, per esempio, la signora Pedullo, la signora Joffe. Se queste signore, ciascuna delle quali, a sua volta, aveva il suo giorno di ricevimento, erano presenti, la Curto si

sentiva quasi sicura di azzeccare almeno un paio di invit
E così, di invito in invito...

Ma quest'ultima speranza venne delusa. La Longo la ric
vette in un salottino semibuio, pieno di armi, di tappeti app
si alle pareti e di mobiletti traforati che la signora Curto giu
dicò orientali. Il salotto in cui avevano luogo i famosi ric
vimenti appariva invece chiuso e oscuro attraverso i dopp
usci vetrati. Tutta vestita di rosso cupo, una rosa finta su
l'ampia scollatura, la padrona di casa parve alla Curto gent
le e anche protettiva, ma distante. Sedettero l'una di front
all'altra, sull'orlo di un sofà, nella luce velata di una lampad
anch'essa di foggia orientale; e subito incominciarono a chia
chierare.

Tolta la delusione della mancata presenza delle amiche,
signora Longo non tradì le speranze della visitatrice. Pur so
bendo il tè e rispondendo alle cerimoniose e alquanto indi
ferenti domande della Longo sulla casa, i bambini, il marito
la villeggiatura e altrettali convenzionali argomenti, la Curt
ebbe modo di fare molte osservazioni utili. La signora Long
accavallava le forti gambe sotto il vestito di velluto colo
ciliegia; non intingeva i biscotti bensì li mordeva sollevand
alquanto le labbra; non si soffiava il naso (ma è vero che no
pareva raffreddata); di tanto in tanto si assestava con la pa
ma languidamente aperta, i biondi gonfi capelli pettinati i
una foggia antiquata; chiedendo alla Curto se voleva il t
debole o forte, le posava con noncuranza la mano sulle g
nocchia, gesto confidenziale e lusinghiero; parlava sottovoc
staccando le sillabe e stringendo i denti; portando la tazz
alle labbra sollevava leggermente il mignolo ornato di una la
ga pietra verde; per sputare il nocciolo di ciliegia contenut
in un cioccolatino si parava la bocca con la mano; con il t
offriva biscotti dolci e salati ma niente paste; aspirava cont
nuamente da un lunghissimo bocchino rosso (forse per int
narlo con il colore del vestito) e ributtava il fumo dal nas
usava, per dire portacenere, la parola evidentemente forestie
di *sandrié*...

Quanto alla casa, oltre i suddetti mobiletti traforati che
visitatrice giudicò troppo esotici, e buoni appunto per ur
dama un po' eccentrica qual era la Longo, la Curto notò ch
le tendine alle finestre erano rosse e tutte pieghettate, giu
gendo fino a mezzo vetro, con due bacchette di ottone ur

sopra e l'altra sotto; che parimenti rosso era il damasco delle pareti; che c'erano dei portacenere assicurati con nastri sui braccioli delle poltrone; che una bambola vestita alla turchesca se ne stava seduta in fondo al sofà, sopra un mucchio di cuscini variopinti; che il tavolino del tè aveva le rotelle in modo da poterlo spingere dove si volesse; e cento altre simili bazzecole.

Ma la maggiore novità della visita e insieme la più discutibile parve alla Curto il fatto del coccodrillo. Si erano appena sedute che la bestia, spinto a musate l'uscio che dava nel corridoio, si fece avanti nel salottino. Sulle prime venne fatto alla Curto di mostrare alla padrona di casa l'animalaccio. Ma la Longo stava seduta proprio di fronte all'uscio e non poteva non aver visto il rettile; tanto più che in due passi barcollanti la bestia era giunta a sfiorare con il muso alzato il piede della Longo. Arguì dunque la Curto che il coccodrillo fosse di casa e sembrandole che non sarebbe stato educato far notare all'ospite una cosa che ella stessa mostrava di volere ignorare, tacque e continuò a sorbire, come se nulla fosse, il suo tè. Intanto il coccodrillo, sempre con quel suo vacillante e faticoso incedere, girava dietro la Longo e si levava ritto alle sue spalle, poggiandosi sulla coda e sulle zampe posteriori. La Curto vide allora la signora Longo, con quello stesso gesto casuale e indifferente con il quale, pur discorrendo, ci si tira addosso i lembi di una pelliccia abbandonata sulla spalliera della poltrona, tendere indietro le due mani e aiutare il coccodrillo ad aderirle con la pancia al dorso, facendosi aggranfiare dalle quattro zampe gli omeri e i fianchi. Tutto ciò fu eseguito con quelle scosse del corpo e quei gesti comodi e soddisfatti con i quali ci si assesta, appunto, qualche caldo e protettivo indumento sulle spalle. Quindi, evidentemente sicura che, così abbrancato, il coccodrillo non le sarebbe più caduto di dosso, la Longo si rivolse con bel garbo alla visitatrice chiedendole se desiderasse altro tè. Ora, la Curto si era certamente aspettata qualche stravaganza da una donna notoriamente eccentrica qual era la Longo; ma questa faccenda del coccodrillo superava di gran lunga ogni sua anticipazione. Per un momento, per così dire, ella rimase mentalmente a bocca aperta. Ma la domanda della Longo, destandola dal suo stupore, la fece vergognare di un atteggiamento tanto ingenuo e provinciale. Se la Longo, con l'aria di far cosa del tutto normale, si metteva addosso un coccodrillo vivo, perché mai ella doveva essere così rustica da meravigliarsene? Piena di rossore, si chinò in avanti e rispose in fretta che desiderava certamente un'altra tazza di quell'ottimo tè. E, allo scopo di nascondere la propria confusione, aggiunse ancora qualche complimento sulla bevanda, domandando alla Longo dove la trovasse e se le era possibile procurarne anche a lei un pacchetto.

Poi, per tutto il tempo che durò la visita, il coccodrillo non si mosse più, restandosene, come si è detto, ritto sulla massiccia coda, le quattro zampe aggranfiate ai fianchi e alle spalle della signora Longo, la testa triangolare levata alta sulla testa di lei. La Longo si alzò un paio di volte per servire il tè, e il coccodrillo dietro, strana cosa a vedersi, anche perchè era un esemplare molto grande che dalla punta del muso a quella della coda non misurava certo meno di tre metri; così che mentre con la testa quasi sfiorava il soffitto, con la coda, dietro i calcagni della Longo, spazzava largamente il pavimento. Ma la Longo sempre maestosa, girava per il salottino con l'animalaccio aggrappato alla schiena seminuda senza dare a vedere alcuna fatica. Ormai la Curto pensava sempre più che questa del coccodrillo doveva essere una moda recentissima quanto bizzarra di cui ella, confinata nel suo casamento suburbano, non aveva avuto notizia; e, riflettendoci, le pareva che in questa novità ci fosse molto di buono: pur nella sua pesantezza, il coccodrillo così applicato, come si dice, donava, specie a persone alte e grandi come la Longo; inoltre proteggeva la schiena dai colpi d'aria, vantaggio non piccolo. Del resto, non si facevano forse le scarpe di coccodrillo? Dalle scarpe alla bestia viva e intiera non c'era che un passo. Sola difficoltà, semmai, il costo. Col prezzo corrente del coccodrillo, pensò la Curto, non doveva essere stata piccola spesa per la Longo procurarsi un esemplare di quelle dimensioni. E poi bisognava pensare al mantenimento della bestia, notoriamente assai vorace. La Curto si sorprese a sospirare pensando che lei, con il magro stipendio del marito, non avrebbe mai potuto permettersi nonché un coccodrillo, neppure una grossa lucertola.

La Longo, avendo constatato la mancanza del limone, suonò il campanello per la cameriera; e l'ospite, in un ultimo impulso di scetticismo, aspettò non senza ansietà che la ragaz za si affacciasse alla porta: voleva vedere come avrebbe preso questa faccenda del coccodrillo. Ma la cameriera, una robusta friulana a cui il succinto vestitino nero mal conteneva le membra sode e muscolose, aveva anch'essa il suo bravo coccodrillo aggrappato alla schiena; così che la Curto dovette arrendersi all'evidenza: certo era la moda più recente. Per altro non poté fare a meno di pensare che la Longo esagerava; c'era una vera e propria ostentazione di cattivo gusto nel permettere ad una domestica di portare gli stessi ornamenti dei padroni. Il coccodrillo della friulana era molto più piccolo di quello della Longo; così piccolo che, stando la donna di faccia, non si vedeva e si svelava soltanto quando voltava la schiena. Un coccodrillo appena più lungo di un ramarro di insolite dimensioni, seppure molto più largo e massiccio. Un coccodrillo bambino, si sarebbe detto. E si aggranfiava con una specie di tenerezza al dorso snello della ragazza, inserendole la coda scagliosa tra le natiche, e ficcandole il musetto appuntito sulla nuca, sotto la crocchia dei capelli. Forse era un coccodrillo smesso, pensò la Curto, e la padrona dopo averlo portato per qualche tempo, se ne era stancata e l'aveva regalato alla cameriera. Ma le sue proporzioni simili a quelle del minuscolo e civettuolo grembialino avvitato ai fianchi vigorosi della friulana facevano piuttosto pensare che la Longo l'avesse comperato apposta per la cameriera. "Sprechi da gran signora," pensò la Curto non senza un invidioso dispetto.

Uscita la cameriera, la Longo ne fece l'elogio. Ma la Curto volle farle capire come disapprovasse certe eccessive e dannose indulgenze del genere di quelle del coccodrillo; e rispose che bisognava stare molto attenti a non largheggiare troppo con le persone di servizio; altrimenti finiscono per montarsi la testa, e, quel che è peggio, non combinano più nulla. Specialmente coi regali, concluse la Curto, occorreva andare piano, molto piano. La Longo rispose che il suo sistema era di trattare le domestiche come se fossero state persone di famiglia.

La Curto non sperava certo di essere mai in grado di comperarsi un coccodrillo, specie di quelle dimensioni. Ciononondimeno volle osservarlo ben bene, per poterne poi parlare al marito e alle amiche. Il coccodrillo stava immobile, l'enorme testa triangolare rivolta al soffitto, quasi che avesse voluto, da quella sua boccaccia gengivosa, esalare un canto patetico. La sua gola bianca leggermente palpitante faceva da sfondo ai capelli della Longo di un biondo quasi grigio, e non si poteva negare che l'effetto fosse piacevole. Fastidiosa invece doveva essere la pressione delle quattro zampe con le quali la bestia si abbrancava alle spalle e ai fianchi della Longo. Si vedevano benissimo gli unghioni cornei di quelle zampe di rana affondarsi nel corpo molle e maturo della donna. Ne risultavano certe pieghe tirate del velluto rosso cupo del vestito, certi cuscinetti della carne troppo compressa di effetto poco grazioso. A parte le lividure, pensò la Curto, quale macello per i vestiti. Ma rifletté che per decenni si erano portati i busti con le stecche di balena, strettissimi e malsani; e che, dopo tutto, valeva la pena, per seguire la moda, di sopportare qualche inconveniente. Di bell'effetto era invece la coda irta di scaglie cuspidate di un verde variegato e picchiettato di nero, massiccia e triangolare, languidamente appoggiata e trascicata in terra con movenze serpentine. Ma la bellezza della nuova moda si vedeva soprattutto quando la Longo si muoveva per il salotto. Con quel coccodrillo la cui schiena erta e corazzata le raddoppiava e più che raddoppiava lo spessore del corpo, la Longo faceva pensare ad un drago, ottenendo così, con grande semplicità, una linea molto moderna, e al tempo stesso ricca di imprevista e capricciosa fantasia. La Curto insospettita domandò alla Longo se fosse stata recentemente a Parigi, e, avutane risposta che ne era appena tornata, fu convinta che di là venisse questa straordinaria e in fondo abbastanza ardita novità. Bella forza, non poté fare a meno di pensare la Curto in un movimento di invidia, si sa che a Parigi ne inventano ogni giorno una nuova, bella forza in verità seguire la moda quando si ha la possibilità di fare appositamente il viaggio alla capitale francese.

Un'altra curiosità che mordeva la Curto, era di sapere come la Longo facesse quando usciva. Allo stesso modo di certi cappelli molto alti, il coccodrillo doveva essere di non piccolo impaccio negli autobus, nei tram e in genere in tutti gli ambienti angusti e affollati. È vero che la Longo aveva la macchina, e si sa che quando si possiede la macchina, ci si possono permettere molte cose che ai poveracci che vanno a piedi non sono consentite. Tuttavia, anche con la macchina, il coccodrillo restava una moda un po' ingombrante. Per portare il coccodrillo bisognava stare o in piedi o seduti sopra uno sgabello senza spalliera in modo da permettere alla bestia di aggranfiare ben bene il corpo e di appoggiare a tutto suo agio la coda in terra. Ma nell'automobile? Si sedeva forse la Longo sul coccodrillo tirandosi la grossa coda tra le gambe? E il coccodrillo non soffocava? La Curto finì col dirsi che o la Longo non portava il coccodrillo che in casa, oppure, quando usciva, lo dava in consegna all'autista, riserbandosi di indossarlo tutte le volte che scendeva dall'automobile. Del resto, nessuno, pensò la Curto, si sognerebbe di andare in tram o al cinema in vestito da gran sera, con diadema, scollatura e strascico. Evidentemente il coccodrillo non si portava che la notte, in occasioni straordinarie, all'opera o nei balli. Per quanto non si potesse negare che anche la mattina, ai giardini o al galoppatoio, un coccodrillo di dimensioni minori, simile a quello, per esempio, della cameriera, portato con disinvoltura sulla giacca di un completo color foglia morta, doveva riuscire una vera galanteria. Tutte queste cose la Curto le rimuginò senza però aprirsene alla Longo, ché non si sentiva ancora abbastanza intima per parlargliene. Ma si ripromise, ove fossero diventate amiche, di soddisfare completamente la sua curiosità. E chissà, forse la Longo, che pareva generosa, le avrebbe fatto ottenere a poco prezzo dal suo fornitore un coccodrillo magari di seconda mano.

Il solo vero inconveniente della moda parve alla Curto il fatto che ogni tanto il coccodrillo, pur senza allentare la presa delle zampe, sbadigliava spalancando la smisurata bocca piena di denti e richiudendola di scatto, con un rumore secco assai sgradevole. Senza contare che ad ogni sbadiglio tutta la persona della Longo sobbalzava: un vero terremoto. Forse il coccodrillo aveva fame, pensò la Curto, o semplicemente si annoiava. L'inconveniente, del resto, non era molto grave. Bastava, infatti, mettere alla bestia una museruola simile a quella dei cani. È vero, però, che la bellezza del coccodrillo ne sarebbe stata assai menomata.

Ormai quasi un'ora era passata; e la Curto, che si piccava di osservare le regole della buona creanza, si alzò per accomiatarsi. Avrebbe voluto domandare alla Longo qualche informazione sul coccodrillo, ma non ne ebbe il coraggio. Maestosamente, sempre tirandosi dietro l'enorme rettile la cui coda e trascicava alle calcagna per un buon mezzo metro, la Longo la precedette nel corridoio che portava all'ingresso. La Curto, in questo passaggio, non resistette ad una tentazione molto scusabile, e, sporgendosi alquanto, tastò la schiena dell'animalaccio. Sperava di non farsene accorgere, ma inciampò in quella maledetta coda e cadde in avanti, con il naso tra le scaglie, rimanendo quasi soffocata dal puzzo acido e palustre che emanavano. "Attenzione," avvertì la Longo senza voltarsi, "non c'è molta luce in questo corridoio."

Si salutarono nel vestibolo. La cameriera, con il suo coccodrillo aggrappato alla schiena, aprì la porta. Ma la Longo non disse alla Curto di tornare a vederla. E quella, andandosene, non poté fare a meno di attribuire questa freddezza alla povertà del proprio guardaroba. "Ma se mio marito riesce ad ottenere un avanzamento," pensò avviandosi a piedi alla fermata dell'autobus, "mi farò anch'io il mio bravo coccodrillo... e allora ce la vedremo, cara signora Longo..."

VISITA INUTILE

Mi avevano spesso parlato di questo Muzzarini con una intonazione mescolata di timore e di ammirazione. È un polemista formidabile, dicevano, a parte questo, è un pazzo. Io che conoscevo il foglio diretto dal Muzzarini come il ricettacolo di molte violente polemiche chiesi allora in che cosa consistesse questa pazzia. Nessuno seppe darmi una risposta ragionata; ma dagli esempi che mi furono addotti mi sembrò che quella parola di pazzia stesse a significare una speciale disinvoltura in diverse e delicate materie; disinvoltura che in altri sarebbe stata, e come non avrebbe potuto?, fieramente condannata; ma che nel Muzzarini appariva come una prova di più della sua originalità e genialità. Originale infatti e geniale appariva questo Muzzarini nelle descrizioni che se ne davano, seppure in una maniera sregolata che mi è sempre sembrata come la maggior nemica di ogni talento. Erano insomma gli ultimi echi di un vecchio e romantico concetto della genialità quelli che si facevano sentire negli elogi del Muzzarini. Il quale beneficiava di uno stato d'animo che si ritrova sempre ogni volta che si verifichi un certo scombussolamento dei valori. Qualcuno tuttavia osservò che la condotta del Muzzarini lasciava spesso molto a desiderare. Al che fu unanimemente risposto che al Muzzarini potevano essere permesse certe cose che in altri sarebbero parse imperdonabili. Insomma non era facile colpire il Muzzarini, lo scudo della pazzia lo riparava tutto.

Ma intanto questi discorsi mi avevano fatto venire la voglia di conoscerlo; e di lì a qualche giorno, incontrato un amico che doveva visitarlo per una certa faccenda, mi unii a lui.

101

Muzzarini abitava alla periferia della città, nella zona incerta tra le ultime case e i primi campi arati, là dove tra i terreni sparsi di immondizie, gli orti e le rimesse, serpeggiano stradicciuole erbose fiancheggiate di bicocche e di villini. Egli dimorava appunto in uno di tali villini, una costruzione bianca e annerita con una torricella e un pezzo di giardino, costruita evidentemente con l'idea di averla a demolire qualche anno dopo; e infatti, tutta scalcinata e scrostata, pareva cascare a pezzi. Entrammo per una porticina socchiusa e subito ci trovammo di fronte ad una scaletta dalla vacillante balaustra di legno che saliva direttamente al secondo piano. L'atrio era angusto, con uno zoccolo grigio tutto sporco di scritte e di goffi disegni, una sgangherata carrozzella da bambini l'ingombrava tutto, altre camere al primo piano non parevano esserci. Come ci avviammo su per la scala, ecco una voce frenetica urlare una filza di ingiurie e due bambini pallidi e stracciati sgattaiolare giù per la scala, per nulla spaventati da quelle urla, anzi assai giulivi. Muzzarini, proprio lui, si affacciò alla balaustra e facendo echeggiare tutta la casa della sua voce urlò ancora qualche rimprovero; quindi, con un "accomodatevi" lanciato verso di noi, scomparve. Finimmo di salire la scala evitando di appoggiarci alla pericolante balaustra, ed entrammo finalmente nello studio del polemista.

Era uno stanzone tutto dipinto di rosa con un numero non precisabile di pareti. Attraverso le due finestre senza tendine si aveva una vista sul vicino aeroporto, gran prato d'erba rasa tutto vuoto, con le baracche, le antenne e le banderuole sventolanti; più lontano la campagna si stendeva fino all'orizzonte, verde e scialba, e pareva il mare. Nello stanzone, di mobili sani non vidi che una gran tavola tutta coperta di libri e di carte; intorno le pareti color fragola eran disposti i relitti e i pezzi di quelli che potevano essere stati in passato due poltroncine rosse, un divano, una consolle e qualche sedia. Un bambino, infilato in una rotonda armatura di vimini, si trascinava attraverso la stanza con un'agilità che lasciava supporre che quella specie di crinolina fosse ormai superflua; un altro bambino di forse sei anni, bizzarramente vestito di una vestaglietta turchina da donna, se ne stava dietro una porta, occupatissimo a frugarsi con le dita nelle narici. Il mio compagno, uomo molto rassettato, fece a quest'ultimo una carezza, raccomandandogli tuttavia in tono affettuoso di non met tersi le dita nel naso. Al che il padre, che si era seduto al tavolo, balzando in piedi: "Mettiti le dita nel naso, Tristano, mettiti le dita nel naso sempre più... se lui ti dice che non devi farlo, fallo pure, fallo pure..." Quindi, sempre frenetico, prese per un braccio il bambino a nome Tristano, per la bavarola quello del sostegno di vimini e li mise ambedue fuori della porta. "E ora in che cosa posso servirvi?" disse con voce sorda e profonda, tornando a sedersi trafelato.

Ci sedemmo anche noi alla meglio benché non ce l'avesse offerto; e io potei guardare a mio agio il Muzzarini. Aveva una di quelle facce pallide, madide e convulse in cui lo scintillio degli occhi e un frequente contrarsi e giuocare sotto la pelle dei muscoli della mascella mettono qualcosa che effettivamente rassomiglia forte ad una specie di pazzia o per lo meno di sregolata agitazione. Ma il naso camuso con la punta aguzza rivolta in su pareva frivolo, e la bocca stretta e sottile metteva su quell'espressione violenta il suggello di una puntualità e di una fermezza atroci. Scarmigliato, con i capelli in disordine, il Muzzarini indossava un paio di sformati pantaloni di velluto rigato da cacciatore e, sulla carne, senza traccia di camicia o altro indumento, una magnifica giacca di pelle marrone largamente aperta sul petto peloso. Intanto il mio compagno, tenendo il cappello sulle ginocchia, esponeva le ragioni della sua visita. Si trattava di questo: Muzzarini alla vigilia di un concorso aveva attaccato sul suo foglio, senza alcun motivo apparente, un nostro amico, persona perfettamente seria e inoffensiva. Le accuse di Muzzarini, abbastanza vaghe, non erano tali da danneggiare la reputazione del nostro amico ma sufficienti a fargli perdere il concorso. Ora il mio compagno veniva a domandargli se avesse qualche cosa contro questo amico e, nel caso contrario, perché non desistesse dagli attacchi. Muzzarini ascoltò tutte le ragioni con grande seppure impaziente compunzione giuocando con un tagliacarte; finalmente in tono categorico dichiarò che non soltanto non aveva nulla contro il nostro amico ma anche che ne ammirava le opere. "O allora?" fece stupito il mio compagno. "Ma è appunto per questo," urlò il Muzzarini frenetico, saltando sulla sedia, "è appunto per questo che l'attacco e l'attaccherò sempre... per amore, per troppo amore, non per odio... e del resto chi gli impedisce di rispondermi?... io tengo aperta la mia rivista a tutti, specialmente ai miei nemici..." Il mio com-

103

pagno fremette perché sapeva che rispondere al Muzzarini voleva dire esporsi a vedere pubblicata la propria risposta in maniera ingiuriosa e incomprensibile, una riga della risposta e tre di commenti del Muzzarini che la sfiguravano e le davano un tutt'altro senso da quello originario. Disse tuttavia che invece di rispondergli il suo amico aveva mandato lui per vedere di chiarire ogni eventuale malinteso. "Malinteso," disse il Muzzarini con ferocia, "sì, c'è un piccolo malinteso: la sua esistenza." "Ma infine," disse il mio compagno, "queste accuse non sono vere, tutti sanno che R. è persona affatto diversa da come la descrivete..." "Si capisce che non sono vere," proruppe allora il Muzzarini balzando dalla gioia, "non sono vere, si capisce... sono false, tutte false, falsissime... e io so che sono false... e lo dirò... e ciononostante mi si darà ragione... perché è come se fossero vere..." Egli tacque stringendo le labbra in maniera significativa come chi riesce a fatica a mettere il catenaccio ad una porta che una folla spinga dal di fuori. Irritato il mio compagno arrischiò allora la velata accusa che il Muzzarini attaccasse il suo amico allo scopo di far vincere il concorso ad un suo seguace, uomo spregevole così nel carattere come nelle opere. "Se questo fosse vero," egli concluse, "permettetemi di dirvi che sarebbe una camorra." Al che il Muzzarini come non resistendo più ad una specie di parossismo della sua consueta frenesia, saltò dalla sedia e si mise a urlare, nel mezzo della stanza: " Camorra... finalmente l'avete detta la santa, la sacrosanta parola... camorra! e ancora non l'avete capito? bisognerà spaccarvi la testa per farvelo entrare nel cervello? camorra, questa è la nostra parola d'ordine. Camorra ingiusta, infame, assassina, portentosa... siamo tutti camorristi... in questa casa non c'è nessuno che non sia camorrista... da me, passando per mia moglie, fino al più piccolo dei miei bambini... aspettate un momento." Con un salto, egli fu alla porta, scomparve, riapparve subito tenendo in braccio il bambino Tristano che non pareva affatto meravigliato dalle convulsioni paterne e ficcava più che mai le dita nel naso. "Di' su," urlò Muzzarini, "di' a questi signori che sei un camorrista... diglielo: io sono un camorrista." Al che il bambino, svogliato, senza guardarci: "Sono un camorrista." "E lo è!" urlò il padre ansimante mettendolo di nuovo fuori della porta. "Lo è... lo è..."

Il mio amico parve capire che a prenderlo di fronte non

c'era nulla da fare, e, portando la conversazione su altri argomenti, cercò, come sembrava, senza parer di nulla, di ammansirlo. Presero a parlare di altre persone, al Muzzarini non ne andava bene una. "Fucilarli," urlava ogni tanto saltando sulla sedia, "al muro... fucilarli tutti." Osservai però che, appena uno di quei nomi che il mio amico andava facendo fosse di persona influente, il Muzzarini cadeva in un'incertezza sorprendente in persona come lui di solito tanto decisa, si rabbuiava, torceva la bocca e dichiarava con lodevole e inaspettata imparzialità di non conoscerla, di non aver abbastanza elementi per giudicarla, e così via. Da questo arguii che il Muzzarini fosse una volpe; e che il mio amico, il quale credendo di avere a che fare con uno squilibrato voleva ammansirlo, perdeva il suo tempo. Mi pareva infatti che quella perpetua agitazione del Muzzarini fosse fittizia, nient'altro che una maschera dietro la quale la sua mente si muoveva lucidissima, con metodo e conseguenza. Era un'agitazione che nulla aveva a che fare con i suoi reali sentimenti; ed egli si ascoltava e si guardava e persino, con visibile compiacimento, si divertiva a questo spettacolo che dava a se stesso. Tutte quelle convulsioni testimoniavano dunque nient'altro che una perfetta libertà di spirito, erano le stranezze del gatto che giuoca con il topo, il Muzzarini insomma non faceva che recitare una sua frenetica commedia alla quale, bisogna riconoscerlo, era portato per temperamento e per educazione. Ancora, mentre l'amico e l'ospite discorrevano, feci un'altra osservazione: il Mazzarini con tutta la sua anarchica turbolenza, era o per lo meno ostentava di essere, nei gusti e nelle idee, un conformista. Frequentemente nei suoi discorsi ritornava il vanto di essere un buon padre di famiglia, un buon marito, un uomo di abitudini semplici, popolaresche, un dispregiatore del lusso, un nemico insomma della gente ricca e raffinata; virtù tutte queste che almeno in apparenza mal si accordavano con i metodi molto deprecabili da lui seguiti nelle polemiche e con le preferenze con tanta foga proclamate durante la nostra visita. Ho detto "almeno in apparenza"; e infatti, dopo riflessione, mi accorsi che quelle virtù ci volevano per quei metodi e quelle preferenze come ci vuole il piedestallo per la statua. Agli accusatori, quanto più sono ingiusti e violenti, tanto più è necessaria una vita privata integra, esemplare, secondo i gusti dei più. Non possono intimidire né soverchiare se non servendosi di principi universalmente rispettati: così raggiungono il doppio scopo di farsi applaudire e di tappare la bocca ai loro avversari. Il fine loro vero è di sfogare certa libidine; ma in apparenza pare sempre che difendano la verità e la virtù. Le quali nelle loro mani subiscono una indefinibile e minacciosa trasformazione come nelle mani dei chimici certe materie innocenti e utili diventano micidiali esplosivi. Così pensavo osservando il Muzzarini. E mi accorgevo che si riallacciava ad una tradizione molto antica. Altro che pazzia, mi dicevo.

Intanto la visita era finita. Il mio compagno si era alfine accorto che il Muzzarini, come io avevo ben preveduto, era deciso a rovinare il suo amico; e che non c'era accorgimento che potesse ammansirlo. Ci congedammo con freddezza dal Muzzarini che non fu avaro di una cortesia eccessiva e burlesca. Ma mentre ci salutava, ecco, dall'alto della porta socchiusa sulla quale stava collocato in bilico, cascargli addosso un barattolo da conserva pieno di non capii che liquido, e imbrattargli tutta quella sua bella giacca di cuoio. Erano i figli, che, come egli aveva tanto amorevolmente raccomandato, si univano ai suoi danni in una piccola e sperimentale camorra. Infuriato egli ci dimenticò completamente e affacciatosi alla vacillante balaustra incominciò a urlare come fuori di sé: "Assassini... assassini... se vi prendo state freschi." Uscimmo che ancora gridava. Il mio amico ora pareva disgustato e irritato. Ma io sorridevo del suo cruccio perché, tutto sommato, la visita al Muzzarini mi aveva messo di buon umore.

IN PUNTO DI MORTE

Lo scorso dicembre, sul far dell'alba fui chiamato d'urgenza al capezzale di un amico mio, il celebre critico S. Lo sapevo indisposto, ma quella chiamata ad un'ora così insolita mi riempì delle peggiori apprensioni. E infatti, come entrai in casa sua, la cameriera aiutandomi a togliere il pastrano mi informò che non c'erano più speranze: S. era morente.

Trovai il povero amico mio seduto sul letto, con le braccia allungate sulle lenzuola e la testa e il busto sorretti da una catasta di guanciali. Ordinato e lucido in vita, S. moriva come aveva vissuto. Non una macchia né una piega sul pigiama verde ad alamari bianchi; sul comodino l'ultimo libro in lettura, tagliato a metà, con il tagliacarte inserito a far da segnapagina; rasate di fresco le guance e pettinati con cura i capelli. Non fosse stato il pallore del viso e il guizzare stanco dei suoi sguardi, non avrei davvero pensato di trovarmi in presenza di un moribondo. S. mi accennò di sedere e con voce appena udibile disse che mi aveva mandato a chiamare perché, considerandomi l'amico suo più intimo, desiderava farmi una confessione. "Tutta la mia vita non è stata che una sola lunga menzogna," soggiunse con serenità.

Credetti ad un rimorso chimerico di moribondo e mi affrettai a protestare; sinceramente, del resto, perché la vita di S., soprattutto per quanto riguardava la sua professione di critico, poteva dirsi, senza timore di esagerazioni, esemplare. Ma egli scosse la testa rispondendomi che non andava in cerca, in un momento come quello, di vane lusinghe o consolazioni. Aveva detto la verità, lo ascoltassi ora e poi avrei riconosciuto che la parola menzogna era un termine fin troppo blando.

Convinto sempre più che dovesse trattarsi di uno scrupolo estremo di quel rigidissimo carattere, gli dichiarai che ero pronto ad accogliere la sua confessione. Ed ecco in breve quanto mi disse.

Giovanissimo, S. aveva nutrito la più ardente speranza di diventare scrittore. Ma non già di saggi e articoli critici quale poi si era manifestato, bensì di poesie, di romanzi, di drammi. La sua cultura al tempo stesso profonda ed eclettica non gli era sembrata di troppo in un'impresa a cui i più si accingono a cuor leggero senz'altro bagaglio che quello di poche disordinate letture e di una fallace vocazione giovanile. Ma per quanto S. avesse lavorato, per quanto avesse bussato alla porta della poesia, la musa scontrosa non gli aveva aperto. Il senso critico già allora sviluppatissimo lo avvertiva senza tregua che quelle poesie, quei drammi, quei romanzi che andava scrivendo, erano tutta roba fredda e senza vita, prodotto di una volontà che nessuna ispirazione sorreggeva. Tuttavia, sempre sperando di destarsi un bel mattino poeta, S. si ostinò ancora qualche anno in questa fatica non meno vana che ingrata. Finché, un giorno, disperato, comprendendo finalmente che non avrebbe mai potuto essere altro che un critico, bruciò poesie, novelle, drammi, ogni cosa, e scrisse la prima recensione. Così imboccò la strada che doveva seguire con fermezza pari al successo fino al termine della sua vita.

Ma dalla catastrofe delle sue più care speranze gli era rimasta oltre ad un'amarezza e una delusione profonda, un odio accanito contro tutti coloro che riuscivano là dove egli era fallito. Contro i poeti, i romanzieri, i drammaturghi, e quanti, insomma, riuscivano a cantare o almeno canticchiare la loro breve o lunga, triste o lieta canzone. Contro tutti quegli uccelli variamente canori egli provava il rancore del rauco e riflessivo cigno; il quale, diversamente da quello che si dice, è muto in vita come in punto di morte. Così non gli parve sufficiente tenerli tutti sotto la temuta giurisdizione di un'attività critica presto diventata famosa; volle anche servirsi dello strumento che si era foggiato per rovinarli, per vendicarsi, per impedir loro di cantare o per lo meno di cantar giusto.

Aveva notato che la propria autorità era indiscussa e ascoltatissima in vari circoli letterari, specie tra i giovani. Incominciò dunque con opera lenta e sapientemente dosata a sviarli dalla loro genuina vocazione, e a dirigerli senza parer di nulla per strade non loro, verso quelle secche in cui sapeva che si sarebbero infallibilmente impantanati. C'era per esempio un poeta i cui versi promettevano gli sviluppi più felici: S. tanto faceva, con tanta sottigliezza si adoperava che non soltanto colui smetteva di scrivere poesie ma anche, come perfidamente gli suggeriva S., si buttava a comporre lunghi romanzi psicologici. Invece un romanziere rivelatosi precoce disegnatore di caratteri veniva persuaso ad abbandonare il romanzo e a scrivere versi. Il drammaturgo fornito di straordinario talento teatrale era spinto a lasciar le scene per la prosa d'arte, il novelliere che già si dimostrava emulo di Cechov, a cimentarsi nel saggio. E passando dai generi agli stili, chi era semplice e dimesso era consigliato di diventare gonfio e barocco, chi epigrammatico prolisso, i coloriti slavati, i calmi enfatici, i secchi grassi, gli oscuri ovvii, i chiari bui. E così via. S. non era contento finché non aveva completamente traviato quei giovani e fiduciosi talenti. Guardiano di un faro che tutti credevano bene intenzionato, S. mandava a naufragare sugli scogli più aguzzi qualsiasi barca o navicella che gli capitasse a tiro. Con sadico compiacimento vedeva tutti quei cercatori, per le sue perfide suggestioni, scavare lontano dal filone d'oro. Guida scellerata, egli li prendeva in mano soltanto per condurli più sicuramente a sfracellarsi nell'abisso.

L'orribile confessione durò a lungo. Perché non soltanto S. volle che io apprendessi tutte le particolarità del suo lungo inganno, ma con la solita meticolosità specificò anche uno per uno i nomi delle vittime e i modi tenuti per assassinarli. Sfilarono così tutti i personaggi, gli illustri come gli ignoti, della nostra letteratura degli ultimi trent'anni. C'era quasi del compiacimento nella minuzia di S., e nella maniera stranamente serena con cui talvolta commentava: "E così costui che avrebbe potuto riuscire un secondo Manzoni, l'ho fatto diventare un qualsiasi poetucolo," ma le sue ultime parole furono quelle di un uomo che si rende conto dei suoi delitti e ne è sinceramente pentito. "Dio mi perdoni..." concluse, "so di aver fatto molto male... agli uomini singolarmente come ti ho raccontato... ma soprattutto alla mia patria che per colpa mia fu privata di una letteratura che avrebbe potuto essere eccellente... Dio mi perdoni." In così dire, la voce gli discese ad un tono oltremodo fioco, egli reclinò il capo sopra il guanciale e spirò.

Quella mattina la passai a vegliare la salma del mio povero amico. Poi, per qualche giorno, i funerali riusciti imponenti, la commemorazione, tutte insomma le cure estreme che si debbono tributare ad un morto, assorbirono ogni mio pensiero. Ma una settimana dopo ripensando alla straordinaria confessione di S., non potei fare a meno di provare un incredulo stupore. Perché, mentre la sincerità di S. in quel momento, a un passo dalla morte, non poteva mettersi in dubbio, d'altra parte non era meno sicuro che quei poeti, romanzieri, drammaturghi che S. si accusava di aver sviato dalla loro vera vocazione era impossibile immaginarli autori di opere diverse da quelle per le quali si erano resi noti. E quel che è peggio, tali opere non apparivano scadenti e insincere come S. affermava, bensì variamente significative e importanti. Riflettei molto su questo mistero, finalmente fui costretto a formulare varie ipotesi. 1) S. aveva voluto ingannarmi (la meno probabile); 2) il gusto e il magistero critico di S. erano così falsi che egli era riusctio ad essere buon critico per caso, dicendo il contrario giusto di quel che pensava e sentiva; 3) la prima vocazione degli artisti è sempre menzognera e guadagna ad essere sviata e interrotta; 4) S. aveva ragione e l'epoca intera si sbagliava sul conto dei propri letterati e tutta questa letteratura così ammirata non valeva un fico essendo appunto come S. maliziosamente l'aveva voluta: falsa, vuota, sciocca, mal scritta e peggio pensata...

Queste non erano che le ipotesi principali. Altre ad ogni momento si profilavano... un vero ginepraio. Confesso che per un pezzo la cosa mi preoccupò. Tanto più che ero tra gli autori che S. aveva incoraggiato a scrivere romanzi. E se invece avessi soffocato in me il germe di un poeta lirico, o di un saggista? Sentivo la terra mancarmi sotto i piedi e maledicevo S. e la sua tardiva sincerità. Ma alla fine non trovando il bandolo della matassa, come avviene sempre in tali casi, mi seccai e non ci pensai più. Intanto l'opera di S. viene esaltata nei circoli letterari più esigenti. Tutta una scuola si vanta di seguire i suoi criteri estetici. Mentre scrivo si procede a raccogliere i suoi sparsi saggi in un volume. E un nostro critico, dei migliori, ne curerà la pubblicazione facendolo precedere da una lunga monografia introduttiva.

LE METAMORFOSI

Un mio amico a nome Cesare, da noi tutti chiamato Cesarino, giovane, come si dice, pieno d'ingegno, ma oltremodo vanitoso e preoccupato di sé, mi confidò una sera un fatto singolare che gli era accaduto di recente. Egli mi disse che da molti anni era ossessionato da una specie di fantasia; la quale (questo non me lo disse lui ma io lo pensai) traeva le origini proprio dalla sua vanità e dal suo eccessivo concetto di se stesso. Tale fantasia, per dirla in breve, consisteva nell'immaginare quale aspetto avrebbero avuto le persone che conosceva, se, abbandonando le consuete sembianze umane, avessero ad un tratto assunto figure di animali; ciascuno secondo il proprio preciso valore morale e intellettuale e le proprie più segrete tendenze. Come questo sogno avrebbe dovuto avverarsi, per quale magia o miracolo, Cesarino non avrebbe saputo dire; contentandosi di vagheggiarlo e di compiacersene in segreto come di una utopia inattuabile e, forse appunto per questo, profondamente piacevole. Egli si vedeva per esempio in un salotto nel momento in cui accettava la tazza di tè dalle mani della padrona di casa. Ora, ecco, ad un tratto, tutti i presenti si cambiavano in animali; e lui solo, tra molte bestie di minor conto, si rivelava agli occhi stupiti con le nobili sembianze del leone o dell'aquila. Donde sorpresa, pentimento, frasi come: "Chi l'avrebbe mai detto?" "Con quella faccia lì;" "Ci siamo tutti sbagliati su di lui," e simili. Era un sogno vanitoso, Cesarino lo riconosceva francamente; ma in parte scusato dall'ingiustizia che di solito gli veniva fatta; perché, occorre dirlo, la gente poco lo stimava e ancor meno lo prendeva sul serio; trattandolo sottogamba come un ragazzo un po' ridicolo e presuntuoso, amabile, però, e perfettamente inoffensivo. Anzi, a proposito di questi apprezzamenti degli amici sull'infatuato Cesarino, ricordo un giuoco che il nostro gruppo era solito fare durante quell'inverno; giuoco dispettoso e crudele che consisteva nel fare uscire uno della brigata, e poi, sopra un foglio di carta, sotto le voci intelligenza, coraggio, bontà, sensibilità, acume e così via, segnare di comune accordo un punteggio qualitativo, simile a quello degli esami scolastici, dallo zero al dieci. Uscì ad un certo punto Cesarino pieno di baldanzosa fiducia. Che però si mutò in acerbo e maldissimulato disappunto quando sentì che i compagni maliziosi gli avevano regalato il peggiore punteggio della serata, intelligenza tre, acume due, genialità zero, coraggio uno, e così via; non riconoscendogli che un derisorio otto in bontà, qualità, come è risaputo, assai poco pregiata, e attribuita di solito per consolazione o per disperazione a chi non è reputato degno di alcuna altra lode. Riferisco questo particolare perché penso che il sogno degli animali dovette appunto trarre le origini dalla delusione di quella sera. Ma torniamo al fatto raccontato da Cesarino.

Egli mi disse dunque che, tempo addietro, aveva ricevuto, molto in anticipo com'è l'uso, un invito per una serata in casa della signora D. Bisogna sapere che questa vedova non più giovane né bella ma smisuratamente ricca e molto ambiziosa possiede uno dei maggiori palazzi della città; e sebbene non possa vantare un nome o parentele illustri, è riuscita in breve tempo, con la sola forza del denaro, a far sì che alle sue feste convengano tutte le persone più rappresentative della nostra società. Aggiungerò che di solito si parla molto male di questa signora che non mostra infatti soverchio discernimento nei suoi inviti; mescolando sventatamente (o forse apposta) gente tutta diversa che altrove non soltanto non viene mai in contatto ma anche evita con ogni cura di incontrarsi. Se ne parla male, ma come avviene sempre in tali casi, i suoi inviti sono ardentemente ricercati. Cesarino, il quale tra gli altri difetti ha anche quello dello snobismo, mi disse che sulle prime pensò di non andarci. Io credo piuttosto il contrario; anche perché l'avevo spesso udito lagnarsi che la signora D., così avida di radunare intorno a sé gli ingegni della città, si dimenticasse sempre di lui che aveva già scritto in vari giornali e teneva pronto nel cassetto uno dei più potenti e profondi romanzi dell'epoca. Comunque sia, la sera della festa Cesarino indossò la marsina, e fu tra i primi, come egli stesso mi lasciò intendere, a varcare la soglia di palazzo D.

Subito si trovò a disagio. Nel vastissimo salone delle feste, famoso in tutto il mondo per il magnifico soffitto a cassettoni, per gli affreschi delle pareti e per il prezioso mosaico del pavimento, le differenze delle professioni, delle ricchezze e dell'importanza sociale parevano chiaramente indicate da una quantità di gruppi ostili gli uni agli altri e fermamente decisi, come sembrava, a ignorarsi vicendevolmente sino al termine della serata. Non volevano saperne di mescolarsi, gli ospiti della signora D., e lo mostravano chiaramente. Soltanto la padrona di casa e lo stuolo numeroso dei servitori in livrea con i vassoi dei rinfreschi gironzolavano goffamente da un gruppo all'altro, scarso e insufficiente cemento per quelle pietre così ribelli del faticato edificio della festa. Cesarino riconobbe subito in un gruppo tutti i suoi amici giornalisti che incontrava ogni sera al caffè; ma pensando che non valesse la pena di essersi recato in quel luogo se doveva passare la serata nella maniera solita e con le solite persone, finse di non vederli, e cercò invece di abbordare qualche altro gruppo di quelli che si davano maggiormente un'aria d'importanza. Sperava, come egli stesso mi confessò ingenuamente, di imbastire un'avventura; o avvicinare, non si sa mai, qualche personaggio influente che avrebbe potuto essergli utile. Ma incontrò dappertutto silenzi gelati, riserbi da fare arrossire un negro, abbottonatissimi contegni. Finché, umiliato e scoraggiato, batté in ritirata verso la tavola del buffet, e, fattosi servire un semplice bicchiere di aranciata, andò a sorbirselo nel vano di una finestra. Quivi, mezzo nascosto da un cortinaggio, si sprofondò nelle più amare riflessioni sull'infrangibilità delle barriere sociali e sulla fondamentale inutilità dei valori tanto glorificati, a parole, dell'intelligenza e dell'arte. Questi pensieri, egli mi disse, lo distrassero a tal punto da creargli attorno una densa e muta solitudine; così che per un tempo non precisabile egli non vide né intese nulla di quel che avveniva nella sala. Si immagini quale fu la sua meraviglia allorché, levando finalmente gli occhi, si accorse che quel suo sogno della trasformazione degli uomini in animali si era verificato; e nel salone, là dove un momento prima c'era stata una folla di in-

113

vitati in abito da sera ora si agitava... che cosa?... un'accozzaglia di mostri.

Il racconto di Cesarino a questo punto si fece alquanto impreciso. Egli insistette molto sul fatto che a fianco di animali notissimi, ce n'erano altri a lui del tutto sconosciuti. Me li feci descrivere con la maggiore precisione che fosse possibile, e, aiutandomi con i ricordi della storia naturale studiata a scuola, compresi che questi mai visti animali altro non erano che insetti, che Cesarino, molto ignorante, lì per lì non aveva saputo classificare. Insomma, a quanto sembra, alcuni degli ospiti erano stati trasformati in mammiferi, altri in uccelli, altri in rettili, altri ancora in quelli che i naturalisti chiamano invertebrati o artropodi. La descrizione di Cesarino, come ho detto, non fu molto chiara; ma pare sicuro che le specie marine non fossero rappresentate. Oltre che dalla ignoranza in entomologia, Cesarino derivò la propria confusione dal fatto che, pur nella metamorfosi, le proporzioni umane si erano mantenute; di modo che molti dei mammiferi risultavano insetti ingranditi. La cosa, detta in questo modo, non sembrerà strana né confusa. Ma si immagini sedute in poltrona l'una accanto all'altra, un bicchiere di aranciata in mano, due persone di cui una abbia la testa dell'elefante e l'altra quella molto più spaventevole e inedita, almeno in tali proporzioni, della comune pulce; e si avrà un'idea del terrore che assalì Cesarino allorché, dal vano della finestra dove si trovava, levò gli occhi verso la sala. Gioverà anche notare, come è stato già accennato parlando di testa di elefante o di pulce, che la metamorfosi si limitava al capo degli invitati. Per il rimanente quei personaggi conservavano panni, e, per quanto lasciavano intravvedere le vesti con strascico delle donne e i pantaloni neri degli uomini, corpi umani. Quest'ultimo fatto, insieme con la memoria serbata da Cesarino della disposizione dei gruppi e delle singole persone che li componevano, gli permise poi di identificare con sufficiente precisione ognuno di quei mostri; e di farsi un'idea abbastanza corretta dei difetti e delle qualità che avevano determinato la specie della trasformazione.

Passato il primo momento di smarrimento, Cesarino mi disse che si sforzò di osservare, con quanta maggiore acutezza e attenzione gli era possibile, quello spettacolo straordinario, onde serbarne memoria. Subito vide che alcune specie di animali erano rappresentate da numerosi esemplari; altre da uno solo; altre infine mancavano del tutto. Per esempio due signori che gravemente discorrevano e bevevano presso la tavola del buffet avevano ambedue la testa rosea e irsuta del porco; e qualche altro suino si notava qua e là per la sala. Numerosi anche gli asini e i conigli. Ma quel che divertì maggiormente Cesarino fu il divario tra quelle teste bestiali e la dignità e qualità dei personaggi che ne erano adornati. In un gruppo si notavano le seguenti metamorfosi: un vecchione patriarcale, carico di onori e universalmente rispettato, aveva la testa oscena e feroce, tra il cane e la scimmia, del mandrillo gigante; un grande banchiere sporgeva fuori del colletto inamidato il peduncolo bluastro e cincischiato del moscone turchino, poco attraente insetto che depone le uova nelle carogne e nelle piaghe in suppurazione; un terzo, noto buontempone, oltremodo mondano e socievole, alzava inaspettatamente, sul bavero della marsina, il muso affusolato tra gli irti aculei bianchi e neri dell'istrice scontrosa; un quarto, magistrato insigne, si adornava del capino tozzo, peloso, nero e con gli occhi chiusi della talpa; finalmente, un romanziere psicologico di grande penetrazione, invece della testa sagace dagli occhi investigatori ostentava l'escrescenza triangolare e giallognola e le antenne filiformi della volgare blatta.

Cesarino mi confessò che non tutte le trasformazioni gli erano sembrate chiare e giustificate. Certo ragazzo roseo, biondo, pieno ancora dell'amabile candore dell'adolescenza, che aveva a che fare con l'enorme e truce facciona nera di gorilla che gli era stata affibbiata? E perché uno dei camerieri che giravano coi vassoi del rinfresco ergeva al disopra delle sue spalle da facchino, l'elegante e svenevole musino nero e umido, dai grandi occhi cigliati, della gazzella? D'altra parte che nesso poteva esserci tra le sembianze incartapecorite, spiritose e scettiche di un vecchio diplomatico straniero e la feroce testa striata della tigre siberiana? Altrettanto che tra il profilo non molto intelligente, a dire il vero, ma energico e vigoroso di un gentiluomo sportivo, famoso corridore automobilista, e quello cornuto e tentennante della lumaca. O tra la lunga faccia malinconica di un noto e fecondo poeta e la piastra nero-violetta che protegge la bocca di uno scarabeo della specie più comune. Ma dopo essermi fatto descrivere minuziosamente quest'ultima metamorfosi, informai Cesarino che doveva senza fallo trattarsi di un copride, curiosa bestiola che si vede sovente nei viottoli di campagna rotolare pazientemente per la polvere grosse pallottole di sterco; e Cesarino, non senza una punta di malignità, convenne che tenendo d'occhio i versi di quel poeta, la cosa, fino a un certo punto, si spiegava.

Naturalmente la curiosità di Cesarino, giovane assai galante e non meno intraprendente che sfortunato, era andata fin da principio alle donne. Nella sala ce n'erano parecchie, molte delle quali giovani e belle, e tutte elegantissime. Cesarino mi confidò che, dato il trattamento subito dai maschi, si aspettava di vederne molte trasformate in giovenche e peggio; perché, pur ammirandole e non essendo in alcun modo misogino, egli non aveva una grande opinione della loro virtù, così delle giovani come delle anziane. Ma fu deluso; quegli animali il cui nome inverecondo gli uomini sono soliti scagliare come ingiuria contro le donne che disprezzano, non vestivano che in pochissimi casi panni femminili e per la maggior parte ornavano delle loro sembianze uomini di qualità in cui nulla avrebbe lasciato immaginare una così singolare trasformazione. La più comune metamorfosi delle donne era invece in papere, anitre, folaghe e altrettali abitatori dei nostri acquitrini. E Cesarino mi disse che era cosa mirabile vedere sulle bianche e tonde spalle femminili alzarsi i lunghi e vanitosi colli terminanti in testoline guardinghe dal giallo becco linguacciuto. Tali colli candidi o iridati stavano eretti con grande aria di dignità come si nota appunto egualmente nelle donne e nelle oche; e l'effetto era generalmente di uno strano e allarmante ridicolo.

Altre donne gonfiavano fuori della scollatura piume folte di gallina ovaiola ergendo la stupida testa crestata di rosso, dall'occhio rotondo e dal becco socchiuso. Altre ancora eran state cambiate in rane, metà verdi e metà bianche, il muso in aria e la bocca fenduta fino alle spalle; e conservavano, calcati sopra gli occhi strabici, i diademi di brillanti onde si ornavano i loro capelli di donne. Ma una gran dama, nota per le sue opere di beneficenza, portava in cima al collo grinzoso il capo nero e giallo del tafano; e un'altra, giovane bellezza pallida dagli occhi sognanti e dai capelli romanticamente pettinati in due nere bande riunite in una crocchia sul collo bianco e tondo, mostrava in luogo di questa dolce fisionomia, l'estremità viscida e molliccia, terminata in una boccuccia dentata, dalla sanguisuga. Cesarino, a quel che mi disse, fu particolarmente addolorato da quest'ultima trasformazione; quella dama l'aveva colpito come una delle più leggiadre creature che avesse mai incontrato in vita sua. Meno lo meravigliò la trasformazione di una severa pinzochera in coccodrillo; quella di tre ragazze giovanissime e graziose in tre cavallette dal capo riflessivo e chinato, dagli occhi lenticolari e dalla mandibola vorace; e della padrona di casa in formicaleone, insettucciaccio, come ognun sa, che allo stato di larva se ne sta appiattato in fondo ad un imbuto di finissima polvere aspettando che qualche formica rotoli giù per la china farinosa fino alle sue pinze appostate. Ma che dire di un'esile biondina non mutata, come c'era da aspettarsi, in vespa o libellula, bensì dal petto in su aggravata dalle formidabili piastre e dall'ottuso grugno unicornuto del rinoceronte? o di certa ragazza bruttina e modesta cambiata, lei, in cantaride verde com'erba? o, peggio di tutte, di una giovane signora dal viso sereno e grave che se ne stava tutta sola in un angolo: fino al collo donna avvenente di una venustà pigra e formosa, dal collo in su giallognolo insetto abitatore dei materassi, della specie che gli entomologhi chiamano in loro trasparente latino "cimex lectularia"? Cesarino mi disse che questa e altrettali trasformazioni l'avevano addirittura atterrito. "Povero me," non aveva potuto fare a meno di esclamare tra sé e sé, "dove mi trovo... in quale compagnia..."

Gli chiesi a questo punto se, fra tante sconfortanti metamorfosi, non ne avesse notate alcune in animali di quelli volgarmente reputati nobili o leggiadri, come il leone, l'aquila, il cavallo, il cigno, l'usignolo e simili. Mi rispose che di leoni non ne aveva notati; da lontano, è vero, aveva creduto di intravvedere la collottola rasa di una leonessa ma guardando meglio aveva riconosciuto che era un puma, specie di gattone americano. Cavalli, sì, ce n'erano; ma quali rozze assuefatte ad arrancare tra le stanghe di un carretto; al confronto Ronzinante era un Bucefalo. Di usignoli neppur l'ombra; di cigni un paio. Quanto all'aquila ce n'era bene un magnifico esemplare; e, incredibile a dirsi, alzava il capo pieno di solitaria e grifagna maestà dalle spalle mingherline dello scalcagnatissimo violinista della piccola orchestra situata in fondo alla sala. Strana cosa, soggiunse Cesarino a questo proposito, vedere quella testa regale, quel becco adunco, quel cipiglio remoto ergersi accanto allo svenevole strumento durante la sentimentalissima esecuzione della romanza di madama Butterfly.

Oltre l'aquila, l'orchestra rivelava agli occhi stupiti di Cesarino un grugno sannuto di facocero al pianoforte, un'esilisima zanzara alla grancassa, e, più simpatico dei quattro, un bel coniglietto candido, dall'occhio rosso come rubino, al sassofono. Quest'orchestra, dopo aver eseguito con molta bravura scelti pezzi d'opera, attaccò con foga una danza moderna, una rumba messicana. E allora, commentò Cesarino, incominciò il più pazzo e incredibile ballo mascherato "en tête" che egli avesse mai veduto in tutti i carnevali della sua vita. Sul pavimento specchiante, tra quelle alte pareti eroicamente affrescate, era cosa mirabile davvero veder volteggiare tutte quelle bestie, felini con insetti, uccelli con rettili, ruminanti con anfibi. Quanta eleganza di movimenti. Quali espressioni galanti, rapite, insinuanti. Quanta allegria. Ma Cesarino aveva troppo ammirato la dama dalla bella testa romantica; vedersela diventare mignatta era stata per lui una delusione troppo forte. E preferì non prendere parte alle danze, restandosene nel suo angolo di osservazione, nel vano della finestra.

Negli intervalli le coppie, come suole avvenire durante i balli, si scioglievano, gli strumenti arpeggiavano accordandosi, le conversazioni fervevano. Questa parola di conversazione mi stupì e domandai a Cesarino come facessero a parlarsi tutte quelle bestie così diverse tra di loro. Cesarino mi rispose che effettivamente il risultato era una spaventosissima cacofonia di barriti, muggiti, latrati, ruggiti, gracidii, guaiti, zirlii, crocidii, sibili, cinguettii, ragli, nitriti, frinii, miagolii, fischi, squittii, e altri simili animaleschi rumori. Tuttavia le strane bestie parevano intendersi egualmente. Cesarino che si vanta di essere anche un pochino moralista aggiunse a questo proposito che tutte quelle voci, così discordanti, bene raffiguravano l'impenetrabile solitudine in cui sta chiusa ogni anima umana.

Quel che mi pareva più singolare in tutto questo racconto di Cesarino era che egli non mi parlasse affatto di se stesso o meglio della propria trasformazione che sicuramente doveva esserci stata. Arguii che non aveva dovuto essere così lusinghiera come egli avrebbe voluto e lo tempestai di domande. Egli dapprima si ostinò a rispondermi evasivamente. Ma messo con le spalle al muro mi confessò alla fine non senza una curiosa vergogna che egli in quel serraglio era stato il solo a conservare sembianze umane. La risposta lì per lì mi meravigliò e quasi la presi per una menzogna con la quale il povero Cesarino aveva voluto nascondermi la propria umiliante trasformazione in, che so io? una pulce, o un topo, o, più adeguatamente, in un variopinto pavone. Ma dopo riflessione, mi dissi che c'era troppo candore nella sua risposta perché fosse falsa. Evidentemente era stato trasformato anche lui in bestia secondo i suoi dominanti e più segreti difetti; ma non era meno chiaro che non ne aveva avuto coscienza, come del resto tutti gli altri invitati di quella festa insolita. Così ciascuno di essi aveva continuato a credersi uomo o donna mentre in realtà si trovava cambiato in bestia. Ma al solo Cesarino, per un favore straordinario della sorte, era stato concesso di accorgersi se non della propria, almeno dell'altrui metamorfosi.

E come finì la festa? Cesarino mi disse che ad un'ora tarda i saloni si vuotarono, e tutti quanti, mammiferi, rettili, insetti, anfibi, uccelli se ne uscirono in folla per il grande scalone di parata nella piazzetta dove aspettavano le automobili. Tornarono forse in quel passaggio i convitati alla loro solita apparenza? Cesarino a questo non seppe darmi una risposta sicura. Perché un po' per consolarsi della delusione procuratagli dalla donna sanguisuga, un po' per sottrarsi all'incubo di tutti quei mostri, egli aveva bevuto smoderatamente. E quando uscì, nonché i compagni, non vedeva neppure a un palmo dal proprio naso. A questa risposta non potei fare a meno di manifestare la mia incredulità troppo a lungo trattenuta. Dissi a Cesarino che era un ubriacone. Che non credevo una parola delle cose che mi aveva raccontato. Era stato un sogno del suo cervello stravolto dai fumi del vino. Badasse piuttosto un'altra volta a mantenersi sobrio; così non correrebbe più il rischio di scambiare la donna che amava con una schifosa mignatta. Ma Cesarino protestò con i più terribili giuramenti che era stato ben sicuro di non sognare. Ribattei che in tal caso era un bugiardo. Lui mi rispose per le rime. Da allora non ci salutiamo più.

TEMPESTA IMMINENTE

Ci sono giorni al mare in cui si avverte per l'aria un presentimento di catastrofe imminente. In quei giorni, già destandomi al mattino, vedo attraverso la finestra le cime irte dei pini giovani sinistramente lattee sotto un cielo di pece. L'aria è umida e senza echi, ma nello stesso tempo singolarmente nervosa: par che ogni tanto rabbrividisca. Esco di casa, e appena mi affaccio dal cancello del giardino sopra lo stradone che corre lungo il litorale, noto la somiglianza di tinta tra l'asfalto e le nubi temporalesche: neri ambedue, soltanto il primo fugge diritto e piatto con la violenza sibilante di una freccia, mentre le altre galoppano pesantemente, gonfie e accavallate. Al di là dell'asfalto, due sole cabine verniciate di bianco stanno ritte tra la striscia gialla e ramosa delle dune sparse di ginestre e quella metallica del mare immobile, e in quella luce stralunata, sotto quel cielo che ne fa risaltare la bianchezza lucida, così lisce ed ermetiche, sono misteriose né se ne indovina l'uso: potrebbero essere due rozzi templi pagani dedicati a qualche deità marina; la solitudine selvaggia conferma la supposizione; e penso tra me che non mi stupirei di vedere ancorata di fronte ai due capanni una trireme o altra nave antica. Dove è andata a finire la frivolità moderna dei costumi, degli ombrelloni e delle sedie a sdraio? È bastato un po' di cattivo tempo per farla dileguare e ridare al luogo l'aspetto mitico e ispirato che doveva certamente avere nei tempi andati.

Pian piano, spiando il cielo minaccioso, esco sulla spiaggia. I miei piedi nudi sprofondano in una sabbia mortalmente fredda eppure viva in ogni suo granello minerale della crepi-

120

tante elettricità della procella imminente. Sabbia morta da clessidra, da contarci tutte le ore vissute dal mondo, sabbia sterile, dimentica del sole. Cammino fino alla riva e ritto in mezzo al litorale osservo il mare. È immobile, color del piombo, ma di un piombo al quale con una lama affilata di coltello si abbia raschiato di striscio un po' della patina opaca, scoprendone la sostanza argentea; e difatti qua e là, secondo che il sole nascosto riesce a saettare tra le nubi un suo raggio, scintilla orizzontalmente di lunghi riflessi metallici. Lo contemplo e mi pare che, nonostante la sua immobilità, ribollisca sotto la superficie stagnante come una funesta caldaia non ancora giunta a punto di cottura. Del resto, basta che abbassi gli sguardi all'onda morta e senza schiuma che ogni tanto si abbatte sordamente come un tappeto srotolato ai miei piedi, per avere la conferma di questo ribollimento intestino: è carica di detriti minuti e informi, nero vomito delle viscere sconvolte dell'oceano; e come il flusso e riflusso dell'onda la fa avanzare e ritrarre, vedo la minutaglia trascorrere sotto il gelido velo dell'acqua, nera ma con qualche corpo bianco qua e là: morti granchi capovolti, piccoli pesci già putrefatti, uccelli esanimi e gonfi d'acqua, meduse sfrante e diafane simili a scalpi esangui di qualche testa di mostro sottomarino. Chi ha ucciso tutti questi animali? La loro morte pare al tutto ingiustificata e perciò minacciosa come il segno di una collera non ancora sopita: presto quel furore che ha distrutto la vita nelle latebre marine solleverà il mare sulla spiaggia, lo spingerà forse fino alle selve mute e livide dei pini nani.

Cammino lungo il mare dietro le orlature nere ed eleganti che l'onda notturna ha lasciato sulla sabbia bagnata, e non posso fare a meno di notare il silenzio profondo che mortifica il litorale. In questo silenzio non sono più le voci soffocate che risuonano bensì i colori. Certi pattini bluastri appaiati dentro la spiaggia hanno il respiro affannoso di mostri tirati a secco; la tinta verdina di una fila di capanni grida stridula contro il cielo nero; nella lontananza smorta e tempestosa una barca rossa piegata sul fianco par che chiami con voce calma e uguale "ohè, ohè!" senza mai ottenere risposta. Trasalisco, perciò, quando sento un latrato di cane e mi vedo saltare incontro, sbucata da non so dove, una piccola bestia dal pelo lungo, nera come il diavolo, con occhi accesi e bianchissimi denti. È un cane di razza; noncurante dell'aria procellosa par beato di essere libero, ora mi precede annusando e frugando tra i detriti e le alghe, ora mi abbaia, ora curiosamente giuoca mordicchiandomi i calcagni. Prendo un pezzo di legno e lo butto in mare a poca distanza dalla riva e lui subito si slancia nell'acqua. Intorno il suo piccolo corpo che si dimena con energia il flutto scuro e immobile si increspa in giri concentrici; ora rinuota a riva col legno tra i denti, lo depone ai miei piedi e si scuote con forza coprendomi di spruzzi. Vado avanti; per richiamare il cane mi metto a fischiare un'aria vecchia e falsa, e allora mi pare ad un tratto che così, con quel fischio sottile tra le labbra, seguito dal cane giulivo che corre e salta sulle sabbie specchianti, potrei camminare ore e ore lungo il mare che ribolle e scintilla, incontro gli scuri stendardi delle nubi in fuga. Invece non ho fatto cinquanta metri che il tuono rimbomba da lontano rotolando sulla superficie immobile del mare come la prima cannonata di una remota battaglia. Tuona dalla parte di La Spezia, e poi di lì a un momento il promontorio che era scuro ma nitido, si offusca, scompare dietro una cortina grigia di pioggia. Intanto s'è levato un vento fresco, tutto il litorale è avvolto in un polverone giallo come per il passaggio al galoppo di un armento, vedo dietro le dune certi pioppi piegati da una parte rovesciando tutte le foglie con subitaneo mutare da un verde polveroso ad un funebre, scintillante argento. Ma mentre guardo quegli alberi impazziti, odo ad un tratto un gran fragore, mi volto, e scorgo quello stesso mare, dianzi così immobile, trasformato in una vasta accozzaglia di flutti irti e schiumosi. Il cane è scomparso, una prima onda si abbatte con fracasso ai miei piedi, una seconda rimbalza sulla prima con schiume ricciute che il vento mi spruzza in faccia, ecco una terza si erge verde, vitrea, sparsa di sbavature e anelli spumosi. Sotto le prime gocce di pioggia che bucherellano la sabbia, corro verso casa

IL CHIROMANTE

Il chiromante ha preso alloggio in tre stanzette all'ultimo piano di una casuccia rossa, nel quartiere antico della città. I clienti salgono cinque rampe di una scala dal soffitto a volta che pare ricavata nel sasso tanto è gelida, ripida e angusta, spingono una porticina nera come il bitume destando la squilla stridula di una campanella, entrano in un vestibolo minuscolo, tra quattro tende nere. Subito una bianca mano solleva uno di quei funebri cortinaggi e una cameriera bionda e graziosa, ma come precocemente sfiorita nel viso fosco e patito, li introduce senza dir parola nella sala d'aspetto, di cui il minimo vestibolo non è che una suddivisione ottenuta appunto con il tramezzo di quelle cortine. La sala d'aspetto un po' più vasta ma non meno buia ha il soffitto basso e obliquo, con le travi dipinte color noce e fra le travi certi miseri cassettoncini azzurri adorni di fioroni dorati. La gente siede contro le pareti tappezzate cupamente di rossa carta pompeiana, sopra lustre e scomode sedie razionali, e aspetta nel silenzio e nell'ombra, guardandosi in cagnesco. Ogni tanto il chiromante si affaccia sollevando una tenda e fa cenno a uno dei seduti di passare nel gabinetto. Il quale non ha nulla del tradizionale apparato degli indovini. Niente gufi impagliati, rospi sottovetro, teschi che servono da poggiacarte, niente libroni con fermagli e palle di cristallo. Una stanza invece in tutto simile alla sala d'aspetto, con la stessa carta rossa e le stesse tende nere; soltanto, invece delle numerose sedie, una scrivania o meglio un cubo di legno lucido e due sgabelli. Il cliente siede davanti al cubo e porge la mano; oppure guarda il chiromante che sparpaglia le carte sul piano specchiante della tavola.

Anche il chiromante non ha nulla dell'indovino di professione. È un uomo giovane, pallido, dai compatti capelli luccicanti di brillantina, i neri occhi senza sguardo come quelli dei ciechi, il viso regolare e triste; di una correttezza e di una cortesia di cassiere o di ballerino professionista. Veste di scuro, con la giacca nera e i pantaloni a righe; e sotto il colletto a punte rivoltate, ha una cravatta a plastron, di quelle che si portano ai funerali e alle cerimonie. La povertà si sente in questi panni, piuttosto che non si veda. Vien fatto di pensare che, a sera, toltosi questa specie di divisa, il chiromante debba trasformarsi ad un tratto in un giovanottino indigente e spaurito, un po' come avviene ai camerieri quando, smessa la livrea, si rivelano più piccoli e più dimessi di quanto non fossero fino allora sembrati. Egli è preciso nel linguaggio della professione irto di termini scientifici, con una punta di glaciale deferenza che pare allontanare da sé ogni confidenza. Se legge la mano, non tocca la palma che gli viene stesa, ma, dopo averla esaminata attraverso una grossa lente, schifiltosamente, indica le linee fatali con la punta di un lapis; se legge le carte, le sciorina sulla tavola con gesto elegante e sdegnoso di giuocatore. Né lesina gli aggrottamenti di sopracciglia e le soffocate esclamazioni di stupore; ma si capisce che è tutto uno sfoggio professionale a cui egli non partecipa in alcun modo. Quanto più sono emozionati, speranzosi, palpitanti i clienti, tanto più egli si chiude nella sua ciarlatanesca correttezza come in una corazza. Finita la visita, butta senza guardarlo in un cassetto il denaro del compenso, accompagna il cliente ad una porta diversa da quella per cui è entrato, e, fattogli un bell'inchino, si affaccia alla sala d'aspetto per chiamare il seguente. Tutto ciò dura due o tre o anche quattr'ore; secondo l'affluenza della gente. Alla fine, non un capello del capo impomatato del chiromante è fuori posto; il nodo della cravatta a plastron non si è allentato; soltanto due unghiate nere, per nulla sentimentali, gli ombrano gli occhi, e danno un'aria di convulso al pallido volto.

Partita l'ultima cliente, una maestra matura (la vostra linea del cuore è buona, ma la testa subisce il cuore; siete gelosa; ottima la linea della fortuna...), la cameriera, che in realtà è la moglie del chiromante, chiude a catenaccio la porta di casa, si toglie il grembialino e la cuffia, spalanca le finestre della sala d'aspetto e del gabinetto. La luce radente e pura del crepuscolo di primavera entra nelle due stanze cacciandone le tenebre suggestive; l'aria calda e viziata si dissipa sospinta da una leggera brezza serale. In questa luce le due stanzette si rivelano per quello che sono: due trappole tappezzate di carta rossa male incollata. I tetti di tegole erbose su cui si aprono le due finestre, i comignoli profilati contro il cielo pallido, gli stridi delle rondini che nei loro giri sfiorano i davanzali accrescono per contrasto con la loro rustica serenità, questo squallore di povera scenografia. Spalancate le finestre, la moglie si siede di fianco sulla tavola; mentre il marito, a testa bassa, conta i biglietti e le monete dell'incasso giornaliero. La moglie sfiora con le labbra la nuca del chiromante. Ma questi, finito il conteggio, si alza e va nella stanza attigua per indossare un vestito chiaro, da mattina. Finalmente escono insieme di casa.

È questa l'ora migliore della giornata del chiromante. Lentamente, mentre cammina al fianco della moglie per le strade eccitate e popolose della sera, la cenere della vita passata, presente e futura di tanta gente che ha sfilato per il suo gabinetto, gli cade di dosso: impurità triste e fastidiosa di cui, al momento di uscire, si sente tutto imbrattato. Una tenue felicità gli sorride, risalendo le strade affollate, e lo stimolo del disgusto che gli stringe la gola mentre esamina carte e mani, si scioglie nella solita rassegnata stanchezza. Perché il chiromante non soltanto non crede al proprio mestiere, ma nutre convinzioni addirittura opposte. Il futuro, dopo essergli sembrato nei primi anni della giovinezza un cammino sicuro illuminato dalla sensualità, ora ha perso per lui ogni attrattiva; anzi, si può dire che non esista. Il chiromante pensa che i giorni tutti eguali si seguiranno per lui fino alla morte; e che, come nelle addizioni, se ne potrebbe invertire l'ordine senza per questo modificarne in alcun modo il risultato. La pretesa della gente ad avere ciascuno un proprio destino, un tempo faceva silenziosamente inferocire il chiromante; ora, più indulgente, la riconduce ad un vizio umano, tra la vanità e l'istinto di conservazione. D'altronde il chiromante è diventato così scettico sopra se stesso e gli altri che talvolta gli accade di pensar che, perso per perso, forse anche le carte e le linee della mano significano qualche cosa.

Domani, domani, e domani: il chiromante che per mestiere conosce l'eco che queste sillabe destano nel cuore di ogni uomo, fosse anche il più disparato e sprovveduto, si domanda talvolta se ci sarà mai un giorno per tale parola. Il domani si allontana con i suoi colori ridenti e le sue promesse deliziose, egli pensa, a misura che il tempo passa; ed è sempre oggi, per tutti, in una immobilità funesta di abitudini, in un progressivo crescere di inerzia. Ancora, quando la stanchezza della giornata di indovino non è troppa, egli specula ironicamente con la moglie sulla tenace illusione che ogni uomo custodisce in fondo al suo animo circa il proprio avvenire. Vecchi, dice, che l'hanno scritto in fronte che non riusciranno a passare l'anno, sono più curiosi e infuocati dei giovani, né si accorgono che, anche ove quelle linee delle loro palme avessero mai significato qualcosa, ormai non sono più linee di avvenire bensì di passato, e testimoniano non più speranze ma errori. Altri, invece, giovani, cui dovrebbe bastare uno specchio per svelare il gretto destino, si esaltano di un immeritato avvenire che dovrebbe piombargli dal cielo con il suo corredo di grandiose fortune, di avventure mai viste, di potenza e di ricchezza. Le donne, anche le più vecchie, si lusingano di essere fatali; e il chiromante, a questo punto, riconosce che la loro è, forse, in tanta pazzia, la pretesa meno infondata. Perché, egli soggiunge, è più verosimile che la fortuna si invaghisca della bellezza che non si lasci persuadere dalla virtù e dal valore. Il chiromante, deluso com'è, prova tuttavia sempre una specie di acre e crudele compiacimento nell'enumerare le illusioni che ogni giorno gli sfilano dinanzi. Egli non è un confessore che in tanta monotonia possa ravvisare l'unità di un ordine trascendente. Piuttosto gli pare di ritrovarci un senso di vanità pettegolo e tetro, da inacidita commedia degli inganni; in cui ogni personaggio equivochi sopra se stesso e gli altri, senza fine; reggendosi ciascuno sull'abbaglio dell'altro. Il chiromante sa che il tempo soltanto allenta, appiana, e finalmente scioglie tutti quegli infiniti e sempre eguali intrighi.

Ma la moglie del chiromante, che l'ama senza riuscire ad esserne amata, protesta contro questi sfoghi del marito. Ella crede in lui, prima di tutto; e poi nelle linee della mano, nelle carte, nelle stelle, e in ogni più assurda pratica occultistica. Ella lo rimprovera e cerca di rincuorarlo; ricordandogli che non soltanto da necessità egli fu portato a quel mestiere, bensì, nella lontana adolescenza, anche da vocazione. Ma il chiromante, calmo, le risponde che allora egli sentiva nei giorni futuri una promessa inesauribile di cose straordinarie, deliziose, possenti; epperò l'attiravano le linee della mano, le carte, le stelle, i pronostici e gli auguri come chiavi per disserrare la porta chiusa che gli precludeva il possesso di tanti tesori. Ma egli non avrebbe mai immaginato che un giorno, sfumate la curiosità e la fame dell'avvenire, quelle cognizioni dilettantesche gli si sarebbero sistemate in mestiere; e che egli avrebbe vissuto dei propri dilettosi errori.

Tuttavia il futuro esiste, pensa il chiromante camminando a fianco della moglie, verso il centro della città. Non per lui che ne fa commercio e ne vive; né per i suoi clienti, povera gente, che aspetta che gli piova dal cielo come un aerolito; né per alcuno singolarmente, a ben guardare; ma per tutti insieme, mentre vivono. Esso serpeggia come la fessura di una frana in questa pace ingannevole dell'esistenza materiale. È il presentimento nei giorni calmi, il punto nero nel cielo azzurro, il grido degli uccelli che migrano. Così pensando, il chiromante quasi si placa e si riconcilia con il proprio mestiere.

Intanto sono giunti nel centro della città, all'ora quasi notturna in cui, sotto i palazzi illuminati, gli strilloni annunziano a gran voce le ultime notizie della sera. Il chiromante compera uno di quei fogli e lo apre con curiosità. Così l'uno con il suo giornale, l'altra con la sua pena, vanno ad aspettare in un caffè l'ora della cena.

SCRITTO SUL MURO

Una mattina, l'ingegner Riccardo, capo di una impresa di costruzioni, si reca alla nuova sede della Società: l'impresa fiorisce e la vecchia sede si era rivelata inadeguata agli sviluppi degli affari. È luglio: sotto il fogliame adulto dei platani l'afa precoce già rammollisce la corteccia dell'asfalto nonostante la pioggia municipale di cui sfrigolando l'imperla l'innaffiatrice pubblica; una colonna di fuoco in un lago di luce pare il metropolitano ritto nel quadrivio; chiazze di colore danzano là dove sull'angolo del marciapiede sorge il chiosco dei giornali. Nell'ascensore ermetico che quasi volando lo rapisce ai piani superiori, l'ingegnere respira con gioia l'odore delle vernici fresche e dei metalli vergini: dopo il fango dei cantieri, per mesi e mesi, questo odor pulito inaugura l'opera compiuta. L'ingegnere scende all'ultimo pianerottolo, entra tra le sberrettate degli uscieri, e, facendo suonare il piede sui pavimenti incerati di legno, va dritto al suo ufficio. Stanza nuda e sonora, bianche pareti, scaffali americani di metallo, tavola di vetro, seggiole tubolari nichelate. Sulla tavola alcuni campioni di mattonelle di marmo e un calamaio di cristallo. Le persiane delle due finestre sono abbassate, ma le fessure tra le stecche paiono dilatate e corrose dalla luce di fornace che vi risplende intensa. L'ingegnere siede dietro la tavola, si asciuga la fronte sudata con un fazzoletto, quindi estrae dalla tasca uno specchietto e si guarda. Non più di cinque o sei anni addietro egli era magro, fin troppo; e cercava in ogni modo, ma sempre invano, di accrescere il proprio peso. Poi tutto cominciò a riuscirgli: si sposò, ebbe due figli, gli affari presero a prosperare, e la pinguedine pian piano gli irretì tutta la persona. Gli zigomi gli si gonfiarono fino a rendergli piccoli, feroci e strabuzzati gli occhi che un tempo si allargavano pallidamente; il naso già esiguo diventò minimo a misura che appesantendosi e rinforzandosi la mandibola gli si mutava la proporzione del volto; la pancia si inghiottì la fossetta dell'ombelico in un vortice possente e villoso di adipe; i fianchi gli sollevarono i lembi della giubba; le cosce gli sforzarono i pantaloni. Egli non è obeso però; pingue soltanto, di una pinguedine poderosa, membruta, violenta. Ad altri tale trasformazione forse dispiacerebbe; ma l'ingegnere ne è lieto perché vi ravvisa il segno più chiaro della sua vittoria sopra se stesso e gli altri. Grassezza, moglie e figli, affari prosperi, ufficio nuovo, denari in banca, proprietà, credito, amicizie: per l'ingegnere questi non sono elementi separati, sibbene parti che si integrano a vicenda. S'egli non fosse grasso gli affari non andrebbero bene, né sarebbe grasso se fosse rimasto celibe; e via dicendo. D'altra parte questa carne che si accresce ogni mese come si accresce di interessi una somma depositata in banca, questa carne ha ormai raggiunto il suo animo. Scomparsi i pensieri dubbiosi, tristi, rassegnati; scomparso persino il ricordo degli anni difficili. A tal punto che l'ingegnere oscuramente se ne meraviglia; e quasi pensa di non essere più lo stesso uomo di un lustro addietro. Possibile, pensa l'ingegnere, che certe esperienze non lascino traccia veruna? che ci si possa sentire sciolti da esse come dagli incubi che il sonno dissipa? Circondano dunque le età di picchi invalicabili, le lontane regioni delle infelicità passate? L'ingegnere conclude che, sia come sia, egli è proprio un tutt'altro uomo da quello di cinque anni avanti. Soddisfatto, ripone in tasca lo specchietto e si leva dalla tavola.

Vuole esaminare l'ufficio. L'avrà veduto ormai mille volte da quando si cominciò a costruire il palazzo; ma toccare i mobili, scrutare i muri, controllare le finestre e le porte gli dà una soddisfazione inesauribile; la stessa che gli procura la vista del proprio florido viso, pur così noto, riflesso nello specchietto da tasca. Ora, come si aggira guardandosi intorno e formulando mentalmente modifiche e migliorie, ecco che lo sguardo gli cade sopra una scritta nera, che, incredibile a dirsi, deturpa la bianca parete, tra lo scaffale e la finestra. A tutta prima non crede ai propri occhi; quella scritta è così visibile, nella sua fulminante nerezza, da parergli impossibile che quando è entrato già esistesse; quindi si avvicina e l'esamina. È una parola sola o meglio un solo raggruppamento di sillabe scritta, o piuttosto dipinta con una sostanza nera, grassa, lucida, tra l'inchiostro di China e il bitume. Quanto alla parola, l'ingegnere adirato cerca di leggerla ma non può. Un certo sfuggente tremolio deforma le lettere; né è sicuro che queste siano lettere o non piuttosto segnacci di una fantasia vandala e idiota. A prima vista e con parecchia buona volontà si potrebbe ravvisare in quegli sgorbi un "t", un "l", un "f"; ma ad un esame più accurato ci si accorge che sono rassomiglianze casuali; né, anche a volere leggere per forza, se ne cava fuori alcun vocabolo intelligente. Le lettere sono grandi, almeno trenta centimetri, diritte e grosse, con qualcosa, pur nella loro incertezza, di elaborato e di ornamentale, sbavate qua e là come se un vento impetuoso si sia tirato dietro l'inchiostro abbondante prima che si asciugasse. Nella bianchezza del muro paiono formicolare e muoversi. Ma la curiosità dell'ingegnere dura poco; poco gli importa che cosa possa significare quello sgorbio. Adirato, suona il campanello, chiama l'usciere, gli mostra la scritta, domanda a chi si debbano attribuire gli incomprensibili e nerissimi segnacci. L'usciere protesta che non ne sa nulla; nessuno quel giorno entrò che non fosse adibito ai lavori. L'ingegnere ordina che si raschi quella porcheria e si ricoprano le raschiature con un buono strato di vernice. Quindi prende il cappello ed esce.

È mezzogiorno, ormai. Come l'ingegnere si infila a testa bassa nella macchina, lo investe una folata d'afa mescolata con l'odore acre del cuoio e del metallo riscaldati. Il sole scintilla in ogni nichelatura del cofano strappandone ogni tanto micidiali barbagli. Ma l'ingegnere gode di quell'ardore che gli fa risentire la propria salute come una forza indomabile; e con una gioia aggressiva si avventa di gran corsa verso l'altro capo della città. Laggiù, in un quartiere nuovo che si protende con le sue case da un alto sperone sospeso sulla campagna, egli ha comperato una villa che avrebbe dovuto essere grandiosa; e che, per la morte del proprietario, fu lasciata incompiuta. L'ingegnere che l'ha acquistata a poco prezzo conta di portarla a termine e di andarci poi ad abitare con la famiglia. L'affare fu concluso il giorno avanti, tra i barattoli di vernice e il fracasso dei martelli, nell'ufficio nuovo. Buon augurio, pensa pur guidando, ottimo augurio per la nuova sede; perché è senza paragone il migliore affare che abbia concluso in vita sua.

Stenti oleandri, maldifesi da fasci di spini, risalgono in fila malinconica la straduccia infuocata dove l'ingegnere di lì a poco ferma la macchina. Poche le case finite, in questa strada; molte le impalcature che si levano fino al cielo e fanno pensare ad un macchinoso retroscena di teatro. Ma tra le case finite e quelle incastellate di travature, spiccano certi muri opachi, di blocchi marroni e di calcina secca, con le finestre informi e buie, senza ripari di tetti, inegualmente alte e come diroccate. È la villa, il migliore affare dell'ingegnere. La circonda un giardinetto cinto da una cancellata tinta malamente di quel rosso vermiglione che precede l'ultima mano di definitiva pittura nera. L'ingegnere estrae una grossa chiave e guardandosi intorno con sospetto, quasi ladro che penetri per rubare, entra nel giardino. Qui, tra le erbe selvatiche e i sassi sono ovunque i segni dei lavori abbandonati: cataste di travi, arruffii di rugginosi fili di ferro, vanghe piantate in mucchi impietriti di calcina. Il caldo vi pare più intenso che nella strada: miriadi di insetti zampillano sotto il piede dell'ingegnere, l'erba gialla e secca si sbriciola come fragile ossame. Facendo solecchio agli occhi con la mano, l'ingegnere gira intorno la villa, sbuca nella parte posteriore del giardino. Una tettoia di latta ondulata addossata al muro di cinta protegge una catasta di mattoni e una botte tutta bianca di calcina. Un'acqua perfidamente azzurrina riempie a metà la botte sbilenca, in cui, stilla a stilla, cade il tepido sgocciolio di un lungo tubo incrostato di verderame. L'ingegnere scavalca da uomo esperto i mucchi di detriti e le buche e penetra nella villa. Nonostante l'ombra cavernosa non vi fa meno caldo di fuori, il suolo terroso è sparso di cartacce e di grossi ciottoli biancastri. Ma la costruzione è avanzata e mentre alcune stanze sembrano proprio rustiche grotte, in altre, colonne di marmo incastrate nell'ombra anticipano il lusso della dimora fastosa e ampia. Tutto ai suoi progetti di costruzione, l'ingegnere gira per la villa scrutando i soffitti, palpando i muri. Pensa che qui metterà il suo studio, là la sala da pranzo, più lontano due o tre grandi salotti pieni di specchi e di mobili dorati. Il lusso per l'ingegnere è superfluità e luccichio: quale meraviglia che si figuri la futura dimora come una specie di basilica barocca? Ma salito al secondo piano per una ripida scala a

131

pioli, un suono svogliato di pianoforte che gli giunge da una casa attigua lo distrae dai suoi piani casalinghi. Si ferma nel mezzo dei calcinacci e ascolta. Esercizi, si direbbero, che la mano svogliata di una bambina vada destando da una sonnolenta tastiera. Ma l'ingegnere a quei suoni rabbrividisce. Perché ricorda ad un tratto che nei passati anni infelici certa aria di cui non conosceva che le prime note, aveva sempre il potere, appena accennasse a cantarla, di infondergli nell'animo non sapeva che leggiadra malinconia. Suggestionato da quel pianoforte prova a ricantarsela, fischietta le note, e stupisce accorgendosi che questa volta l'antica mestizia non si ridesta affatto. Che cosa è avvenuto? pensa. Riprova a cantarellare, ma invano. C'è ormai nella sua anima una solidità massiccia e sorda che rifiuta qualsiasi eco. Quella mestizia dopo averlo accompagnato discretamente nei tempi difficili, al primo apparire del sospirato successo, come una guida umile che non chieda compenso, si è dileguata. L'ingegnere pensa che non canterà più l'arietta; che è finita; e prosegue senza rimpianti la sua visita. Ecco il punto dove occorre abbattere e riedificare, pensa avvicinandosi ad una finestra. Vorrebbe affacciarsi per vedere se nel giardino c'è lo spazio necessario all'aggiunta che ha in mente, e si avanza nel vano della finestra sopra una tavola che ne sporge quasi per metà. La tavola è grossa, l'ingegnere muove un altro passo, venendo così a trovarsi più fuori che dentro il davanzale. Lo spazio c'è, riflette sporgendosi e guardando. Ma nello stesso momento la tavola sotto il suo peso cede come un'altalena, l'estremità su cui egli si trova si abbassa, l'altra si leva verso il soffitto, ed egli precipita di sotto. Per un momento la tavola sta in bilico, quindi scivola e il suo fracasso segue di poco il tonfo massiccio del corpo piombato sul marciapiede del giardino.

Ora il corpo dell'ingegnere giace metà sul cemento e metà sul suolo. Quindi dal fianco sul quale è caduto, per uno spasimo involontario del corpo grasso, si rovescia supino. E rimane immobile nel sole. A tal punto che dopo un poco una lucertola gli sale sopra una mano e lì rimane a godersi il solleone la serpentina testa levata; mentre due mosche studiosamente assorte all'angolo dell'occhio suggono l'estrema lagrima sgorgatagli nel momento di morire.

PAESE SENZA MORTE

In quel paese regna eterna e immobile la vita. In epoca immemorabile, grazie all'altissimo progresso scientifico, gli uomini vi cessarono affatto di morire, e, forse per compenso, anche di nascere. I cimiteri rimasero come rimangono i monumenti di un'età barbara. Poi le mura crollarono, i cipressi vennero schiantati dai fulmini, e la terra si inghiottì dopo gli scheletri anche le lapidi e le croci, fino ai più altezzosi monumenti. In quel paese gli abitanti hanno dimenticato che cosa sia la morte; benché, per una contraddizione soltanto apparente, sia proprio il terrore della morte che dà il suo carattere alla strana nazione. La scienza che a ben guardare è tutto uno sforzo per sopprimere, dopo le scomodità, le sofferenze, le malattie, anche la morte, ha vinto finalmente la sua secolare nemica. Giunti a circa sessant'anni, gli abitanti di quel paese non invecchiano più. D'altronde non arrivano a tale età per gradi insensibili di ore, di giorni, di mesi, di anni, sibbene in tre salti bruschi dall'infanzia all'adolescenza, da questa alla virilità, e dalla virilità alla vecchiaia. Ma divenuti vecchi, per mezzo di procedimenti scientifici, tornano bambini. Così il cerchio si chiude e il ciclo vitale ricomincia. È sempre lo stesso sangue e fino a un certo segno gli stessi individui che nascono, diventano adolescenti, uomini fatti, vecchi e poi daccapo rinascono. Allo stesso modo dell'acqua di certe fontane che dopo aver zampillato fuori dai mascheroni, si inabissa nei condotti sotterranei e poi per altri condotti torna a zampillare di fuori senza che nel tragitto si sia perduta una sola goccia.

Tutto il paese è retto dai vecchi; e da questi mantenuto

nell'ordine che si è detto. Sono essi che in epoca preistorica, spinti dal terrore della morte che allora infieriva, sono riusciti a fissare e dividere la vita umana in quattro età; sono essi che hanno trovato i mezzi per passare dalla vecchiaia all'infanzia; sono essi infine che al momento di questo passaggio, il più importante e difficile di tutti, invigilano affinché si facciano contemporaneamente gli altri nelle altre età. Perché per ogni vecchio che torna bambino bisogna che un bambino diventi adolescente, un adolescente uomo e un uomo vecchio. Altrimenti si formerebbero squilibri che in breve tempo provocherebbero l'estinzione della stirpe. Dicono che in quel continuo circolare da un'età all'altra, la massa del sangue di cui dispone la nazione si vada gradualmente impoverendo. Ma si calcola che, anche ove ciò fosse vero, l'estinzione della stirpe non potrebbe avvenire prima di un milione di anni. Il che in termini umani equivale a dire che la stirpe è eterna.

Del resto, per dare un'idea precisa della nazione, meglio di qualsiasi ragionamento, gioverà una descrizione fedele delle singole età di cui si compone; le quali, forse a causa della loro immobilità e separazione, non sono così imprecise come da noi ma si presentano all'occhio dell'osservatore con aspetti inconfondibili e definitivi. Ciò spiega tra parentesi il fatto che nessuno desideri passare da un'età all'altra. All'infuori naturalmente dei vecchi, nei quali tale desiderio si manifesta come carattere esclusivo. In altri termini, si potrebbe dire che le tre prime età non hanno alcun senso del passato o storico. Mentre i vecchi, incapaci di vivere una loro vita originale, non hanno che quello.

I bambini, come già Ercole, Gargantua e altri simili uomini prodigiosi, si possono, senza più, definire piccoli mostri dotati di straordinaria voracità e ferocia. Essi non abitano già in bianche camerette o in belle sale piene di balocchi, bensì in luride gabbie munite di grosse sbarre di ferro, sparse in certi boschi che le dissimulano all'occhio del visitatore. Il quale avvicinandosi udrà venire da quel verde uno stridio d denti che si arrotano, uno sferragliare di catene, un informe e ferino vocio. Crederà che si tratti di uno zoo; ma addentratosi sotto gli alberi, scoprirà in fondo alle sudicie e scur gabbie alcunché di roseo, di paffuto ed enorme che si torc a terra come un verme tra le immondizie e gli ossami. Guar dando meglio, scoprirà trattarsi di un pargolo di statura quas doppia di quella di un uomo normale, tale insomma da far scomparire i putti colossali di marmo che sorreggono le pile in San Pietro a Roma, il quale inganna l'attesa del pasto abbrancando con le manine grassocce le sbarre della gabbia e scuotendole fragorosamente; oppure rosicchiando con occhi torti e denti di lupo qualche superstite costola di un già divorato quarto di vitello. Stupirà il visitatore vedendo quel tenero corpaccione avvoltolarsi nell'ombra sordida della gabbia, mettendosi i piedi in bocca, oppure annaspando con le braccia paffute, compiendo insomma tutti i gesti graziosi dei neonati con una certa quale innocente ferocia degna di una tigre; ma il suo stupore si cambierà in sbigottimento quando, sollevatasi una serranda, verrà spinta nella gabbia una pecora viva per il pasto quotidiano. Vedrà allora, mentre l'ovino si ritrae in un angolo e bela pietosamente, il putto enorme strisciare sul ventre e sui gomiti fino alla sua preda, afferrarla per le orecchie, e facendole piegare le ginocchia recalcitranti torcerle il capo fino a spezzarle la nuca. Il sangue scuro erompe fumando dalla bocca della pecora, imbratta la faccia al pargolo, e il suo odore dolciastro si mescola al lezzo ferino della gabbia. Scricchiolano le vertebre stritolate dai denti famelici. Di qua e di là si muove nell'ombra l'esanime corpo molle e lanoso, stracciato e stiracchiato dalle spietate mascelle. Il visitatore non resiste alla vista di tanto strazio e si allontana.

Ben diverso è lo spettacolo offerto dagli adolescenti che rappresentano l'età successiva a quella dei bambini. Essi occupano nelle città certi speciali quartieri costruiti a guisa di labirinti. Trattasi di un fittissimo reticolato di mura bianche e grosse che determinano migliaia di celle riunite tra loro da un'infinità di corridoi, passaggi, cortili. In ognuna di queste celle come nelle caselle del giuoco dell'oca, si trova un oggetto, per ricercare e possedere il quale gli adolescenti, spinti eternamente da un loro furioso istinto, si aggirano senza posa come invasati. Sono nudi, gli adolescenti, come i corridori delle antiche Olimpiadi, e corrono frenetici, gridando il nome dell'oggetto agognato, urtandosi negli stretti passaggi contro i loro compagni di ventura, senza mai fermarsi. Così tutto il labirinto è un continuo incrociarsi di corse disparate e veementi, un formicolare di ricerche, uno scontrarsi di grida e di gesti furiosi. Quanto agli scopi di tanta agitazione e curiosità, immaginiamo per un momento di essere alle calcagna di uno di quegli infaticabili esploratori. Eccolo correre per uno stretto corridoio e trattenendo l'impeto del corpo con le mani aggrappate agli stipiti affacciarsi alla prima cella: c'è una statua di marmo; nella seconda: un mucchio di monete d'oro; nella terza: una pagnotta; nella quarta: una squadra; nella quinta: un letto; nella sesta: un mazzo di carte; nella settima: un libro; nella ottava: un bastone di comando; nella nona: una spada; nella decima: un boccale di vino; nella undicesima: uno specchio... ma a che pro continuare? Ogni labirinto comprende migliaia di celle; epperò il catalogo rischierebbe di essere noioso. Basti dire che il ricercatore non si fermerà finché fra tutte quelle camerette non avrà trovato quella che fa per lui. Trovata che l'avrà, la sua passione si smorzerà e nuova curiosità lo scaccerà fuori della cella alla ricerca di nuovi oggetti. La curiosità dunque, il piacere della scoperta sono alle origini di questa corsa incessante per le gallerie del labirinto. Intanto un sole canicolare splende a picco sui muri bianchi e indora i corpi nudi che appaiono e scompaiono di corsa attraverso i cortili.

Quanto agli adulti, essi si guardano bene dall'indulgere ai feroci appetiti dei bambini, alle sensuali curiosità degli adolescenti. Agire a quel modo sarebbe per loro non soltanto errare, ma addirittura commettere un delitto. Stanno essi in certi vasti prati circondati da un altissimo muro bianco, con una sola porticina nera come la pece. Assiepati in folla intorno a quella porticina, che non si apre che di rado e per inghiottire uno solo di loro, la paura di quel che ci possa essere al di là del muro li tiene fermi, stretti l'uno contro l'altro, inattivi, con l'animo sospeso e pieno di calcoli, di rimorsi e di apprensioni. Per ingannare l'attesa si confidano a bassa voce quel che immaginano ci sia dietro il muro. Alcuni, desolati, dicono che li aspetta una buia voragine lingueggiata da subitanee e tacite fiamme; altri, speranzosi, un giardino rosa e bluastro, con smaltate aiuole e verdi rivi scorrenti tra le nevi di eterne fioriture. Ma questi ultimi sono la minor parte; i più tremano e hanno paura. Intanto, alle loro spalle, una ricca campagna va in corruzione e in rovina. Nei campi il grano adulto da biondo si è fatto rosso, allettato in più punti, ovunque mescolato alla gramigna. Le belle fattorie hanno i tetti sgretolati e crollati, e, per gli squarci, si vedono nelle ampie cucine le tavole ancora sparse di tondi di porcellana e di boccali su cui sono piovute tegole e calcinacci. Attraverso i vetri rotti delle finestre si scorgono i letti disfatti nei quali fa il suo nido il gufo grifagno e il ragno tesse la sua tela. Sull'aia giacciono abbandonati gli arnesi da lavoro, il caprifoglio ha trasformato il pozzo in un cumulo di selvatico fogliame, l'erbaccia cresce sulle soglie. Le stalle sono spalancate e vuote, i cavalli sono partiti al galoppo verso i boschi lontani, i buoi si accosciano oziosi nei campi senza solchi. Ma la paura mantiene incontrastato il suo dominio sulla folla assiepata sotto il muro, così che per nulla al mondo si volterebbero indietro a guardare la loro bella campagna devastata. Essi si aspettano da un momento all'altro di vedere uscire da dietro il muro e oscurare il cielo sereno la fuligginosa e scricchiolante armata volante dei diavoli e degli scheletri al seguito della morte falciatrice loro capitana. Ogni suono remoto di corno da caccia che si ripercuota per la placida campagna è per loro lo squillo di tromba del giudizio universale. Intanto il sole tramonta all'orizzonte in un rossore di buon augurio; e illumina le spalle alla nera folla silenziosa e aspettante.

Se il mondo dei bambini è sotto il segno della fame; se in quello degli adolescenti regna la curiosità; se la paura governa quello degli adulti; per converso, nel cielo spento dei vecchi non brilla che la nera stella della noia. I vecchi si rendono perfettamente conto di essere l'estremo risultato di un lungo sviluppo di cui conoscono a menadito i particolari; e il tedio di questa consapevolezza, insieme con l'incapacità di vivere una loro vita come le altre età, li spinge a tornare bambini, determinando così quel movimento circolare di passaggi da un'età all'altra senza i quali la stirpe in breve si estinguerebbe. Abitano i vecchi in vasti ospedali situati alla periferia delle città, nei quali non vengono curate malattie, bensì, sotto la sorveglianza di altri vecchi il cui turno di ringiovanimento non è ancora giunto, si provvede a trasformare i senili pazienti in neonati. Simili a lunghi vascelli di vetro e di cemento, questi ospedali hanno lunghissime corsie nelle quali gli infermi che non possono camminare giacciono immobili, tutti involtolati in enormi e informi bendaggi, sotto le coperte di bianchi lettini. Gli altri che sono ancora ad uno stadio iniziale della cura, passeggiano per gallerie vetrate dalle quali si gode la vista della terra promessa delle gabbie, dei labirinti e del muro. Quanto alle cure per mezzo delle quali tornano all'infanzia, esse non sono né semplici né brevi. Si dividono in cure psichiche e cure fisiche. Le prime consistono principalmente in applicazioni elettromagnetiche in virtù delle quali, dopo un certo lasso di tempo, le nozioni di cui i vecchi sono carichi, i ricordi che gli affollano la memoria, gli scrupoli che gli ingombrano la coscienza svaniscono come le ombre di una negativa esposta alla luce del sole. Insomma il vecchio deve anzitutto diventare ignorante, ottuso, rozzo. Poi con gli stessi sistemi si provvede a obliterare in lui il senso dei valori. Così, oltre che ignorante, diventa in certo modo bestiale. Questa prima parte della cura è la più breve. Giacché è sorprendente come tutto ciò che la civiltà aggiunge alla natura possa venire distrutto con estrema facilità, senza che lasci traccia veruna.

Portata a termine la cura psichica, trasformato cioè il paziente in un troncone di carne incapace nonché di pensare anche di parlare se non con grugniti e voci inarticolate, viene affrontato il ringiovanimento fisico. Qui la chirurgia e le scienze biologiche si danno la mano. Quello che non è ottenuto con le cure ghiandolari, viene portato a termine dal bisturi. Descrivere i vari gradi di questa specie di metamorfosi a rovescio della farfalla in bruco sarebbe indulgere nella descrizione di vere e proprie mostruosità. Basti dire che ad un certo punto il paziente viene chiuso in una specie di bozzolo di fasciature che non si scioglieranno che alla fine, quando la trasformazione sarà ultimata. Allora le bende cadranno e là dove un tempo c'era un Nestore canuto e grinzoso vagirà già feroce un infante. Subito, nel più gran segreto, i vecchi di turno che governano il paese provvederanno a trasferire il neonato in una gabbia e ad operare, per mezzo di semplici innesti, i passaggi conseguenti nelle altre età.

Così il cerchio è chiuso e il ciclo ricomincia.

LA FOLLIA DI EUSTACHIO

Sulla follia che ha colpito il signor Eustachio, suo lontano parente, l'amico Umberto mi ha confidato molti curiosi particolari; tanto curiosi che io non ho resistito alla tentazione, comprensibile in chi come me fa professione di scrivere, di affidarli alla carta in forma di racconto.

Eustachio, mi disse Umberto, giunto all'età di quarant'anni dopo una vita priva di eventi, senza ambizioni né affanni, di impiegato agli archivi del Governatorato, incominciò a pensare seriamente di sposarsi. Egli viveva solo, ormai, i genitori essendogli morti parecchi anni addietro e le due sorelle andate spose in provincia; nella vecchia casa non gli era rimasta dei tempi della giovinezza che una serva anziana a nome Cesira, nativa di Palestrina, brutta come una strega, la faccia a mezzaluna simile a quella di un pulcinella e il corpo a un sacco di cenci, sorda e accidentata, ma a lui perfettamente devota e fin troppo gelosa custode delle memorie familiari. Costei, con la scusa che dopo la morte dei genitori di Eustachio certe stanze per rispetto ai defunti non andavano toccate, aveva ristretto di molto il campo delle sue superficiali pulizie giornaliere. E, chiusi il salotto, lo studio del padre avvocato, la camera da letto dei genitori e persino la sala da pranzo, troppo vasta, a suo parere, per un uomo solo, aveva ridotto Eustachio alla stanzetta sul cortile che occupava dall'infanzia e al tinello dove consumava i pasti; tenendosi per lei un lurido sgabuzzino senza finestra ingombro di secchi, di scope e di maleodoranti cianfrusaglie. Eustachio aveva assistito passivamente alla trasformazione della sua casa in una specie di sacrario, comprendendo egli stesso che fino a quando la sua

139

vita non avesse subito un radicale cambiamento tutte quelle stanze sarebbero state per lui affatto superflue. E così tra la dimora in cui regnava indisturbata la vecchia serva, e l'ufficio dove il lavoro era lo stesso ormai da vent'anni, l'esistenza di Eustachio, superati gli anni della giovinezza, avrebbe potuto passare senza scosse dalla sonnolenza di una maturità rassegnata al torpore della vecchiaia, e da questo al definitivo sonno della morte. Ma Eustachio non era di quei misantropi che bastano a se stessi al punto da considerare ogni società umana come una menomazione della propria libertà; egli aveva sempre voluto sposarsi; e soltanto la timidezza gli aveva sin allora impedito di mandare ad effetto questo proposito lungamente meditato e accarezzato. Ora, ai timidi avviene talvolta che, per superare l'odiata ritrosia, si decidano ad agire con maggiore decisione e subitaneità dei temerari. Eustachio aveva per compagno di ufficio certo Talete, poco più vecchio di lui, ammogliato e con tre figlie, tutte e tre da marito, due delle quali brutte e la terza, la più giovane, molto graziosa. Eustachio si recava spesso in quella casa modesta dove era considerato poco meno che un parente; e la madre delle tre ragazze, come ebbe a dire in seguito, aveva da un pezzo pensato a lui come ad un possibile marito; soltanto, con logica materna, gli aveva destinata la più anziana e la più brutta delle figlie. Pia, la più giovane e avvenente, sperava di riservarla a un matrimonio più opulento. Ma Eustachio, con la brusca e disperata franchezza dei timidi, mandò all'aria tutti questi piani. E una sera, nel bel mezzo della più normale delle conversazioni, preso a parte con un pretesto Talete, gli chiese di punto in bianco la mano della Pia. Grande fu la confusione che seguì a questa inaspettata proposta. Talete, come fanno spesso i padri, si rimetteva alla moglie; e questa si trovava nelle condizioni di un generale che avendo aspettato l'attacco nemico da un lato, si veda ad un tratto assalito dall'altro. Ma Pia, con stupore di tutti e persino di Eustachio che non sperava un successo così rapido, sciolse subito questa perplessità dichiarando che Eustachio le piaceva ed era ben contenta di diventarne la moglie. Non erano ancora passati due mesi che il parroco dell'attigua chiesa di Santa Rita univa in matrimonio i due fidanzati.

A questo punto Umberto interruppe il racconto per farmi una descrizione particolareggiata della sposina. Perché, egli

disse, a vederla nessuno mai avrebbe potuto supporre quel
che doveva avvenire in seguito. Si immagini un volto pallido
dall'ovale affilato e dolcissimo incorniciato di ondosi capelli
neri; con occhi molto grandi, scuri, di espressione serena e vagamente mesta; un naso lungo, fine, delicato; una bocca vezzosa di un cupo rosso di frutto. Si immagini una persona avvenente ma slanciata, tornita eppur minuta. Polsi e caviglie di
incredibile eleganza, mani languide dalle dita appuntite, lisce
e bianche come il latte, piedi piccoli e perfetti. Una voce soave, musicale. Si immagini infine un contegno pudico, discreto,
tranquillo, ma fermo e per nulla lezioso. Una grazia spontanea
in ogni gesto. Una intelligenza giudiziosa se non vasta e ardita, piena di buon senso, sorretta da una religione senza zelo
ma anche senza visibili cedimenti e compromessi. Dopo una
tale descrizione sarà superfluo dire come Eustachio dopo appena un mese delle nozze fosse profondamente innamorato.
Silenziosamente, egli non cessava di felicitarsi del suo matrimonio; e di estasiarsi sulle qualità della sua donna: la leggia-
dria un po' malinconica del volto, le segrete e caste bellezze
del corpo, la ricchezza profumata dei capelli che prima di coricarsi ella scioglieva in larga nera onda sulla gracilità delle
sue spalle di adolescente. Egli era avaro di complimenti quasi avesse temuto che, rivelando a Pia quanto l'ammirasse,
quella bellezza così discreta avrebbe potuto appannarsi di una
compiacenza per quanto minima e legittima. Ma ogni volta
che era sicuro che ella non se ne avvedesse, la rimirava rapito; senza mai saziarsi di annotare mentalmente tutte le varie
e sempre deliziose perfezioni di quella graziosa persona. "Per
certo," gli accadeva talvolta di pensare quasi con spavento,
"costei è discesa nella mia casa dal Paradiso; perché soltanto
ad una creatura più che umana è dato di mantenere intorno a
sé, qualsiasi cosa faccia, un'aura così costante di grazia celeste." Intanto, nella casa, passato il primo trambusto, la vita
si era di nuovo adagiata nelle vecchie abitudini. Con questa
differenza: che i due sposini dormivano nella stanza da letto
che un tempo aveva appartenuto ai genitori di Eustachio, e
mangiavano nella sala da pranzo; e che Pia riceveva nel salotto spolverato e rimesso a nuovo la madre, le sorelle e qualche
rara amica. Occupata tutto il giorno nelle faccende casalinghe,
ella aspettava pazientemente che Eustachio tornasse dall'ufficio. Cenavano quindi insieme, discorrendo pianamente. Alfi-

ne uscivano a notte per recarsi a qualche spettacolo a buon mercato o in un caffè, o più semplicemente, per percorrere a piedi, in lenta passeggiata, un buon tratto del Corso. La felicità di Eustachio era completa.

Ma dopo qualche mese, crescendo la confidenza tra i due sposi, Eustachio incominciò a penetrare il carattere di quella persona in certo modo così poco espansiva. E con sua grande meraviglia scoprì che sotto quelle apparenze angeliche, si nascondeva una passione che per essere perfettamente dominata e nascosta, non era per questo meno forte e pericolosa. Tale passione, scaturita da chissà quali confuse invidie e sogni della fanciullezza, si appuntava con inflessibile e ottusa ostinazione sopra un genere di vita tutto diverso da quello che Pia menava nella casa del marito; sopra un mondo lontanissimo da quello in cui ella era cresciuta e ora si trovava; sopra oggetti, gioielli, vestiti, suppellettili, che ella non aveva mai posseduto né aveva alcuna probabilità di mai possedere. A dirla in breve, Pia custodiva in fondo all'anima, in luogo di quell'immagine di una felicità modesta ma solida che le apparenze della persona e del contegno avrebbero lasciato supporre, l'inverosimile e impossibile miraggio di una vita fastosa, festiva, solenne. Una vita di parata in cui, si noti bene, non l'attraevano quelle libertà e quei vizi che di solito accompagnano il lusso e le ricchezze, bensì lo sterile splendore che ne è l'aspetto più superficiale e ingannevole. A parlare di queste cose, la sua persona di solito così composta si animava di una vitalità quasi impudica, la mesta limpidezza degli occhi si accendeva di fosco scintillio, fremevano quelle sue delicate narici diafane come cera. Ma ella non pareva rendersi conto di quanto di infuocato, di intimo, di adultero persino, ci fosse in queste sue immaginazioni; paga di vagheggiarle come cose impossibili non le passava per la mente che tale vagheggiamento potesse sembrare colpevole; e ne parlava ingenuamente ad Eustachio, con perfetto abbandono, come è appunto dovere di ogni buona moglie verso il marito. La sera specialmente, nell'ora intima in cui aggirandosi per la stanza si spogliava, si pettinava e si acconciava prima di coricarsi, Pia usava aprire le chiuse al fiotto di questi suoi discorsi; nei quali l'abbondanza e il colore insolito delle parole, il gusto e la forza carnale con i quali venivano pronunziate testimoniavano la profondità e antichità della passione che le suggeriva

142

Ad Eustachio queste innocenti confidenze ispiravano un fondo malessere; anche a non voler tener conto dell'ardore inquietante di cui si abbellivano, non poteva fare a meno di sentirle come involontari rimproveri. Sapeva infatti che non era in grado di procurare alla moglie tutte le cose che ella ammirava e pareva considerare indispensabili alla felicità; e pur riconoscendo che Pia non si lamentava affatto e anzi parlava con il distacco di una rinunzia completa e antica, si doleva di scoprire in quell'animo un ideale tanto diverso da quello che aveva dapprincipio immaginato.

Come se questi discorsi non fossero bastati, Pia dava a vedere, ogni volta che Eustachio, intaccando i suoi pochi risparmi, le regalava qualche vestituccio o qualche modesta gioia, un godimento così pronto, una gratitudine così schietta da non lasciar dubbi sulla natura delle sue più segrete aspirazioni. Una seta che le avvolgesse il fianco, un anellino che le brillasse al dito, parevano davvero trasfigurarla. C'era nella maniera con la quale rimirava questi oggetti, qualcosa di inestinguibile che nulla aveva a che fare con il valore e l'aspetto dell'oggetto stesso, e si nutriva di sé come una fiamma che non si spenga mai. Allora, in quei momenti, ella si faceva bella; ma di una bellezza tutta diversa da quella solita; una bellezza che spaventava il marito più che non lo seducesse. Ma Eustachio sapeva quanto fosse inconsapevole e innocente questa passione della moglie; e sebbene si rodesse dentro di sé, si guardava dal fargliene motto. Quell'ideale banale ella non doveva mai accorgersi che, graziosa com'era, non le sarebbe stato troppo difficile di raggiungerlo; doveva invece restare remoto come un paradiso di delizie da invocare nelle preghiere ma da considerare per sempre inaccessibile. Del resto, Pia, pur non nascondendo al marito le immagini della sua più cara fantasia, e anzi, con inconscia crudeltà, scoprendogli ogni giorno di più quanto poco posto egli occupasse nella sua anima, continuava a menare una esistenza regolarissima, quasi austera, senza mai lamentarsi, anzi mostrando una specie di dolce passività che ad un osservatore meno avvertito e perspicace di Eustachio avrebbe potuto apparire completa soddisfazione. Ella accudiva alla casa, visitava la madre e le sorelle, lavorava di ricamo. Nulla lasciava presagire il fatto straordinario che di lì a poco doveva distruggere definitivamente la già turbata felicità di Eustachio.

143

Una sera di maggio, dopo essere andata a prendere il marito all'uscita dall'ufficio, Pia volle entrare in una chiesa del centro della città dove si celebravano le funzioni del mese mariano. La chiesa vastissima e buia, dopo le girandole della strada e il luccicante traffico delle macchine, pareva davvero un'enorme massa di tenebre stantie e secolari conservata intatta tra muraglie, sotto cupole e arcate, nel bel mezzo della città cambiata e indifferente. Una mischia di seggiole di paglia occupava tutta la navata centrale e pareva una vasta e polverosa tela di ragno in cui i pochi fedeli, neri e raccolti sopra se medesimi, fossero rimasti impigliati, intorpiditi, senza più voglia di dibattersi, colpiti da una semiviva immobilità. Nelle massicce cappelle laterali il buio sembrava in agguato come dentro grotte, ed i lumini rossi degli altari fingevano occhi che spiassero prede. Ad Eustachio il gelo vetusto della chiesa penetrò di botto nelle ossa, nel momento di immergere le dita nella pila dell'acqua santa; e lo fece rabbrividire con paura quasi che, in quel buio, uno degli scheletri alati che custodiva un sepolcro barocco presso l'ingresso si fosse aggirato goffamente a volo e l'avesse sfiorato in volto con la punta di un piede deliziato di librarsi. Ma Pia, con la dimestichezza e la disinvoltura delle donne religiose che si sentono quasi più libere nella confidenza mistica di un tempio che per le strade affollate e tentatrici, percorse senza fretta, in punta di piedi, una delle gallerie laterali e andò a inginocchiarsi a lato dell'altar maggiore, in un angolo oscuro. Da quel cantuccio appartato si aveva una vista di sbieco sulla funzione, come da un palco di proscenio sulle tavole di un teatro; e il sacerdote che si muoveva lentamente nei gesti del rito, le due file di chierici allineate ai piedi della scalinata, la prima bianca, la seconda rossa, la musica numerosa e vibrante dell'organo ebbero presto fatto a dissipare in Eustachio la sensazione di malessere che gli aveva ispirato il passaggio dal tepore delle strade al gelo della chiesa. Ancora, non poté fare a meno di osservare con un compiacimento rapito la grazia con la quale la moglie pregava, la bianchezza delicata delle mani giunte, il macerato pallore del volto, la mesta e supplichevole invocazione dei grandi occhi fondi. Mani belle, come di luce, viso di angelo, occhi da santa; Eustachio ben presto si sentì segretamente riconfortato dalla vista della moglie; quasi che ella così pregando facesse da intermediaria tra lui e il Dio adorato sull'altare. "Sì," egli non poté fare a meno di pensare, "ella avrebbe ottenuto dagli angeli di cui portava in terra sembianza, che loro due non si separassero mai; e che egli dopo morto, nonostante i suoi peccati, continuasse a starle accanto, per sempre, nella beatitudine del Paradiso." Questo pensiero destò nell'animo di Eustachio una straordinaria commozione. In quel momento dimenticava l'amara scoperta che aveva fatto della passione dominante della moglie; e tornava a vederla quale l'aveva amata nei primi giorni dopo le nozze. Intanto la funzione volgeva alla fine. Poi i chierici se ne andarono cantando, il prete fece il gesto della benedizione, e agli ultimi suoni dell'organo si mescolarono ad un tratto sotto le volte echeggianti il rumore delle seggiole smosse e lo scalpiccio dei fedeli che uscivano.

Ora avvenne che, avviatisi anch'essi verso l'uscita, presso la bussola un movimento della folla li separasse per un istante l'uno dall'altro. Parve ad Eustachio che la moglie l'avesse preceduto al di là del materasso che sbarrava la porta. Ma come fu fuori, con sua grandissima meraviglia, non la trovò più. Pensando che fosse ancora nella chiesa, incominciò ad aspettare. Uscirono tutti i fedeli, prima in gruppi, poi alla spicciolata; e la moglie non si vedeva. D'improvviso preoccupato, Eustachio rientrò nella chiesa, ma la trovò già completamente vuota, con gli scaccini che riordinavano le seggiole e spegnevano i lumi. La preoccupazione si fece ad un tratto ansietà; il povero marito incominciò a perlustrare una dopo l'altra le cappelle laterali, pur sempre tenendo d'occhio la navata di mezzo e la bussola dell'uscita. Ma Pia non si vedeva; in quella oscurità popolata di statue gesticolanti e di effigi annerite, il volto pallido di Pia, la persona composta di Pia non si lasciava in alcun modo scoprire. Due volte tornò Eustachio di fuori a vedere se per caso ella lo aspettasse sulla scalinata e due volte rientrò in chiesa ricominciando le sue trafelate e inutili esplorazioni. Infine un sagrestano senza dar retta alle sue domande, ripetendogli che nella chiesa non era restato proprio nessuno, lo spinse fuori definitivamente, piangente, spaventato, tremante.

A questo punto, per dovere di obiettività, debbo riferire due versioni del fatto doloroso e inspiegabile. La prima è quella di Umberto, la seconda di Eustachio. Umberto, uomo di buon senso e forse anche un pochino scettico, non ha dubbi di sorta sulla verità dell'accaduto. Secondo lui, Pia non era quell'angelo che sembrava, bensì una gattamorta, un'acqua cheta; e forse, ancor prima di sposarsi, doveva nascondere qualche segreta e inconfessabile tresca. Quell'ambizione, quella vanità che Eustachio credeva innocenti e inconsapevoli erano invece esperte e consapevolissime; e le avevano fatto cercare e trovare molto presto qualcuno più di Eustachio in grado di soddisfarle. Poi le fastidiose attenzioni del marito misantropo, la vita noiosa che egli le imponeva, le strettezze in cui la costringeva, avevano precipitato una decisione a lungo meditata. Nella confusione della folla che usciva dalla chiesa, Pia aveva piantato in asso il marito; si era dileguata per raggiungere l'amante in luogo convenuto; e con lui era andata a godersi chissà dove una vita ben diversa da quella sin allora menata insieme con Eustachio. Nulla di strano, insomma: una donna abbandonava il marito che non amava e che si era dimostrato incapace di procurarle quello di cui aveva bisogno.

Fin qui, Umberto; e sebbene tanta doppiezza sembri incredibile, tale interpretazione, in mancanza di altri elementi, appare come la più sensata. Ma le idee di Eustachio in proposito furono tutte diverse.

Dice che, dopo essere stato scacciato dalla chiesa si recò a casa sua, dalla suocera, e in quanti altri luoghi in cui Pia avrebbe potuto trovarsi, ma senza risultato.

Quindi, preso da una specie di panico, incominciò ad aggirarsi per le strade cercando la moglie, domandandone ai passanti stupefatti, chiamandola addirittura per nome, ai crocicchi affollati, con voce alta e piena di pianto. Una guardia, a cui si rivolse, gli prese il nome, paternità, maternità, indirizzo, facendogli perdere, in spasmodica impazienza, una decina di preziosissimi minuti. Finalmente, non sapendo che fare, a notte già inoltrata tornò a casa, e lì si buttò vestito sul letto, aspettando, l'orecchio teso, che il campanello della porta risuonasse. Vedeva Pia apparire sulla soglia, gettargli singhiozzando le braccia al collo, raccontargli con voce affannosa l'accaduto. Si rifiutava insomma di ammettere che vi fosse alcunché di reale in questa specie di ambiguo incubo che era costretto suo malgrado a sognare e preferiva vagheggiare un definitivo risveglio, il giorno dopo, al fianco della moglie. Ogni tanto accendeva il lume e guardava l'orologio, oppure fissava attonito, sul letto, al posto deserto di Pia, la camicia di velo celeste ornata di roselline, distesa, le braccia aperte, sulle coltri rivoltate. Due o tre volte uscì durante la notte e si recò ai commissariati più vicini chiedendo della moglie; ma nessuno ne sapeva nulla. Una volta una guardia lo riempì di gioia prematura assicurandogli che era stata fermata una donna in tutto rispondente alle sue descrizioni. Ma aperta la porta della camera di sicurezza gli si rivelò una disgraziata vestita di stracci pomposi, il volto male impiastricciato di osceno belletto; e la sua indignazione fu tale che rischiò di essere arrestato anche lui. Alla fine, verso l'alba, uscì un'ultima volta di casa e si diresse verso il luogo dove era avvenuta la scomparsa.

In quella luce fredda e severa del cielo antelucano, le strade apparvero infinite ai suoi occhi vacillanti e lagrimosi di vedovo; con i selciati bagnati di guazza notturna, ogni detrito e ogni torsolo ben visibili a perdita d'occhio, e tutte le botteghe serrate, e soltanto uno o due passanti sperduti nelle lontananze fosche che se ne andavano rasente i muri. Ogni tanto, in una piazza, lo scroscio d'acqua di una fontana. Ogni tanto tra le case, nei crocicchi remoti, quale un mostro antidiluviano tra i meandri di una foresta pietrificata, il rapido, barcollante transito di un autobus mattutino. Ma giunto davanti la chiesa e sedutosi sui gradini, pensando vagamente di attendervi l'ora della prima funzione, attrasse la sua attenzione un grande palazzo che sorgeva dirimpetto. Attraverso le alte finestre del secondo piano si scorgevano soffitti a cassettoni dipinti di enorme spessore dai quali pendevano, striduli nella luce dell'alba, grandi lampadari accesi. Doveva esserci una festa; ed Eustachio non poté fare a meno di paragonare mentalmente la propria desolata condizione a quella degli invisibili ospiti di quei vasti saloni. Poi il suo sguardo, scorrendo sulla fila delle finestre, si fermò all'ultima presso l'angolo del palazzo. Era aperta; e due persone affacciate sul davanzale parlavano con voci che risuonavano alte e limpide nel silenzio della strada deserta. L'uomo, di piccola statura, schiacciava il petto gualcito della camicia inamidata contro il marmo del davanzale; e dalla disuguaglianza delle spalle troppo larghe e dalla fatica che pareva durare a mantenersi affacciato, pareva un gobbo. Anche il viso confermava questa supposizione: rincalcagnato, gli occhi neri e brillanti tirati in su sotto la fronte sfuggente, il naso adunco, la bocca larga e ridente, il mento affondato nel petto, senza traccia di collo. Ma accanto a questa specie di nano, la donna non si chinava sul davanzale, bensì stava ritta contro lo stipite come respirando con delizia, dopo ore di frastuono e di fumo, l'aria pura e la quiete profonda dell'alba. Il suo vestito rosso fiammeggiava sull'annerita facciata del palazzo come il vessillo di una fortezza assediata; ma il volto e il petto erano bianchi e così le braccia nude. Poi dal cornicione si staccò qualcosa di nero, un pipistrello o una rondine, e in rapido volo quasi sfiorò la finestra dove quei due parlavano. La donna levò gli occhi verso l'alto, e in questo gesto Eustachio riconobbe la moglie. Certe parole che ella pronunziò subito dopo e che risuonarono con grande chiarezza lo confermarono nel riconoscimento.

Cade qui l'inizio di quella che Umberto chiama la pazzia di Eustachio; giacché se un'allucinazione in tali momenti è ancora ammissibile, da pazzi è crederci e costruirci sopra un castello di fantasia. Dice dunque il povero marito che alla vista della moglie egli cacciò un urlo: "Pia," che risuonò per la strada come un lamento. Ma senz'altro risultato che di far scomparire quei due dalla finestra. La donna fu la prima ad andarsene, senza fretta, con una specie di sdegnosa dignità. Quindi il gobbo chiuse la finestra e scomparve anch'esso.

A questa vista, il primo impulso di Eustachio, a quel che pare, fu di precipitarsi dentro il palazzo. E già era sotto il portone, quando una subita illuminazione, secondo le sue stesse parole, lo inchiodò come folgorato, il battente sospeso nella mano; e quindi lo fece ritirare. Egli non dubitava che la donna veduta alla finestra fosse la moglie; ma ben sapendo come ella avesse sempre custodito in fondo al cuore l'immagine di questo paradiso in terra che era per lei il mondo ricco e lussuoso, gli era ad un tratto balenato che, per intercessione pietosa di forze trascendenti, ella fosse stata di colpo esaudita. Ossia, in altre parole, Pia era stata assunta in cielo. Non nel cielo dei martiri e dei santi dove regna eterna la beatitudine della presenza divina, bensì nel cielo tutto materiale e terreno ma non per questo meno trascendente che era stato per tutta la vita la meta irraggiungibile delle sue più segrete aspirazioni. Allora, a questo pensiero, più che l'egoismo poté in Eustachio il grande amore che portava alla moglie. Improvvisamente, egli dice, si sentì pago di saperla contenta nei luoghi in cui aveva tanto sospirato di entrare; e non volle più irrompere nel palazzo e strapparla alla sua gioia. Anzi, gli parve di provare un'ineffabile seppure amarissima soddisfazione al pensiero che Pia, grazie al suo sacrificio, godesse per sempre dell'agognata beatitudine. Insomma Eustachio tra queste idee entrò nella chiesa, che frattanto si era riaperta e, dopo avere a lungo pregato e lagrimato sulla stessa seggiola su cui la sera avanti si era inginocchiata la moglie, ne uscì riconfortato e fermamente risoluto a non turbare con la sua presenza la nuova vita di Pia. Come si ritrovò nella strada, vide che le finestre del palazzo erano spente; ed ebbe il primo pensiero della sua nuova e rassegnata condizione: certo la moglie era stanca e, congedati gli ospiti, era andata a dormire.

Ma il più bello, concluse Umberto a questo punto, si è che questa strampalata immaginazione di Eustachio venne subito accettata e condivisa con fanatismo dalla vecchia serva Cesira. Costei, un po' per cieca fedeltà al padrone, un po' perché forse anch'essa alquanto dissestata nel cervello, non soltanto approvò le supposizioni di Eustachio ma le trovò ovvie addirittura. Suffragandone la normalità con certi ricordi del suo paese dove, a sentir lei, molti anni addietro era accaduto un fatto in tutto simile. Da allora Eustachio, abbandonato l'ufficio, vive chiuso nella sua tetra casa, solo con la sua follia e con la serva Cesira. A quel che pare non fanno che parlare di Pia. Ma non per lamentarne la sparizione, sibbene, come si fa talvolta per le anime dei defunti che si suppongono volate in Paradiso, per raccontarsi a vicenda le delizie di cui senza dubbio gode la scomparsa. Immaginano balli, banchetti, musiche, feste, ricevimenti, spettacoli, parate, a cui Pia partecipa. Si descrivono l'uno all'altro, minutamente, i particolari di quei luoghi fastosi in cui ella si aggira. Così tra queste fantasticherie trascorrono i due miti dementi le lunghe serate d'inverno.

VISIONE D'ORIENTE

La città non ci apparve che da ultimo, quando, dietro le dune ramose, si levarono ad un tratto le mura merlate, imponenti da lontano. Ma giunti che fummo sotto di esse vedemmo che erano di modesta altezza, costruite con una materia friabile che pareva star ritta per miracolo. Fango seccato pareva, di un giallo livido e faceva una superficie granulosa, con qua e là qualche pagliuzza o qualche ciuffo d'erba travolto nella pasta; certe crepe che correvano su questa superficie; nere e profonde, confermavano la prima impressione di scarsa solidità. Infatti, gran parte dei merli erano sfaldati e corrosi, oppure erano addirittura crollati in blocchi informi che ingombravano il suolo, ai piedi delle mura.

La porta non aveva battenti. Nella stanza della dogana era cascato un pezzo della volta; così che là dove un tempo si erano accumulate le merci preziose si alzava un mucchio di terriccio su cui nereggiavano escrementi cotti e induriti dall'afa.

Ma la città non era disabitata. Come entrammo, agli angoli delle vie e sulle soglie si fecero a spiarci uomini e donne stracciati e sudici come mendicanti. Mendicanti veri, poi, ancora più stracciati, se questo era possibile, presero a seguirci per le viuzze, implorando un'elemosina. I soliti mendicanti d'oriente, con moncherini, fasciature, stampelle, ulcere. Ma una donna con una mammella nuda e l'altra avvolta, invece della piaga d'obbligo, ci mostrò l'infante che allattava.

La città non era disabitata, ma le case mostravano per molti segni la decadenza di una miseria e di un abbrutimento remoti. Abolito, per mancanza di gelosie, il segreto degli harem, si potevano vedere attraverso le finestre le stanze annerite e nude come caverne, e, accosciate negli angoli, davanti a mastelli e a panieri, donne in pantaloni ma senza veli a cui avrebbe certamente giovato nascondersi, tanto erano brutte e cenciose. Sul suolo di tali mude, neppure le solite stuoie di corda. Ci affacciammo a più di un cortile ma invece dei celebrati giardini non vedemmo che spazi polverosi battuti dal sole.

Ma dopo il dedalo delle viuzze, la vista improvvisa dell'immensa piazza centrale ci strappò un grido di meraviglia. Tutti gli edifici, così noti nel mondo, apparivano ancora in piedi torno torno il vasto rettangolo erboso, con le loro cupole celèsti e le loro mura merlate e massicce. La biblioteca, le terme, il palazzo dell'emiro, il seminario, la moschea. E lì per lì, ci venne fatto di credere che l'antico fondatore della città vivesse ancora e si trovasse in uno di quei palazzi pronto a riceverci. Ma, poi girando intorno la piazza, edificio dopo edificio, constatammo dappertutto la medesima rovina. Nella biblioteca, attraverso le finestre squarciate, non si vedevano che stanze e stanze perfettamente vuote, e delle migliaia di volumi, per cui era un tempo famosa, nessunissima traccia. Cerchi antichi di bruciaticcio sul suolo della vasta aula del seminario testimoniavano lontani bivacchi di chissà quali barbare truppe. Quanto alle terme, restava in piedi la facciata; ma attraverso le feritoie a bifore non sale maiolicate bensì orti erbosi e pieni di sole. Abitato invece era il palazzo del principe. Come ci giungemmo, dal portale magnifico scaturì una banda di ragazzi che sparpagliati per la gran piazza presero a rimandarsi a calci un loro pallone. Forte echeggiavano i calci e il pallone saliva, tra le grida, più alto delle cupole turchine. Dall'architrave del portale penzolavano trecce di agli e di papriche.

Intanto notammo un fatto curioso. I ragazzi del pallone, gli abitanti intravisti nelle case, persino i mendicanti portavano appeso al collo, per un nastro, una specie di amuleto di metallo, rotondo, che brillava. Da uno dei ragazzi ci facemmo mostrare l'amuleto. Era un orologio, un grosso cipollone di metallo bianco, nichelio o acciaio. Ma leggero e come vuoto. Aperta la cassa constatammo infatti che non conteneva alcun meccanismo. L'orologio era falso e le lancette segnavano un'ora qualsiasi.

Ma giunti di fronte alla moschea ci sorpresero un ronzio, un battito, un ansito come di officina. Incuriositi penetrammo nell'edificio che era devastato come gli altri, con il soffitto

151

squarciato e un monte di macerie nel mezzo della sala; quindi seguendo quel romorio di macchina, per un passaggio, sbucammo nella corte interna.

Chi non conosce per fama o per averlo veduto in illustrazioni il celebre cortile della moschea di B.? Ora questo finissimo gioiello dell'arte turco-araba ci stava davanti agli occhi. Ma scoprimmo che il grande quadrilatero monastico e delizioso, caro alle meditazioni peripatetiche dei sapienti mullah, non conservava più che tre lati dell'elegantissimo porticato di colonne tortili. Il quarto non soltanto mancava, ma una specie di voragine si spalancava in suo luogo svelando tutta una parte della città e, più lontano, il deserto. La voragine, triangolare come una cava di pietra, aveva le ripe dolcemente digradanti verso il deserto, il punto più profondo essendo appunto sotto il cortile che ne era alquanto intaccato; e sulle ripe si vedevano case e case come sorprese da una frana, quali del tutto crollate fuorché per un rudere ritto, quali a metà con le camere spaccate e le finestre piene di cielo azzurro, quali miracolosamente integre, sospese sull'abisso. La voragine si era mangiato un intero quartiere e non sarebbe passato molto tempo che sarebbe giunta fino alla piazza. Notammo però che la punta della voragine tendeva verso il nord-ovest, formando un angolo acuto con il lato di fondo del cortile. Il colore di questa voragine era di un giallo leonino con lunghe e oblique striature di filoni luccicanti e vitrei come il quarzo. Le ripe, come ho detto, morivano nel deserto; il quale si stendeva a perdita d'occhio, pullulante di cespugli verdognoli, sotto il cielo infiammato.

Dimenticavo di dire che la macchina di cui avevamo udito il rumore occupava l'intera corte tra la voragine e i portici. Piuttosto che una sola macchina poteva dirsi una famiglia di macchine, allo stesso modo che si chiama una famiglia di coralli un banco di tali proliferazioni marine. Occupava tutto il cortile con una massa enorme ma organica di meccanismi neri e oliati, e si alzava più alta dei portici. Pareva un immenso scarabeo di ferro piombato morto tra i pallidi calcinacci e la polvere della città diroccata. Ma la macchina non era morta e con regolarità ogni tanto un braccio di stantuffo spuntava e scompariva, una leva scattava, cinghie scorrevano apparendo e inabissandosi tra ruote che giravano quali lente e quali più rapide, mentre pistoni si alzavano e si abbassavano e mille altre parti fremevano, ansimavano, si ripiegavano, ronzavano. La macchina non era morta, anzi pareva vibrare tutta quanta di intensa vitalità.

Vano oltre che difficile sarebbe descrivere nei particolari la macchina. Basti dire che mentre la parte posteriore, più semplice e tutta incrostata di terriccio, serviva secondo ogni evidenza a smistare e raffinare il materiale metallico senza posa rovesciato da una cremagliera di vagonetti che saliva e ridiscendeva nella voragine, quella anteriore molto più minuta, forbita e complicata doveva foggiare e rifinire l'oggetto per la cui fabbricazione la macchina era stata costruita. Ora, tale oggetto, girando intorno la macchina, scoprimmo non essere altro che quel falso orologio che avevamo già veduto appeso al collo degli indigeni. Da un'apertura lunga e sottile come una bocca, ogni poco, la macchina spingeva di fuori, come per scherno, una lingua di acciaio tinta di vermiglione sulla quale, allineati come focacce sulla pala di un forno, scintillavano gli strani orologi. La lingua si abbassava repentinamente rovesciando gli orologi in un cesto, quindi rientrava dentro la bocca.

Tutta la macchina, poi, era manovrata da un solo meccanico, chiuso in una cabina verniciata di verde scuro. La cabina, metallica, stava sospesa a mezz'aria, fissata ad un'antenna. Attraverso i vetri vedemmo la faccia olivastra, i neri occhi malevoli, le labbra violacee di un meticcio.

Poi la macchina fischiò con una sirena nasale e lamentosa destando gli echi infuocati del mezzodì, e lentamente, con un rumore felpato, sordo e afoso, tutto il motore arrestò i movimenti. Una leva che rimestava il magma in una vasca nella parte posteriore rimase ferma a mezz'aria, come un braccio piegato al gomito. Dallo sportello della cabina di comando, spalancato con un tonfo, il meticcio discese per una scaletta sulla macchina e di qui, saltando su certi pedali di ferro, in terra.

Era vestito di una tuta sudicia e non pareva affatto stanco. Si fermò ad accendere una sigaretta. Quindi guardò con serietà e quasi con vanità l'orologio che teneva al polso, affrettandosi verso l'uscita della moschea. Ora, quell'orologio era eguale agli altri penzolanti dal collo degli indigeni: falso, con un'ora qualsiasi.

Presi da curiosità ci avvicinammo alla macchina. Stava ferma e morta in tutti i suoi stantuffi. Ma come esaminavamo la bocca, parve ad un tratto che l'intero meccanismo avesse un rigurgito; l'interno si mosse sgranando una serie di fiacchi scatti; e sulla lingua, in un conato delle viscere di ferro, zampillarono fuori della bocca ritagli e rondelle informi, embrioni di orologi di cui l'arresto aveva interrotto la rifinitura. Caddero, questi residui, brillando sulla sabbia. La macchina ebbe ancora uno scatto e un tintinnio, quindi tacque definitivamente, la rossa lingua per metà di fuori, in una smorfia ultima.

In quello stesso momento, dall'alto di un superstite minareto venne lanciato un grido acuto verso il cielo ardente. Noi ci affrettammo verso l'uscita.

L'EPIDEMIA

Dicono le cronache che, verso quell'epoca, in quel paese, incominciò a diffondersi una singolare malattia o per lo meno affezione, perché da molti è tuttora negato che fosse una malattia vera e propria. Si trattava in breve di questo. Un bel mattino, al risveglio, una persona si accorgeva ad un tratto di puzzare. Ma non ai piedi o alle ascelle o in altro luogo dove ciò può avvenire facilmente, bensì in un punto abbastanza preciso tra la nuca e il cranio. Questo puzzo aveva anche un carattere assai distinto: era il puzzo della carne putrefatta o in procinto di putrefarsi. L'intensità di tale lezzo poteva variare da un leggero cattivo odore fino ad un tanfo insopportabile, ma non la qualità. Era sempre odore di carne andata a male, su questo non potevano esserci dubbi. Ma ancor più strano della malattia stessa, era il decorso di essa. Con tutto il suo puzzo, avvertibile talvolta anche a grande distanza, il malato, si scusi il bisticcio, non dava alcun segno di essere malato. Niente febbre, niente mal di capo, niente capogiri, nessun malessere insomma, nient'altro che puzzo. Soltanto, ed è qui che stava la maggiore singolarità della malattia, gradualmente, come per una lenta e insensibile perversione delle papille olfattive, il puzzo diventava per il malato sempre meno forte e fastidioso: e non soltanto il proprio bensì anche quello degli altri affetti dallo stesso morbo; finché poi non gli si cambiava addirittura in profumo. Le cronache e i documenti scientifici del tempo concordano tutti nel dire che l'odore iniziale era di carne guasta, ma sul profumo che in seguito i malati credevano di sentire, i pareri differiscono parecchio. Chi parla di violetta, chi di rosa, chi di arancio, chi di

155

bergamotto, chi di incenso. Comunque non c'è dubbio che fosse sempre profumo. Al contrario, per i sani, questa trasformazione del puzzo in profumo non avveniva; per loro il puzzo restava puzzo, senza più; dando luogo a contrasti e incidenti di cui parleremo in seguito. Dopo questa curiosa trasformazione dell'olfatto (o dell'odore, come si preferisce) non pare che accadesse più nulla di notabile. Il malato continuava a spandere il suo puzzo o profumo che fosse e a vivere come se nulla fosse stato; e quando moriva, moriva per tutt'altri motivi che la malattia sopradescritta. Come si vede gli effetti della malattia su chi ne fosse affetto erano modesti per non dir nulli. E questo spiega perché a molti, allora come adesso, malattia non sembrasse, bensì un'innocua quanto misteriosa alterazione.

Naturalmente le prime discordie e discussioni per quella faccenda del profumo, avanti ancora che tra i malati e i sani, la strana affezione le fece sorgere tra i medici. Noi sappiamo che in quell'epoca la scienza medica aveva raggiunto in quel paese uno straordinario rigoglio. I medici erano numerosi, agguerriti, bene attrezzati, universalmente stimati. Forse non veniva guarito in realtà un maggior numero di malattie che nel passato; ma in compenso c'erano molte più cure. Le cronache ci dicono che, sia a causa del singolare decorso sia per via dell'apparente innocuità, fin da principio i medici non si trovarono d'accordo sulla natura del morbo e sulle cure da consigliare. Allora i pareri erano così discordi e confusi da potersi dire giustamente: tante teste, tanti cervelli. Ma adesso in quella selva di opinioni contrastanti possiamo rintracciare con sicurezza almeno quattro partiti principali.

Il primo partito (il primo, s'intende, nell'ordine casuale del nostro discorso) sosteneva, a quanto sembra, che non si trattasse di malattia, bensì di un fatto naturale connesso con l'evoluzione della specie. Secondo costoro non c'era di che vergognarsi e tanto meno vantarsi. La cosa aveva la stessa importanza che se a tutti fosse ad un tratto spuntato, mettiamo, un terzo orecchio, essi dicevano. E, naturalmente, siccome non mancano mai precedenti, venivano fuori a dimostrare come il fenomeno non fosse neppur nuovo; come un'accresciuta odorosità degli uomini negli ultimi secoli avesse preparato e anticipato la presente condizione; come, infine, ci fosse stata nel passato più prossimo, gente che, appunto, si era

156

trovata un bel mattino a puzzare. Allora, questi isolati, o si erano suicidati dalla disperazione, oppure, giunti al secondo stadio della malattia, avendo proclamato con fierezza che il loro non era puzzo bensì profumo, erano stati presi e rinchiusi per la vita come pazzi. Oggi si vedeva invece che quei suicidi e quei supposti pazzi altro non erano stati che gli antesignani di una folla che si andava ingrossando ogni giorno di più. Questi medici prevedevano insomma che presto tutti gli uomini, senza distinzione, avrebbero puzzato e così, quello che adesso veniva considerato un'anormalità, poi sarebbe diventato la regola. Tanto più accettata e acclamata in quanto, facendosi generale quella strana illusione che puzzo non fosse bensì profumo, non ci sarebbe stato più nessuno a levare la voce discordante per rammentare che in realtà era puzzo e nient'altro che puzzo. Questi medici, occorre notarlo, erano tra coloro che non essendo stati malati, risentivano l'odore come puzzo; ma l'accettavano perché lo vedevano, per così dire, inquadrato nella storia della specie umana; a un dipresso come le zampe atrofizzate della balena lo sono in quella dei mammiferi. Essi erano, insomma, gli scienziati puri; lontani così dall'elogio come dal biasimo; e piuttosto che ai loro sensi rivoltati preferivano credere alla fredda ragione. In succinto il loro ragionamento filava a questo modo: il puzzo c'è, ergo era fatale che ci fosse; ma allora è ingiusto chiamarlo puzzo, nome che implica un giudizio; bisognava invece limitarsi ad accettare il fatto qual è, senza qualifiche; e tutt'al più ricercarne le cause e le origini. Questo partito della scienza pura, composto per la maggior parte di medici anziani e sperimentati, non era, a quanto sembra, né molto stimato né molto numeroso. Quella proprio che costituiva la sua qualità principale, l'obbiettività, gli veniva rimproverata come il maggior difetto. Sotto sotto, si imputava a questi medici di avere architettato una spiegazione evoluzionistica per tranquillizzare i loro clienti; e, in fin dei conti, arrotondare le cifre dei guadagni. Ancora, si accusava questo partito di passività, di inerzia, di pigrizia mentale. A questo modo, dicevano gli oppositori, si arriva a giustificare ogni cosa; crollano ogni idea e ogni ricerca del bene, svaniscono ogni libertà e ogni volontà, visto che una fatalità esterna e meccanica determina l'evoluzione della specie umana. Domani, nel caso che gli uomini si trasformassero pian piano in tanti calibani, questi medici troverebbero certamente che va bene, che non c'è nulla da fare, che, nell'evoluzione dell'uomo, Calibano vale Achille. Non è chi non veda, concludevano gli oppositori, a quali aberrazioni può portare questo modo di pensare. Tutto si livella, tutto si giustifica, tutto si annulla, tutto diventa, insomma, gratuito. L'uomo non conta più nulla di fronte alla propria evoluzione. E in questo fluire e trasformarsi continuo di forme, l'evoluzione stessa perde ogni ragione d'essere, sfumando nella nebbia delle astrazioni.

Il secondo partito era composto da quei medici che pur trovandosi nelle condizioni dei primi, cioè di non essere mai stati malati e di avvertire perciò il puzzo a qualunque stadio della malattia, tuttavia non se la sentivano di prenderla alla leggera. Per questi era malattia, della più bell'acqua; contagiosa, grave, tuttavia curabile. Ma la cura che essi proponevano non mancava di inconvenienti. Si trattava di una speciale operazione da loro espressamente inventata per l'occasione e battezzata con il nome grazioso di purga cerebrale. E consisteva, così come uno scherzo, nell'apertura della calotta cranica e nel lavaggio accurato con speciali liquidi battericidi della intera materia grigia, fin nelle sue più riposte circonvoluzioni. L'operazione, come si può facilmente immaginare, era dolorosissima, e, nel sessanta per cento dei casi, mortale. Oltre a ciò, molto spesso, sia che il lavaggio non fosse stato fatto a dovere, sia a causa della grandissima facilità di ricaduta della malattia, dopo un tempo variabile, quando proprio il malato credeva di essere guarito, ecco che ricominciava fieramente a puzzare. Ma peggio avveniva quando l'operazione riusciva. Si vede che insieme con i germi della malattia, i liquidi potenti del lavaggio distruggevano anche certe speciali facoltà del degente. Il quale, guarito sul serio, si ritrovava però del tutto sfornito di qualità pratiche. Donde disastri senza fine, padri che mandavano in malora il patrimonio familiare, commercianti che si trovavano in un batter d'occhio rovinati, uomini politici che si screditavano, scrittori che non sapevano più piacere al pubblico; e così via. Su questa stranissima conseguenza dell'operazione non esistevano dubbi e chi se la lasciava fare doveva rassegnarsi in anticipo all'idea della miseria, dello sconforto e del crollo. Naturalmente questa seconda categoria di medici era ancor meno numerosa e considerata della prima. Si obiettava che, in sostanza, per rimediare a un inconveniente, a ben guardare, non molto grave, questi medici, oltre ad infliggere dolori atrocissimi, rendevano poi un uomo del tutto inutile così a se stesso come agli altri, un vero paria della società. Bel vantaggio. I medici però si difendevano dicendo che, almeno, dopo l'operazione, i malati non puzzavano più.

Quanto al terzo partito, esso era il più numeroso e anche il più apprezzato; e ne facevano parte quei medici che avendo già avuto la malattia fino all'ultimo stadio, non sentivano più puzzo bensì profumo. Costoro differivano radicalmente così dal primo come dal secondo partito. Per loro non soltanto l'odore non veniva da malattia ma nepuure denotava un'evoluzione penosa ma inevitabile della specie umana; era al contrario un progresso, un accrescimento; grazie al quale, ben presto, l'umanità intera si sarebbe trovata a emanare un profumo celestiale. Nuovi tempi sorgono, essi asserivano, d'ora in poi ogni uomo avrà non soltanto occhi e capelli ma anche il suo particolare profumo. Naturalmente la prima obiezione che veniva mossa a costoro era che quell'olezzo da essi tanto vantato in realtà altro non era che abominevole puzzo; e sembrava olezzo soltanto a coloro che, come essi, erano passati per la malattia; mentre ai sani non ispirava che disgusto; e che, perciò questo loro famoso progresso e accrescimento era l'effetto di una profonda aberrazione del senso dell'olfatto. D'altronde non lo si sarebbe potuto considerare progresso in maniera assoluta se non quando tutta l'umanità senza una sola eccezione fosse passata per la malattia; e anche allora non era detto che la maggioranza o addirittura l'unanimità dei viventi non fosse per cadere in una funesta illusione, in un mostruoso e collettivo errore. Rispondevano i medici del terzo partito che per essi era vero quello che era creduto tale dalla maggioranza, a non parlare dell'umanità; e che, perciò, non soltanto essi non consigliavano affatto di curare la malattia, bensì pensavano che si dovesse diffonderla il più che fosse possibile, in modo da farle raggiungere al più presto quella universalità che essi ritenevano la maggior prova della sua qualità positiva e benefica. A quest'uopo questi medici avevano inventato una serie di iniezioni di un loro siero in virtù del quale si poteva inoculare la malattia e far passare il paziente con rapidità attraverso tutti gli stadi fino a quello conclusivo del profumo. Come è stato già detto questo terzo partito era il più numeroso e il più seguito. Cionondimeno non c'era un solo malato che non accettasse a malincuore le loro affermazioni. "E se non fosse vero?" questa domanda restava in fondo all'anima anche del più convinto dei pazienti. Insomma questo terzo partito lusingava più che non persuadesse; e la lusinga non andava esente da una insopprimibile amarezza. Si riconosceva generalmente che, perso per perso, tanto valeva vantarsi addirittura della strana affezione; ma che, d'altro canto, a meno di dimostrare una straordinaria malafede, non si poteva negare che lo stato di normale sanità fosse di gran lunga preferibile a questo progresso. Quanto alle iniezioni escogitate da quei medici, strano a dirsi, esse incontravano soprattutto il favore di coloro che più temevano di prendersi la malattia. Pareva a questi ultimi di salvare un po' della loro libertà accettando volontariamente una sorte a cui presto o tardi prevedevano di dover per forza soggiacere. Inutile dire che la cura era costosissima e che non potevano permettersela che i ricchi.

Finalmente il quarto partito veniva chiamato quello dei cinici. Questi non si impicciavano a discutere se fosse malattia o no, se fosse puzzo oppure profumo; essi dicevano che era tutta un'illusione dei sensi e che la sola cura possibile era l'asportazione totale delle papille olfattive. Così, dopo, il malato non avrebbe sentito più nulla, né il proprio né l'altrui odore, e il problema era di colpo risolto. La risoluzione però era grossolana e imperfetta, perché presupponeva l'asportazione delle papille olfattive dell'intera nazione, o meglio dell'intera umanità, altrimenti l'individuo senza papille si esponeva con il suo odore all'inalterato disgusto di coloro che ancora le possedevano; pur essendo lui del tutto impossibilitato a distinguere coloro che puzzavano dagli altri che non puzzavano affatto. In certo senso, basandosi come facevano sopra una condizione universale, questi medici non differivano gran che dai precedenti. Ma il fondo del loro pensiero era diverso, per non dire opposto. I primi, ottimisti, parlavano di progresso e di acquisto; questi, sconsolati, sostenevano che era tutta un'illusione e predicavano l'insensibilità completa. Ragionando in questo modo, chi, per esempio, non voglia più sopportare la vista di una brutta costruzione che sorga davanti a casa sua, dovrebbe, invece di cambiar casa, strapparsi gli occhi. Questa cura, insomma, preferiva danneggiare irreparabilmente l'uomo privandolo di un senso così importante come l'olfatto, piuttosto che curarlo davvero, rimuovendo le cause del male. Questa categoria di medici non era molto seguita, almeno in apparenza, soprattutto perché era generalmente annessa una curiosa idea di disonore e di vergogna a quella della perdita delle papille nasali. Quasi che tale perdita diminuisse la dignità della persona. Ma si diceva che molti in segreto si facessero fare l'operazione per non soffrire più del proprio e dell'altrui odore; per non impacciarsi più in dubbi e in discussioni. Comunque questi medici erano poco numerosi; e, tra tutti, i meno considerati.

Si vorrà forse sapere adesso come si comportasse il malato tra tante cure contraddittorie, tra tanti pareri diversi. Su questo punto le cronache e i documenti sono molto meno diffusi, come è giusto, che sul capitolo dei medici e delle cure. Anzi, non saremmo in grado di parlarne se, in fondo ad una biblioteca di provincia, non avessimo per caso scoperto un documento più unico che raro: la descrizione completa e particolareggiata della condotta tenuta da un malato dall'inizio della strana affezione fino alla sua conclusione. L'autore di tale documento è ignoto; ma, dal suo modo di discorrere della malattia, si può facilmente dedurre che era un medico del secondo partito; di quelli, cioè, che consideravano l'affezione una malattia e consigliavano, per curarla, quel tale lavaggio cerebrale. È un peccato che anche altri medici degli altri tre partiti non abbiano lasciato documenti simili. Perché certamente anche su questo argomento i pareri dovevano differire non meno che sulle cure; e confrontandoli avremmo potuto farci un'idea meno parziale di questo importante aspetto della malattia. Ma, al punto a cui sono giunte le ricerche, non abbiamo purtroppo che questa sola testimonianza. Perciò, pur trascrivendola quasi per intero (omettiamo soltanto certe sparate polemiche che a tanta distanza di tempo non possono più interessare nessuno), consigliamo di leggerla con le debite precauzioni; avvertendo che, nonostante lo stile scientifico, si tratta pur sempre di una visione personale e oltremodo tendenziosa del dibattuto fenomeno.

L'autore, in un preambolo, avverte che egli ha voluto redigere questo documento perché sa che nei secoli a venire non saranno certo le idee del suo partito che prevarranno. Quindi, dopo aver spiegato che per lui la stessa condotta del malato durante la malattia, condotta apparentemente razionale e sana, deve invece considerarsi come una delle tante manifestazioni della malattia stessa, così prosegue: "Il primo sentimento del malato appena scopre di esser tale è, come tutti sanno di cocente umiliazione e di intollerabile vergogna. Perciò chiamo questa prima fase, la fase vergognosa. I motivi poi di questa vergogna sono molti e non tutti chiari. Ma il principale è questo. Mentre era ancora sano, l'individuo di cui parliamo venne spesso in contatto con persone malate e allora non soltanto inorridì del puzzo che le circondava, ma anche, questo è un tratto che non manca mai, giurò a se stesso e a quanti vollero saperlo, che lui mai e poi mai avrebbe soggiaciuto a tanta ignominia; perché lui, la ragione è speciosa ma comune a tutti i malati senza eccezione, non era fatto come gli altri. C'è dunque nella mente del malato, ancor prima di ammalarsi, un giudizio morale sfavorevole e severo sul morbo e per riflesso sugli ammorbati. Perciò, alla prima sorpresa, si mescola immediatamente il senso scottante e vergognoso di non aver saputo sottrarsi ad una sorte già tanto disprezzata e odiata. Per fare un paragone, è come se un marito scopra che la propria moglie è adultera dopo aver passato la vita a vantarne la fedeltà e a prendersi giuoco degli altri che sono traditi. Ma un senso di umiliazine per avventura ancora più forte ispira al malato l'odore di carne guasta che ad un tratto si scopre addosso. Probabilmente, all'idea del puzzo, già di per se stessa sgradevole e connessa con quelle della sporcizia e della decomposizione, si mescola l'altra idea non meno spiacevole di puzzare proprio là dove si concentra l'orgoglio di ogni uomo: nel capo. Non in una parte qualsiasi del corpo ma proprio là dove si raccolgono i nobili organi del pensiero, dove, misteriosamente, stanno le ragioni della differenza e della superiorità dell'uomo sugli altri animali. Avviene insomma lo stesso a un dipresso che per le malattie veneree: la parte del corpo attaccata dalla malattia determina la specie del sentimento del malato nei riguardi della malattia stessa.

"Di solito, oppresso da questa insopportabile vergogna, il malato pensa addirittura di uccidersi; e non pochi sono coloro che effettivamente si danno la morte. Ma più sovente egli supera questa prima crisi e, vinta la ritrosia, va a confidarsi ai più intimi tra i suoi familiari, alla moglie, o alla madre, o al fratello, o alla sorella, o al migliore amico. Il motivo di questa confidenza è sempre lo stesso: il malato spera di sentirsi dire che non è nulla, che in fondo puzza pochissimo, che non deve preoccuparsi, eccetera. Grande perciò è il suo disappunto quando si accorge che l'intimo a cui si è rivolto, nel caso non sia stato lui stesso malato e non risenta il puzzo come profumo (osserviamo il passaggio che il malato novizio non si rivolge *mai* per consigli e per consolazioni ad altri malati, anzi ne diffida. Del resto come potrebbe? Egli continua in cuor suo a ritenersi sano o per lo meno lo spera), non soltanto non può consolarlo ma neppure è in grado di nascondere il proprio disgusto per l'odore che diffonde. Egli scopre con amarezza che madre, moglie, amici, fratelli, sorelle, tutti coloro sui quali, insomma, contava per dissipare la propria angoscia, non possono invece che riconfermarlo nelle peggiori apprensioni. Ad un tratto egli non vede intorno a sé che facce disgustate, boccette di sali, pallori, nasi storti, fazzoletti portati alle narici. E comprende che non c'è rimedio, è realmente malato. Questo, a detta di tutti, è uno dei peggiori momenti della malattia.

"Abbandonato da tutti, soffrendo egli stesso terribilmente per il fetore che sente di diffondere intorno a sé, il malato si isola, passa, chiuso nella propria stanza, qualche giorno, una, due settimane a rodersi e a divorare la propria vergogna. Intanto, i familiari mandano a chiamare i vari medici in cui hanno fiducia. Ma a noi, per illustrare appieno la malattia, conviene supporre che il malato diffidi delle cure in voga; e preferisca non ricorrere ad alcun sanitario.

"Di solito l'isolamento dura poco. Superata la tentazione del suicidio e quella, anche molto comune, di ritirarsi per tutta la vita in un eremo, il malato comprende finalmente che non può lasciarsi andare a quel modo e si decide a tornare alle sue normali occupazioni. Supponiamolo dirigente di un'azienda o capo di un ufficio; queste mansioni ci permetteranno di descrivere meglio le susseguenti fasi della malattia. Si reca dunque il malato alla solita ora al suo ufficio e, senza lasciarsi vedere, sgattaiola fin nella propria stanza. Qui ha inizio la seconda fase della malattia, quella in cui la vergogna è ancora forte ma non tale da impedire al malato il lavoro e i rapporti sociali, fase che, per comodità, chiamiamo della peccaccia. La massima preoccupazione del malato tornando al lavoro è di dissimulare la propria disgrazia ai subalterni. Egli sa che all'ufficio non ci sono mogli o madri o fratelli pieni di affetto e di compassione, capaci se non di nascondere il proprio disgusto per lo meno di sopportarlo, sa che è in giuoco la propria autorità; e già gli pare di udire i commenti ironici, di vedere le facce beffarde dei suoi impiegati. Ma, ancor più che l'ironia di questi ultimi, egli teme la solidarietà di quelli tra i suoi sottoposti che sono già passati per la malattia; ancor più che il disgusto di coloro che il suo puzzo ammorba, lo umilia la delizia di quelli che un tale puzzo risentono come profumo. Perciò, le sue cure principali, come è stato già detto, sono rivolte a dissimulare l'odore. I modi di questa dissimulazione sono sempre gli stessi. O il malato fa mettere, specie se siamo d'estate, un ventilatore sul proprio tavolo, in modo che il giro veloce dell'elica dissipi il puzzo sospingendolo verso una finestra aperta; o vi colloca un enorme vaso pieno di rose che soverchino con il loro acuto profumo ogni altro sentore buono o cattivo; o finge di aver rotto una bottiglia di una qualsiasi essenza spargendone il liquido in terra; o, più spesso, compera al mercato qualche capo di cacciagione giunto ad un grado avanzato di infrollimento, un paio di beccacce appunto, e le posa bene in vista, involtate nella loro gialla e sanguinosa carta, tra i libri e i fogli della scrivania. Queste e altre simili trovate che il malato crede di essere il primo a scoprire e sono invece retaggio di tutti, servono a far passare alla meno peggio i primi giorni della malattia. Ma poi fiori, profumi rovesciati, ventilatori, beccacce, trucchi notissimi e già troppo sperimentati, non valgono più. Il malato si accorge per molti segni che nessuno più ignora la sua disgrazia. A questo punto però sopravviene di solito la terza fase della malattia, quella del compiacimento.

"Ad un tratto si accorge il malato che il puzzo, già così sgradito e ripugnante nei primi giorni, ora, gradualmente, comincia a dargli meno fastidio. È da notare, d'altra parte, che il malato, fin da principio, seppe che col tempo quello che egli considerava puzzo avrebbe finito per sembrargli profumo; e che questo pensiero gli ispirò un orrore anche maggiore del puzzo stesso. La ripugnanza a soggiacere da un'illusione così diffusa e umiliante gli suggerì anzi di premunirsi contro ogni propria possibile debolezza, e così raccomandò alla moglie e ai propri intimi di ricordargli continuamente che egli puzzava; e, nel caso che anche lui come gli altri avesse cominciato a farsi delle illusioni, a smentirlo con violenza e svergognarlo con crudeltà. Insomma, il malato come già a suo tempo pretese di essere refrattario alla malattia, così, poi, si aggrappò con le unghie e coi denti ad una nuova e non meno orgogliosa pretesa: quella di fermarsi alla prima fase. Sì, egli puzzava, fu pressappoco il suo pensiero, sapeva di puzzare, ma mai e poi mai si sarebbe lasciato andare a scambiare, come tanti facevano, questo puzzo per profumo. Egli avrebbe rifiutato con ostinazione eroica questa odiosa consolazione della natura. Finché avesse avuto fiato in corpo, avrebbe affermato che era puzzo e non profumo. Questa volontà di arrestarsi sull'orlo dell'abisso, di fare eccezione, di puntare i piedi, di non lasciarsi travolgere dalla sorte universale, è ancora uno di quei tratti crudeli della malattia, comune a tutti i malati senza eccezione. Ma non si è verificato un solo caso nel quale tali strenui propositi siano stati mandati realmente ad effetto.

"Infatti, nonostante le interne decisioni e le raccomandazioni già fatte ai familiari, il malato in questa terza fase, come è stato già detto, sente che il puzzo gli dà sempre meno fastidio. E allora comincia a domandarsi se per avventura non abbiano ragione coloro che l'avvertono come profumo. Lui, a dire il vero, non se la sente di giungere a tanto. Pensa invece che è puzzo, ma un certo puzzo speciale che, insomma, non dispiace di annusare, un puzzo che non dà noia, un puzzo, a ben guardare, personale e di compagnia. Puzzo sì, pensa il malato, ma non allo stesso modo degli altri; non di carne guasta, non di pesce marcio, ma di qualche materia insolita. E qui gioverà notare come, in mancanza d'altro, il malato cerchi persino di consolarsi pensando di avere un puzzo tutto suo, unico al mondo. Un po' più e gli pare che si affezionerà a questo suo puzzo; e che, se un bel mattino si svegliasse senza la solita fetida nuvoletta intorno il capo, quasi quasi sentirebbe un vuoto, una mancanza. E già comincia a questo punto l'idea di puzzo a modificarsi, a mitigarsi. Il malato decide che un puzzo cosiffatto è più giusto chiamarlo odore; cattivo odore, s'intende, ma tuttavia odore. In tal modo attraverso questi baratti di parole, queste transazioni di sentimenti, il malato si avvicina insensibilmente alla già tanto temuta fase finale: quella in cui il puzzo non gli sembrerà più un puzzo tollerabile, e neppure un cattivo odore, e nemmeno un odore senza più, bensì un odore buono, anzi addirittura un profumo; un profumo delizioso, ineffabile, da vantarsene e da portare, per così dire, in palma di mano.

"La fase compiaciuta è di durata variabile. Talvolta il malato custodisce questo compiacimento nel segreto del suo animo fino al giorno in cui, come per un'illuminazione subitanea, scoprirà di emanare olezzo. Ma, più spesso, invece di una tale risoluzione interna e, per così dire, spirituale, intervengono fattori esterni a dare il tracollo alla bilancia già squilibrata. Per esempio, una certa signora dal malato già ammirata e invano corteggiata, viene un bel giorno a visitarlo nel suo ufficio. Supponiamo un momento che questa donna sia una di quelle creature raffinate, diafane, eteree, addirittura esangui a forza di squisitezza, estenuate dalla loro bellezza come da un veleno. E supponiamo pure che ella si trovi nell'ultima e definitiva fase della malattia, quella in cui ogni lezzo di carogna sembra un soave sentore. Ella entra nello studio, e il malato trema perché ignora che ella è stata già malata, e prevede con terrore il momento in cui la delicata creatura sverrà semplicemente appena i primi effluvi di carne guasta le sfioreranno le narici. Ora, quale non è la sua meraviglia quando l'aristocratica ed esigente bellezza, con la voce rauca e l'accento snobistico e difettoso che le sono propri, gli dichiara che il suo studio odora meglio di una serra; che lei non ha mai sentito olezzo più fragrante e soave di quello che egli spande intorno a sé; che, fra tutti i profumi che le accade di avvertire in quei giorni, il suo certo è il più delizioso. Il malato che è ancora in grado di rendersi conto che la propria stanza non è più odorosa della tana di una iena, capisce ad un tratto che la visitatrice è malata anch'essa; tuttavia gli riesce difficile sottrarsi al dubbio che una persona così squisita possa davvero soggiacere ad un abbaglio tanto grossolano; che ella, insomma, non dica la verità e l'illuso non sia lui invece. Mentre la donna, riversa in una poltrona, cinguetta come un uccello, il malato non può fare a meno di guardare a quel perfetto e bianco nasino, a quelle diafane, trasparenti narici; e si domanda: possibile che ella si sbagli? La visita si prolunga, ringalluzzito il malato dimentica di puzzare e, levatosi, va a sedersi sul bracciuolo della poltrona in cui sta adagiata la visitatrice. Ma ecco, mentre si china a mormorarle galanti parole, colpisce le sue narici un odore... un odore che non sa definire. È puzzo certo, ma un puzzo che gli piace, un puzzo che respira con voluttà, un puzzo, insomma, come il suo, gustoso e acremente inebriante. E allora avviene uno strano fatto, di cui il malato stesso stupisce. La squisita creatura puzza, su questo non possono esservi dubbi; eppure egli avvicina le labbra alla rosea conchiglia di quel piccolo orecchio e sussurra: 'Che delizioso, che divino profumo avete addosso.' 'Non è vero?' ella risponde in fretta, 'tutti me lo dicono...' E nello stesso momento, come gira il capo per sorridergli, le sue rosse pesanti labbra incontrano quelle del malato. Un lungo bacio. Come si separano senza fiato, il pallore di perla della donna pare più profondo, le sue palpebre violette si abbassano stanche e gravi sui grandi occhi liquidi. 'Anche voi,' ella mormora, 'avete un profumo che stordisce... stordisce... ah permettete che io baci il luogo del vostro caro profumo.' Ella prende delicatamente il capo al malato, lo stringe come un vaso fragile e prezioso tra le magre, bianche, lunghe mani dalle unghie sanguigne, l'abbassa all'altezza della bocca e imprime la ventosa delle labbra sulla nuca di lui. I grossi braccialetti d'oro e di diamanti che le ornano i polsi tintinnano debolmente, ella sospira. 'Di viole... sì, di viole annegate e macerate nell'etere... ecco,' ella mormora, 'ecco di che cosa odorate...' Ma è tardi, la visita purtroppo è finita, ella si leva affranta, esausta e si congeda, non senza lasciarsi strappare, presso la porta, un ultimo bacio e un appuntamento per l'indomani. Il malato torna alla scrivania, stordito, felice; come si siede gli occhi gli cadono sul cartoccio giallo e sporco di sangue da cui penzolano le testoline mosce e sfrante delle due beccacce. Allora, obbedendo ad un impulso improvviso, afferra l'involto, apre la finestra e lo fa volare nella strada.

"Di solito, dopo una tale visita, il malato resta silenzioso per qualche giorno, a casa come all'ufficio. C'è per lui qualche cosa di incomprensibile e al tempo stesso di seducente, nell'abbaglio della bella donna. Egli sa che non può non essere la solita illusione prodotta dalla malattia; ma spera in realtà che così non sia; che lui, per un favore straordinario della sorte, faccia eccezione alla regola comune. Intanto, però non soltanto la ripugnanza verso il proprio odore svanisce del tutto, ma anche gli pare che quest'odore, come un'alba che si va colorando della luce dell'aurora, si cangi pian piano in buon odore, o per lo meno in un odore incerto che a nessun patto si può chiamare cattivo. Crescono per converso, nello stesso tempo, la sua antipatia e la sua irritazione verso tutti coloro ai quali basta la sua sola apparizione per fargli portare il fazzoletto al naso. Egli comincia a dirsi che, dopo tutto, i pareri si valgono, che il giudizio della bella donna non è meno convincente di quello, per esempio, di sua moglie la quale non può parlargli, lei, senza tenere una boccetta di sali sotto le narici; che, insomma, c'è forse molto di vero nella teoria da lui un tempo violentemente combattuta, secondo la quale non di malattia si tratta, bensì di acquisto e di progresso. Incominciano, tra lui e quelli dei suoi intimi che non sono mai stati malati, degli agri battibecchi. Loro gli ricordano come all'inizio della malattia egli abbia raccomandato di non nascondergli la verità e di fermarlo a tempo sulla china pericolosa dell'illusione; e lui ribatte che allora non sapeva, e del resto vadano pure al diavolo loro e la loro verità. Ma gli resta sempre l'ingenua speranza di convincerli; e un bel giorno, presa a parte la moglie, le chiede se non noti un miglioramento, una diminuzione di virulenza, una trasformazione, insomma, de solito lezzo; scongiurandola al tempo stesso di dirgli esattamente quello che sente. La poveretta non sa che cosa rispondere, ma, pressata dal marito, si risolve finalmente a dichiarare che non le pare che ci sia miglioramento di sorta, almeno a suo parere; egli puzza, ella soggiunge, puzza senza rimedio, i puzzo non è affatto diminuito, purtroppo, semmai aumentato Il malato a queste parole entra in un'ira terribile e lascia andare un paio di ceffoni alla moglie. Urla, pianti, come un pazzo il malato insegue per le stanze la moglie, gridando che la vuole ammazzare, che è tutta colpa sua, di quel suo maledetto naso sempre arricciato, di quel suo triste viso sempre disgustato. La insegue in una scena di terrore, di porte sbattute e di seggiole rovesciate, la raggiunge finalmente in una stanza di servizio tra le cameriere atterrite, le salta adosso, la prende per il collo, la stringe, vorrebbe cavarle gli occhi, strappargle le orecchie a morsi, straziarla, sbranarla. A mala pena riescono a levargliela dalle mani. Singhiozzando ella fugge di casa, torna da suo padre. Ma, calmato il furore, il malato si veste, si liscia e va a trovare la bella creatura delle violette.

"La medesima irritazione e antipatia il malato la prova fuori di casa contro tutti coloro, subalterni, amici, colleghi, conoscenti che mostrano chiaramente di non avvertire alcun cambiamento nell'antico puzzo. Sola differenza, che non può pi chiarli come la moglie e gli tocca inghiottire la rabbia. Nello stesso tempo nasce in lui una simpatia irresistibile per tutti coloro, non meno numerosi, che lo complimentano per l'ottimo profumo che egli spande intorno a sé. Va a finire che, un bel mattino, il malato al suo risveglio trova tutta la sua stanza olezzante davvero di un delizioso sentore di violette di Parma. Gli viene un'ultima speranza, corre dal suocero, chiede di vedere la moglie, e, tutto fremente, le domanda quel che senta, se puzzo o profumo. La donna, questa volta, fortemente irritata contro lui per la sua passata brutalità, gli risponde subito con crudeltà che puzza, che non ha mai puzzato tanto, che puzza dieci volte più che al principio. 'Non è vero,' urla il malato come un ossesso, la schiuma alla bocca, '... menti, maledetta bugiarda...' E se non intervenisse a tempo il suocero e gli altri della famiglia, questa volta, tanto è il suo furore, l'ammazzerebbe addirittura. Quel giorno stesso, di comune accordo, decidono di divorziare. Tali divorzi, come è risaputo, sono frequentissimi, e si chiamano, appunto, divorzi per incompatibilità di odori.

"Da questo momento comincia per il malato l'ultima fase, la cosiddetta fase intollerante o sistematica. Il puzzo, dopo essere stato per lui motivo di tanta infelicità, diventa ora la pietra di paragone su cui saggiare ogni cosa della sua vita. Il malato non tollera più intorno a sé visi sofferenti, pallori, fazzoletti, boccette di sali. Egli divide l'umanità intera in due grandi categorie: coloro per i quali egli puzza e gli altri. Licenzia tutti gli impiegati e i servitori che non mostrano di gradire il suo profumo di violetta, rompe con gli amici che in sua presenza torcono il naso, non accetta neppur più di trattar affari con chi, invece di annusare a piene narici l'olezzo che egli pretende di spandere intorno a sé, si tiene schifiltosamente a qualche distanza da lui. Nello stesso tempo si circonda di gente della sua stessa specie, malati cioè, come lui; e comincia anche lui a parlare, come tanti altri, di progresso, di acquisto, di rinnovamento. Egli dice che con questa che molti chiamano malattia, comincia in realtà una nuova era nel mondo. La serenità, la fiducia e la forza sono tornate nella sua vita. E la bella donna che per prima, come egli facetamente dice, gli ha aperto le narici, soppianta l'antica moglie arcigna e diffamatrice. Lei e il malato confondono ormai, nei loro amplessi, quelli che essi credono essere profumi; e che, in realtà, nient'altro sono che i lezzi detestabili di due carogne gemelle..."

Fin qui il documento, come si vede, tendenziosissimo epperò da accettarsi soltanto nei particolari più propriamente scientifici. Quel che poi succede in quella nazione così divisa tra malati e sani, come andasse a finire la controversia, non possiamo in alcun modo saperlo. In tutti i documenti e le cronache dell'epoca, a questo punto, c'è una gran lacuna di più di un secolo. Quasi che storici e annalisti si fossero messi tutti d'accordo per tacere i fatti di quel periodo. Poi, nei tempi susseguenti, non si discorse più affatto della malattia, la quale, a quanto pare, scomparve misteriosamente come era venuta. Le ipotesi che si possono fare su questa lacuna e sulla scomparsa della malattia sono parecchie ma non essendo che ipotesi, cioè in sostanza fantasie, non ci sembra che valga la pena di parlarne. Piuttosto, possiamo additare una particolarità di quella nazione come un effetto indubbio della pandemia: *gli individui di quella nazione, tutti senza distinzione, mancano di olfatto*. Completamente insensibili agli odori, non per questo sembrano vivere peggio in alcun senso o esser di civiltà inferiore a quella delle altre nazioni che sono tuttora provviste di papille olfattive. Questo fatto, del resto, è noto, e chiunque se ne può assicurare recandosi sul luogo e sottoponendo al naso del primo abitante che gli venga fatto di incontrare, un mazzo di violette in una mano e un brandello di carne guasta nell'altra. Vedrà allora che neppure il più piccolo fremito delle narici denota che l'abitante senta alcunché di simile al lezzo orrendo della carne putrefatta o al fresco e delicato profumo delle violette. E visitando il paese, noterà ancora come gli abitanti non facciano alcuna differenza tra le immondizie e il resto. Il che, dopo tutto, a ben pensarci, non è davvero un piccolo vantaggio.

I DUE TESORI

Vittorino, vecchio ricchissimo quanto avaro, si sentiva continuamente ricordare dalla giovane moglie Fotide che non doveva tenere in casa la sua ricchezza composta da un gran numero di titoli industriali, di biglietti di banca e di preziosi di ogni genere, se non voleva una volta rimanere vittima di qualche furto da parte dei servitori; senza contare gli incendi e le altre sciagure che potevano capitare. Fotide, bella e procace oltre che giovane, era stata fino al giorno prima la serva di Vittorino; fu questo fatto a convincere finalmente il vecchio a trasportare in banca il suo patrimonio. Egli non si faceva illusioni sull'amore di Fotide, che sapeva venale e insaziabilmente avida di denaro; quell'allusione al servitore che poteva derubarlo, gli pareva quasi una minaccia. Con tutto che fosse moglie, Fotide era pur sempre rimasta serva; ella sapeva dove egli nascondesse le sue ricchezze; Vittorino nei sogni della sua avarizia spesso vedeva i suoi ripostigli violati e vuoti e il letto della moglie deserto. O anche, se stesso ucciso, in un lago di sangue, accanto ai sacri cassetti invano difesi contro la furia di Fotide e di qualche suo complice. Tale era l'amore di Vittorino, senza illusioni, pauroso e sospettoso. Del resto Fotide faceva di tutto per giustificare questi sospetti. "Scusami sai, Vittorino," gli diceva talvolta facendosi tutta umile e insinuante, "ma tu sei vecchio... io ti auguro certamente di campare ancora cent'anni... ma una disgrazia potrebbe sempre accadere... hai mai pensato a far testamento?" Vittorino, pieno di malumore, le rispondeva che non erano affari che la riguardassero: non dubitasse, però, non l'avrebbe lasciata sul lastrico. Oppure Fotide si presentava al mattino nella came-

171

ra di Vittorino, sedeva sul letto in una vestaglia che scopriva più che non velasse la baldanza del corpo formoso, e gli prodigava, seria e coscienziosa, una tempesta di baci, di morsi e di carezze. Ma sul più bello Vittorino la sentiva mormorare: "Quel denaro... non sarebbe meglio che tu mi facessi sapere a quanto ammonta quel denaro... dopotutto sono tua moglie..." Un giorno egli balzò dal letto con rabbia. "Quel denaro lo porterò oggi stesso alla banca," disse correndo a piedi nudi per la stanza, "ma sappi che ho già fatto testamento... se muoio all'improvviso andrà a mio nipote." " Che m'importa" disse Fotide levandosi e camminando verso la porta con la maestà che le era propria, la vestaglia mezzo cadente sul corpo nudo, "tientelo il tuo denaro... lo faccio per te... perché tu non abbia a rimanere derubato... vecchio avaro..." Vittorino neppure le rispose. Ansimante, in preda ad un suo rabbioso affanno, egli tirava a due mani l'antico pesantissimo forziere di ferro che teneva tutto il letto. Trattolo alla luce, l'aprì e per un momento rimase a guardare, chino: mescolati e confusi in un disordine attraente, si vedevano là dentro pacchi di titoli, piegati o ravvolti, legati da nastrini dai colori teneri, sacchetti gonfi di monete, fasci sparpagliati di biglietti di banca di grosso taglio dai sensuali e colorati arabeschi e persino, involtolate in una vecchia flanella verde, un certo numero di verghe d'oro. Su tutto una pioggia di monete d'oro e d'argento, di conii svariati, che, ove ce ne fosse stato bisogno, avrebbero confermato il carattere prezioso di quelle carte istoriate. Non da sotto il letto pareva tratto il forziere, ma da qualche fossa profonda in cui l'avesse seppellito un timore criminale; e quel disordine non faceva pensare ad un risparmio avvenuto bensì al variopinto bottino di una intera vita di pirata.

Vittorino prese due valigie, le aprì sul pavimento e vi depose uno dopo l'altro pacchi, sacchi, fasci di carte, verghe e monete. Erano due valigie di media grandezza, ma alla fine erano piene, traboccanti. Vittorino ne chiuse a fatica una, sedendocisi sopra e premendo con tutta la forza del magro corpo ossuto; ma per l'altro dovette ricorrere alla moglie. Ella tuttavia volle prima vederne il contenuto e rimase abbagliata dal fulgore delle verghe d'oro che spuntavano fuori dalla flanella verde. Quindi sedette con il bel corpo pasciuto sulla valigia che agevolmente si chiuse.

Serrate le valigie, Vittorino trasse dall'armadio puzzolente di naftalina un vecchio vestito nero dai risvolti di seta, l'abito con il quale si era sposato. Gli sembrava che per una cerimonia in certo senso tanto importante e solenne come il trasloco alla banca del suo patrimonio, quel vestito ci volesse. Egli chiuse il magro collo grinzoso in un alto colletto inamidato, si legò sul petto una pettina bianca che doveva simulare la presenza di uno sparato, ci spiegò sopra una cravatta nera dal nodo bell'e fatto. Infilò quindi le gambe ossute nei pantaloni rigati che gli ricaddero giù vuoti ripiegandosi a fisarmonica sulle scarpe lucide. Finalmente indossò la giacca nera, di panno grosso e fortemente imbottito. "Sembro un morto," non poté fare a meno di pensare guardandosi tutto vestito nello specchio. Ma, indossata la vecchia pelliccia rosicchiata dalle tarme, barcollando ostinato ed eretto, una valigia per mano, si avviò verso la porta. Fotide era già là che l'attendeva. Ella gli porse la guancia da baciare, innocentemente, e Vittorino in cuor suo non poté fare a meno di pensare che forse l'aveva calunniata. "Mi raccomando," le disse con insolita sollecitudine, "fatti trovare vestita al mio ritorno... andremo a fare quattro passi insieme." Fotide rispose che non dubitasse. Baciata la moglie, Vittorino uscì.

Vittorino per questa sua gita in banca aveva noleggiato una carrozza, spesa straordinaria giustificata dallo straordinario avvenimento. La carrozza, una vecchia vittoria sgangherata, aspettava già davanti alla porta. Ma nel momento in cui, assestate le valigie, egli poneva il piede sulla predella, un urlo lacerante, uno solo, echeggiò nella strada deserta. Vittorino con tutto che si sentisse gelare il sangue e gli sembrasse che l'urlo partisse proprio da casa sua, non volle indagarne il motivo e l'origine. Il cielo era pieno di una vasta deriva di nuvolette minute e fitte simili ai rigonfi di un materasso ben trapunto. "Cielo a pecorelle, acqua a catinelle," pensò Vittorino per rinfrancarsi. E diede l'ordine al vetturino di portarlo direttamente alla banca principale della città.

Sorgeva la banca, alto edificio di granito scuro e specchiante costruito in forma di piramide tronca, nel mezzo della strada principale; tutt'intorno quest'edificio solenne, le altre minori fabbriche parevano raggrupparsi timorose e avide di protezione come un tempo le case delle antiche città intorno alla cattedrale. Fermata la carrozza, Vittorino vide, attraverso il porticato, al di là delle porte girevoli di mogano e di cristallo, la sala principale della banca, già illuminata sebbene fosse mattina, piena di una luce calda, rosata, cordiale. Il direttore stesso della banca, avvertito dai commessi, venne sulla soglia a ricevere Vittorino; e gli fece per prima cosa un profondo inchino a piedi giunti. "Sapevamo che un giorno o l'altro avreste bussato alla nostra porta," disse con particolare soddisfazione, la stessa con la quale un prete accoglierebbe un celebre eretico venuto a convertirsi. "La vostra presenza ci onora, Vittorino." Vittorino finse di non aver udito, e, consegnate le valigie a due facchini, penetrò nella banca. Nella sala principale molti tra i clienti e gli impiegati che conoscevano di vista Vittorino si voltarono a guardarlo. Egli seguì il direttore e i due facchini giù per una scala dalla balaustra a spirale in cui, tra i fiori e le fronde di un fogliame di bronzo, ricorrevano le note sigle della banca. La scala penetrava sottoterra come un trapano, girando sopra se stessa dentro pareti di lucido marmo giallo; ma, per quanto girasse e scendesse, non si modificava l'aria calda, sensuale, leggermente profumata dell'odore grasso dei biglietti di banca; né la luce discreta, rosea, suadente come quella di un'alcova. Sbucarono finalmente in una sala rotonda dal pavimento di mosaico. In questo mosaico erano rappresentate ai quattro angoli quattro figure severe che reggevano ciascuna uno scudo fregiato anch'esso della sigla della banca; un'altra sigla, più grande, era nel mezzo, tra i simboli dello zodiaco. Il lustro del mosaico rifletteva capovolte le colonne dai bianchi fusti scannellati che reggevano la volta di questo piccolo tempio sotterraneo.

Con molti inchini e quasi eseguisse un gioco di prestigio, il direttore cavò di tasca una chiave, la mostrò a Vittorino sussurrando: "È la vostra," e disserrò uno dei cancelli di ferro che nereggiavano tetramente tra quelle graziose colonne. Discesero per un'altra scala, di ferro questa, una vera scaletta a chiocciola, e dopo molte giravolte durante le quali Vittorino non perdette d'occhio le tre teste di coloro che lo precedevano, quella calva e lucida del direttore e le due irsute e spettinate dei facchini, eccoli in altra saletta più profonda, dal pavimento e dalle pareti d'acciaio. Nelle pareti, un'infinità di sportelli grandi e piccoli rivelavano i forzieri. Non pareva esserci nessuno in quel luogo segregato e sotterraneo che odorava di metallo oliato e di denaro; ma poi, voltandosi, Vittorino vide un piccolo uomo calvo e nero che, accoccolato di sghembo in terra, davanti lo sportello spalancato di una di quelle tante casseforti, vi raspava dentro con furia sprezzante cavandone fuori fasci di titoli, pacchi di biglietti di banca, monete e altre carte preziose che buttava via via in una valigia aperta. Vittorino, in questa sala, possedeva da tempo immemorabile un forziere privato, enorme, di cui da anni pagava l'affitto pur senza farne uso. Il direttore si avvicinò allo sportello del forziere, grande come una comune porta, e tolta di tasca una chiavetta, aprì un minor usciolino incastrato dentro lo sportello. Apparve un quadrante sparso di bottoni. Guardando in aria come a rimembrare, il direttore girò con eleganza e sveltezza crescente, quasi prendendoci gusto, uno dopo l'altro quei bottoni; finalmente, prendendo con le due mani e tirando a sé con gran fatica l'orlo della porta, lentamente la spalancò. Enorme era davvero il volume della porta che si tirava dietro tutto un blocco di acciaio massiccio dello spessore di un pezzo di muraglia. Aperta la porta, apparve un altro cancello dalle sbarre di ferro fitte e luccicanti. Il direttore spalancò anche questo cancello; quindi, fatto un doppio inchino: "Vittorino vi lascio solo," disse, "queste sono le chiavi... se avete bisogno di me, suonate il campanello... ma sono sicuro che saprete fare da voi."

Rimasto solo, Vittorino, dopo essersi dato uno sguardo in giro, si sfilò la pelliccia che lasciò cadere in terra, aprì le valigie e prese a trasportare dentro il loculo i preziosi fasci di carte, i titoli, i sacchi di monete, le verghe. Ormai egli era rimasto solo nella ferrea saletta sotterranea, anche l'uomo del forziere se ne era andato; e, pur compiendo questa specie di lavoro, non poteva fare a meno di pensare con delizia che quaranta o cinquanta metri più in su, sopra la sua testa, tanti passeggiavano che avrebbero dato dieci anni della loro vita per possedere quelle carte e quei sacchi che egli andava ammucchiando nella cassaforte. Vittorino mise i sacchetti in un angolo, allineò sopra una mensola le verghe, sopra un'altra i pacchi di biglietti e di titoli. Finalmente apparve il fondo sporco delle due vecchie valigie. Vittorino trasse un respiro di soddisfazione, buttò le valigie in un canto del loculo riserbandosi di servirsene ove avesse voluto trasportare il suo tesoro altrove; quindi chiuse accuratamente il cancello. Ma nel momento in cui si accíngeva ad abbracciare la massiccia porta blindata e a spingerla negli alveoli, ecco, tutto ad un tratto, biancheggiare qualche cosa di là dalle sbarre del cancello, in quella nera oscurità del loculo. Dapprima restò interdetto e si fregò gli occhi con la mano credendo di non aver visto bene; poi, guardando meglio e abituandosi gli occhi all'oscurità, distinse chiaramente una schiena bianca e grassa, profondamente solcata, mollemente snella, dai fianchi larghi e compatti, dalle belle gambe un po' corte e massicce. La donna, poiché si trattava di una donna, gli volgeva le spalle, e anzi, forse per l'angustia del luogo, comprimeva fortemente quella sua florida carne contro le sbarre del cancello, così che, tra l'una e l'altra sbarra, c'era come il biancheggiare di un viso ansioso di affacciarsi. Pareva la donna, in quel buio, una statua per metà dissepolta dalla terra che la ricoprì. Poi, da un gesto che ella fece e dalla vestaglia che le stava buttata sopra una spalla come un lenzuolo, Vittorino riconobbe la moglie. Vittorino era collerico e sospettoso, questo è già stato detto. Pensare "Ella mi ha seguito fin qui, si è fatta rinchiudere nel loculo per derubarmi," e sbattere, con tutta la forza di cui era capace, la porta blindata, fu tutt'uno. Raccolta la pelliccia, il viso ardente di furore e di indignazione, Vittorino risalì alle sale superiori della banca.

"La terrò chiusa un'oretta o due," pensò in strada, "così imparerà un'altra volta," Vittorino, che aveva congedato la carrozza, fece a piedi il lungo tragitto dalla banca a casa sua. Ma come imboccò la sua strada, notò un fatto singolare. Tutto nero in quella strada solitaria di facciate bianche e grigie, un carro funebre enorme stava fermo davanti una porta. Era un carro funebre, come si dice, di prima classe, con il feretro nero ornato di festoni dorati, le colonnine nere dai capitelli dorati, gli angeli neri reggenti faci dorate, le ruote nere dai raggi dorati, i cavalli grassi e neri con le orecchie ornate di rose d'oro e le teste sormontate da pennacchi neri. Due cocchieri in livrea nera e dorata stavano a cassetta. Una sola corona era appiccata ad uno degli angoli, una corona di rose bianche. Sopra un nastro nero orlato d'oro, Vittorino lesse: "Alla cara Fotide il suo Vittorino." Ormai la bara era stata già introdotta nel carro; come Vittorino apparve, subito uno dei cocchieri abbassò il martinetto e fece schioccare la frusta, l'altro tirò le redini e i cavalli si mossero. A Vittorino non rimase altro da fare che seguire il carro. Per fortuna la giornata era mite, pensò Vittorino, aprendo i lembi della pesante pelliccia, anzi calda. Della pioggia minacciata qualche ora addietro, neppur l'ombra; sebbene quelle nuvolette della mattina si fossero fuse in un solo nembo di un bianco opaco orlato di grigio più scuro. Il quale però, restava sempre alto e lontano. A piedi dietro il carro lento e traballante, Vittorino si avviò verso la chiesa che si trovava poco più giù, in una piazzetta in cui confluiva la strada. Pur camminando, egli non poteva fare a meno di pensare, con un sentimento misto di sorpresa e di oscuro compiacimento, che Fotide era stata sicura di sopravvivergli e di ereditare le sue ricchezze e invece era stata proprio lei a morire per prima. Questo pensiero distraeva Vittorino e gli impediva di piangere la moglie come avrebbe voluto. Del resto si accorgeva ora di amarla molto meno di quanto credesse, e comprendeva che se Fotide, invece di morire, fosse scappata con qualcuno, egli l'avrebbe perduta davvero, sapendola tra le braccia di un altro. Così, invece, ella non era che morta; nessuno avrebbe potuto godere di lei all'infuori dei vermi che l'avrebbero divorata; ella non fruttava carezze e lascivie a nessuno; tesoro di carne, i marmi del sepolcro l'avrebbero custodita allo stesso modo che, laggiù nella banca, il forziere, quell'altro suo tesoro di metallo e di carta. Così Vittorino, che aveva quasi settant'anni, si consolava della morte della moglie ventenne.

Tra questi pensieri passò l'ufficio divino; quindi il vecchio si ritrovò in strada, questa volta in carrozza, la sola che seguisse il carro funebre. Aveva incominciato a piovere; e il vetturino aveva abbassato il mantice, tirato un copertone di cuoio sulle gambe a Vittorino e spalancato il grande ombrello di incerato; in modo da precludere del tutto al vecchio la vista del carro. Rannicchiato in fondo al mantice della carrozza, Vittorino non vedeva più nulla, udiva soltanto i rumori. Gli scampanellii dei tram, le trombe delle automobili, il vocio della folla. La pioggia tamburellava tranquillamente sul mantice sotteso, scorreva sulla coperta di cuoio, sgocciolava dalle punte dell'ombrello. Gli zoccoli dei cavalli risuonavano, le ruote rotolavano sui più vari selciati. Finalmente questi rumori cessarono, si trovavano nella zona più quieta e periferica del cimitero.

Il cimitero: sotto la pioggia che cadeva abbondante, i vialetti ghiaiati si erano fatti motosi, le tombe, specie quelle di marmo, lustravano come specchi. Qua e là qualche statua funebre, donne seminude e ravvolte in veli, giovani appoggiati in mesta attitudine a colonne mozze, ricevevano con innaturale immobilità il tepido diluvio. In un angolo umido del muro di cinta, dove le tombe annerite e muscose parevano più antiche, un gobbo minuscolo vestito d'incerato giallo raspava, nel fango, dentro una tomba; e ne estraeva e buttava con noncuranza in una sua carriola, lì accanto, ossa sfrante, manciate di fanghiglia, teschi e detriti. Vittorino non poté fare a meno di paragonarlo, forse per l'atteggiamento simile, a quell'altro uomo che vuotava il forziere nel sotterraneo della banca. Egli spalancò l'ombrello e seguì per il vialetto la bara portata a braccia dai becchini.

La pioggia prese a cadere ad un tratto con violenza come Vittorino aveva temuto durante tutto il tempo del funerale: egli sapeva come andavano queste cose. La pioggia aveva qualcosa di umano nella sua dispettosità e inopportunità. Sotto quella pioggia stizzosa, il funerale perdeva anche quel poco di compunto e di religioso che aveva avuto sinora. I becchini sotto il peso della bara, scivolavano e bestemmiavano con voci alte che il fruscio della pioggia non bastava a coprire, le loro scarpacce schizzavano fango, i vialetti angusti, spesso interrotti da gradini, rendevano oltremodo difficile l'avanzare con la bara sulle spalle.

Uno dei becchini, ad un gomito del viale, scivolò, e la bara maltrattenuta dette un gran colpo contro una tomba di porfido in forma di ara. Subito l'uomo si rialzò e, bisticciando a bassa voce con il compagno, riprese la bara con mani più salde. Ora, Vittorino fu il solo ad accorgersene, nell'urto, la bara, forse mal fabbricata, si era schiodata. Il fondo si era staccato e mostrava una specie di nero sorriso in cui si vedevano digrignare come denti, lunghi e sottili chiodi sconficcati.

Vittorino levò una mano e fece per gridare "Attenti... la bara è aperta." Ma lo pungeva non sapeva che curiosità di vedere spuntare per quella fessura una ciocca di capelli neri, o

178

un lembo del lenzuolo o per lo meno biancheggiare, in fondo a quel buio, una spalla rotonda; e tacque. Guardava, ma la bara che era sostenuta all'estremità posteriore da un uomo più basso di quello che ne reggeva la parte anteriore, non lasciava scorgere nulla. Poi l'uomo di testa salì due o tre scalini e la bara si trovò inclinata dalla parte di Vittorio sotto la pioggia che picchiava e scorreva con violenza sopra il coperchio.

Allora, ecco, come una lingua chiara affacciarsi esitando alla fessura; quindi, ad una scossa, Vittorino vide spuntarne qualcosa che rassomigliava molto ad un foglio. Sì, era un foglio, egli capì finalmente, era un biglietto di grosso taglio, che, forse impedito di scivolare completamente fuori della bara da altri biglietti coi quali era legato, ne spuntava tuttavia per una buona metà.

La bara ebbe un'altra scossa; ed ecco, fuori della fessura, spuntare di sbieco l'angolo di una carta turchina e istoriata: un titolo industriale, non poté fare a meno di pensare Vittorino. Quindi, scivolando sul foglio, saltellò e cadde nel fango una moneta. Vittorino si chinò in fretta e furia a raccoglierla. Come si rialzò, già i becchini facevano discendere con precauzione la bara nella fossa.

Ad un tratto, provò Vittorino tutti i sentimenti che di solito si attribuiscono convenzionalmente ai vedovi. "No... no," avrebbe voluto gridare ad ogni palata di terra che piombava sul coperchio della bara. Egli pensava che dentro la bara c'era il suo tesoro, mentre nella banca era rinchiusa la sua donna; e capiva di avere perso ambedue. Le palate caddero prima rade e come a caso, in spruzzi di terra bagnata, sul coperchio lucidato della cassa. Poi i vuoti furono ricoperti da altra terra. Ormai la bara in fondo alla fossa spuntava dal terriccio con un solo spigolo. Vittorino, incapace di dominarsi, incominciò a piangere. La terra continuava ad ammucchiarsi sotto le vigorose palate dei becchini. Vittorino si gettò improvvisamente nella buca e prese a raspare la terra con le mani. Si sentì afferrare e trasportar via. Si ritrovò fuori del cimitero, davanti una bancarella piena di crisantemi fradici.

Da allora vive Vittorino in un dubbio angoscioso. Che cosa c'è nel forziere della banca, che cosa in fondo alla fossa, sotto la lapide della tomba? Nella sua immaginazione il denaro e la donna si confondono, egli pensa di correre al cimitero, esumare la bara e trarne il suo oro, andare al forziere, cavarne fuori la donna. Ma in queste operazioni, per un nuovo scambio, dal forziere viene fuori denaro, dalla bara ossa e marciume. Teme d'altra parte di rivelare un delitto aprendo il forziere, una profanazione esumando la cassa. Intanto paga regolarmente il canone di affitto tanto per il forziere che per la fossa. E gli interessi del capitale gli permettono di vivere, come in passato, agiatamente.

IL MARE

Tutti sanno quel che sia il bridge, altrimenti chiamato ponte in italiano. In questo giuoco, ad ogni giro, uno dei giuocatori mette le proprie carte a disposizione del suo compare, ove costui mostri di poter dirigere la partita; e lui stesso si astiene dal giuoco. Tale astensione viene chiamata esser morto. E morto è veramente quel giuocatore agli effetti del giuoco. Ogni giro di carte dura in media da dieci a quindici minuti. Caso non infrequente è che un giuocatore "muoia" tre, quattro, anche cinque volte nella stessa serata.

Parve ad Attilio, giovane tra i più eleganti della nostra società, durante un suo soggiorno nel castello di certi Sandoz, di potere usare quei quindici minuti per i suoi fini amorosi. Attilio, senz'altro motivo che certa sperimentale crudeltà tutta propria agli oziosi, tanto aveva circuito e assediato la moglie del suo ospite da convincerla del suo amore. Così la poveretta, non più giovane, madre di due figlie, dopo sedici anni di fedeltà coniugale, si era arresa al più infido, fatuo e indifferente fra tutti i suoi corteggiatori presenti e passati. Ella era una donna grande, bianca, opulenta, con quei begli occhi neri dallo sguardo lento e dolce che sono sempre disposti a impietosirsi. Passava per donna di provata virtù; ma, sia stanchezza sia distrazione, Attilio l'aveva conquistata.

Sandoz, sebbene non fosse geloso della moglie, raramente la lasciava sola. Dopo molte resistenze della donna atterrita e piena di ripugnanza, Attilio riuscì a farle accettare il piano seguente: una di quelle sere che Sandoz, lui e altri due ospiti giuocavano al ponte nel salone del castello, appena egli avesse avuto l'occasione di "morire" sarebbe uscito con un pretesto dal salone e l'avrebbe raggiunta nella sua camera. Così, mentre Sandoz, bravissimo al giuoco, avrebbe certo vinto la partita, lui, morto al giuoco ma vivissimo all'amore, avrebbe finalmente goduto di qualche minuto di dolcezza tra le braccia dell'amante. Tale piano piaceva ad Attilio almeno quanto ripugnava alla donna. Ci volevano, pensava, con donne simili, questi intrighi pieni di batticuore e di sotterfugio; come ci vogliono, coi cibi più insipidi, le salse forti e piccanti.

Andò a finire che, presi gli accordi, la padrona di casa, una sera, fingendo un malessere, rimase in camera. Attilio ebbe fortuna al giuoco, quella sera; e ancor più di lui il marito suo compagno. Al primo giro Sandoz chiamò picche; e Attilio che aveva, oltre a due assi e a qualche figura, la regina e il fante di picche con quattro altre carte di minor conto, rincarò. Sandoz prevalse facilmente sugli avversari e fece rovesciare le carte ad Attilio esclamando con goffo snobismo mentre le esaminava: "Grazie, partner." Attilio, levandosi subito in piedi, disse che se Sandoz non stravinceva con quelle carte, ebbene... ebbene... Attilio non finì la frase e uscì dal salone.

Ecco la grande galleria delle armature, così chiamata per una fila di fantocci corazzati ritti in piedi, l'alabarda in pugno. Ecco l'uscio. Attilio spinse il battente socchiuso, entrò francamente nella calda e abitata oscurità. La signora Sandoz, per un pudore di donna che per la prima volta in vita sua si arrenda alla passione, l'aveva pregato che, almeno, entrasse senza accender lumi. Al buio, dunque, a tastoni, guidato dalla povera voce spaurita che sussurrava: "Sei tu?" Attilio giunse fino al letto, una specie di catafalco alto da terra più di un metro, con colonne, baldacchino e cortine, vi si arrampicò, si trovò a fianco dell'amante.

L'intensità dei sentimenti, non la noia, come di solito viene affermato, allunga il tempo. Tanto era il batticuore di quel furtivo incontro che ad Attilio, nonostante la sua pratica di libertino, dopo appena tre minuti, pareva di trovarsi con la donna già da un quarto d'ora. Egli disse ad un tratto che doveva andarsene, promettendo però di tornare ancora altre volte quella sera; intanto frugava tra i cortinaggi del baldacchino cercando la peretta della lampada.

Ma, acceso il lume del comodino, mentre la donna ancora vergognosa si ritraeva in fondo al letto coprendosi il volto con un braccio, Attilio scoprì che non gli sarebbe stato facile tornare nel salone come aveva divisato. Il mare, infatti, nel breve tempo che erano durati i loro abbracci, aveva invaso la vasta camera. La quale, nella penombra, appariva piena fino a un metro d'altezza di flutti verdastri e procellosi. Sotto il pesante e nerastro soffitto a cassettoni, questo mare pareva l'oceano stesso sotto la tetra nuvolaglia incombente di qualche tifone tropicale. Gelo e tenebre piovevano sulle acque che, livide intorno al letto, gradualmente si facevano più scure verso il mezzo della camera e nere affatto nei vani profondi delle finestre. Ma intorno il comodino, la lampada spandeva una luce rossastra; e in questo chiarore si potevano vedere le onde irte e furiose avventarsi spumeggiando contro i bordi del letto il cui vuoto palco, ad ogni urto, rimbombava cupamente. Era in tempesta, il mare; e si udivano anche giungere distintamente dagli angoli più riposti i sibili del vento che lo agitava. Lontano, oltre la distesa dei flutti, gli armadi di noce, sommersi per metà, riflettevano nei loro specchi la procella. E un cappello della signora Sandoz, galleggiando sulle acque agitate, dava a vedere con le scosse e i salti quanto fosse violento il sommovimento.

"E ora come si fa?" pensò costernato Attilio. Non che quella minuscola procella veramente lo spaventasse. Ma era impossibile presentarsi nel salone, bagnato fino alla cintola. Di cambiarsi, d'altronde, non c'era tempo. E allora? Imbestialito egli fissava i flutti che si frangevano con violenza contro l'antica stoffa sudicia che rivestiva il palco del letto. Poi, come avviene spesso in tali casi, almeno con uomini della tempra di Attilio, il suo malumore si rovesciò contro la sua compagna. Con accento di intensa stizza le domandò che cosa significasse quella mareggiata; e se fosse eccezionale o avvenisse tutte le sere.

La signora Sandoz che si era anch'essa levata a sedere e trattenendo il fiato guardava il mare al disopra delle spalle di Attilio, gli rispose subito con una curiosa voce piena di impaccio e di riflessione, che era la prima volta che una tale cosa succedeva. Ora, come chi, avendo tutto perduto per amore, gode dei pericoli che tale amore mettono alla prova, più che spaventata ella pareva quasi contenta di questo contrattempo. Poi, ad un tratto, con le due braccia si avvinghiò all'amante: "Oh Attilio, come facciamo? come facciamo, Attilio?... Attilio, io fuggirò... verrò a vivere con te..."

Ora Attilio, al primo vedere del mare, aveva già avuto un sospetto; ma queste parole della povera donna innamorata lo illuminarono del tutto. Non c'era dubbio, dunque. Ella gli aveva dato quell'appuntamento ben sapendo che poi il mare gli avrebbe impedito di tornare nel salone. Ella voleva che uno scandalo scoppiasse per poter lasciare il marito e andare, come ella stessa diceva, a vivere con lui. E così egli avrebbe visto definitivamente compromessa la sua preziosa libertà. Gli sarebbe toccato prendere in casa questa donna che non amava. Questa donna non più giovane né bella. Questa donna che l'immaginava così diverso da come egli era realmente. Attilio si sentiva soffocare.

"È un tranello," egli gridò ad un tratto con una voce che suonò chiara tra i sibili della tempesta, come quella di un capitano sopra una nave in pericolo, "è un tranello e dei più bassi... io non ti amo... non ti ho mai amata... una donna come te dovrebbe conoscersi meglio... fuggire con me?.. ma ti sei mai guardata allo specchio?"

Seguì, mentre il vento fischiava tristemente e la luce temporalesca incupiva e si abbassava sui flutti intorno al letto, una scena violenta e penosa. Attilio inveiva con accanimento contro la donna; la quale, prima stupita e poi addolorata, sempre più fiaccamente, con voce mescolata di pianto, si difendeva. Finalmente, ella si buttò con impeto da parte, in fondo al letto, il viso nel braccio; e prese a singhiozzare. Tra i singhiozzi ella balbettava che per Attilio aveva commesso un'azione grave e irreparabile, la prima della sua vita; ed ecco come lui la trattava. "Ma almeno," urlò Attilio, "almeno dimmi se anche nelle altre stanze avvengono di tali cose... mi presenterò, è vero, bagnato fino alla pancia... ma potrò dire che il mare mi ha sorpreso... mettiamo, nel guardaroba." La vide, pur tra i singhiozzi, scuotere il capo. Non lo sapeva, ma non credeva, balbettò poi. "E perché non lo credi?" chiese Attilio. "Come fai a saperlo, visto che è la prima volta?" La signora Sandoz non rispose. Finalmente, sotto le insistenze di Attilio, ella confessò con voce vergognosa e piangevole che già altre volte e in altre camere il mare aveva circondato il suo letto. Ma sempre prima che ella cedesse, quasi a difenderla, non dopo. Quella notte, non vedendolo, ella aveva creduto, aveva sperato di essersene finalmente liberata. E invece... "Ah strega!" gridò Attilio al colmo del furore. La signora Sandoz, sconsolatamente, raddoppiò i singhiozzi.

Ma il mare adesso sembrava calmarsi. Non si udivano più levarsi dagli angoli, tra gli armadi, i sibili del vento. Le onde parevano, per quanto era dato di capire in quella penombra, accusare nei loro moti come uno sbandamento. Anche il colore dei flutti cambiava: da livido che era per la gran quantità di schiuma, tendeva in più punti a farsi di un limpido verde. E il cappello della signora Sandoz, un feltro tirolese sormontato da una penna di gallo di montagna, non saltava più come prima sulle creste delle onde, ma galleggiava in pacifica navigazione dirigendosi secondo la corrente verso il letto. Attilio guardò l'orologio che teneva al polso. Mancavano ancora sette minuti. Ma che cosa poteva succedere in sette minuti? Dalle tenebre del letto gli giunse un rumore di singhiozzi. "Piangi, eh?" disse Attilio furente. "E che cosa dovrei fare io?" La signora Sandoz rispose che piangeva soprattutto per il dolore di trovarlo diverso da come l'aveva pensato.

Ma ecco, ora, da tutto il mare levarsi un leggero fruscio. Attilio aveva notato che l'alto mare si stendeva dalla parte delle tre finestre nei cui profondi vani le onde quasi lambivano gli architravi; mentre la riva doveva considerarsi da quella dell'uscio. Ora, con sua grandissima gioia, ecco come un risucchio tirare indietro i flutti dai cortinaggi che nascondevano l'uscio, e il mare, da quella parte, visibilmente abbassarsi e ritirarsi, arricciandosi sopra se stesso con una quantità di piccole onde che spandevano a ritroso per tutta la stanza. "La bassa marea," pensò Attilio "come non ci ho pensato prima?" Era infatti la bassa marea. E se era così forte come in certe zone oceaniche, sulle coste della Bretagna, per esempio, o dalle parti di Ostenda, non c'era dubbio che tra poco egli sarebbe stato in grado di valicare a piede asciutto la distanza che separava il letto dall'uscio. Attilio era stato in viaggio turistico nelle Fiandre e ricordava benissimo la vasta distesa delle sabbie lucenti dopo che il mare si era ritirato.

Intanto i flutti, laggiù, intorno ai cortinaggi, sempre più si abbassavano con un fruscio che avrebbe potuto chiamarsi maestoso se non fosse stato confinato tra quattro pareti. Si vedevano le onde verdi tutte sparse di anelli di spuma correre indietro rapidamente e frangersi contro gli specchi degli armadi.

Ma non c'era tempo da perdere. Attilio si tolse in fretta gli scarpini lucidi e le calze di seta e, rimboccati i pantaloni, sporse cautamente un piede a tastare il terreno. Con gioia trovò che il mare da un metro di profondità si era abbassato a appena venti centimetri. Attilio posò il secondo piede in terra.

Voleva però salutare la donna, già assai pentito della propria brutalità. Ma questa volta ella lo respinse con fermezza; e gli chiuse in faccia le cortine del letto. "Vattene e non farti più vedere," giunse la voce lagrimosa e sdegnata.

Attilio in quattro passi fu alla soglia. Qui il mare si era ritirato del tutto, lasciando tra i cortinaggi, su quello che bisognava bene chiamare il greto, una quantità di oggetti travolti dalla tempesta. Confusamente, Attilio vide un ritratto del signor Sandoz tutto sporco e gualcito, un paio di mutandine di velo ridotte ad un mucchietto fradicio, la rosa che la sera la signora si metteva tra i capelli intrisa e sfranta, un'altra fotografia raffigurante le figlie dei Sandoz anch'essa rovinata, una immagine sacra di chi sa quale antico pellegrinaggio, una busta stracciata in cui riconobbe la propria calligrafia, una scarpetta dorata, un reggipetto. Ma Attilio aveva ben altro da fare che elencare i danni prodotti dalla mareggiata. E con passo leggero varcò la soglia e uscì nel corridoio.

Ma lo pungeva il rimorso di avere, per un momento solo di giustificabile viltà, perso un'amante, tutto sommato, assai bella e che gli piaceva molto. Questo rimorso lo preoccupava a tal punto che quasi senza accorgersene si ritrovò nel salone, seduto coi tre compagni al tavolino del giuoco. Non gli restava altro da fare, pensò riprendendo meccanicamente le carte, che provocare di nuovo una vittoria del marito. E poi approfittando dell'intervallo, correre daccapo dalla donna e con belle parole consolarla e riconciliarsi con lei. Ma il mare? Non c'era il pericolo di ritrovare di nuovo il mare più alto e tempestoso che mai?

In questo dubbio Attilio si dibatté durante tutta una partita; finalmente deliberò di rinunziare. Peccato, non poté tuttavia fare a meno di pensare: così bella, bianca, grassa e appetitosa. Un'occasione come quella per un pezzo non si sarebbe più ripresentata.

Verso la mezzanotte, la signora Sandoz comparve nel salone. Pallida, con gli occhi rossi, ella versò e porse, come era solita ogni sera, un bicchiere d'aranciata a ciascuno dei giuocatori; ma poi, invece di sedersi presso Attilio, andò a mettersi accanto al marito.

Attilio scoprì le carte al marito che aveva dichiarato quadri. "Grazie, partner," esclamò di nuovo colui, trionfante. Ma Attilio pensava che non avrebbe mai più riveduto il mare frangere e ribollire intorno il letto della signora Sandoz.

L'INTIMITÀ

Quella signora, moglie dell'ingegnere Condorelli, ricevette ai primi giorni di Carnevale una larga busta bianca dentro la quale trovò un cartoncino con queste parole stampate in corsivo: "La duchessa R. prega la signora e il signor Condorelli di voler prendere parte al ricevimento che darà il 20 gennaio alle ore 22. R.S.I.V.P."

Era l'invito, tanto agognato, che finalmente arrivava. La signora Condorelli si lasciò cadere in una poltrona, il biglietto in mano, guardandosi tutta tremante in uno specchio. Da dieci anni almeno ella brigava per quell'invito; esso giungeva troppo tardi quando non ci sperava più e forse neppure lo desiderava. Dieci anni prima quel biglietto avrebbe esaltato fino alla follia le sue ambizioni ancora vivaci. Ormai non serviva più, come l'acqua in un accampamento in cui tutti gli esploratori siano morti di sete. La Condorelli era morta alle ambizioni mondane; spenti gli antichi entusiasmi, i saloni della duchessa non più splendevano nella sua immaginazione con i colori ridenti della speranza. La sua giovinezza si era disseccata, come una pianta che abbia ricercato invano il sole. Anche la sua bellezza, in quell'attesa, era intristita, fuori della cornice sontuosa che le spettava. Ora, giovinezza e bellezza ci volevano per quella festa, assai più dei gioielli e di ogni altro ornamento. Tuttavia, nonostante queste amare constatazioni, non passò neppure per la mente alla Condorelli di non recarsi al ballo.

La signora Condorelli si era talmente allontanata dalla vita mondana, che scoprì ad un tratto di non possedere un solo vestito da sera decente. Grembiali, vestiti da mattina di poca importanza, gonne di fortuna, mantiglie, boleri e altre simili cose ne aveva in abbondanza, ma non un solo abito da sera degno di questo nome. Il suo guardaroba, insomma, rispecchiava fedelmente la condizione molto modesta e familiare in cui durante tutti quegli anni ella era vissuta. Questa scoperta fece risentire con rinnovata crudeltà alla signora Condorelli l'angustia del proprio stato. Al marito, che usciva proprio allora dalle spese di fine d'anno, dopo molte insistenze, la signora riuscì a far comperare un abito di seta nera con guarnizioni rosse e oro da una delle migliori sarte della città. "Queste tue poche ore in casa della duchessa," disse il marito quando la moglie venne a pavoneggiarsi davanti a lui nel suo vestito nuovo, "mi costano più di un mese di villeggiatura." La moglie rispose che la vita era qualità e non quantità.

A misura che si avvicinava il giorno della festa, cresceva l'ardore della rianimata fiamma mondana della donna e in pari grado crescevano le spese. Dopo il vestito ella volle comprarsi quella che i francesi chiamano *trousse*, ossia una scatola di tartaruga o di smalto o di qualche metallo nobile, piena di tutti gli ammennicoli necessari all'acconciatura di un bel viso. Dopo la *trousse* fu la volta delle scarpine di seta. Poi di una collana imitata dall'antico, di non grande valore, ma che poteva passare per un gioiello di famiglia. Infine, due giorni prima della festa, la signora Condorelli fece l'acquisto di una giacca di pelliccia che costò da sola più di tutti gli oggetti precedenti. Giova ad una donna, dopo molte privazioni, toccare e possedere le belle cose. Alla signora Condorelli parve ad un tratto di essere tornata avvenente come dieci anni prima.

Venne finalmente il gran giorno. Una sera di gennaio, i due coniugi si avviarono con animo trepidante verso il palazzo R. Aveva piovuto, come fece osservare la signora al marito, le strade anguste del quartiere barocco trasudavano umidità. Ogni selce luccicava nera nell'ombra, ogni muro di palazzo pareva più fradicio della parete stillante di una grotta. Bianco fiore di questa notte, la signora sentiva aprirsi e sbocciare la propria mortificata bellezza ad ogni passo che l'avvicinava al palazzo. Non era stata da principio che una brava donna in abito da sera; poi, di strada in strada, gradualmente, una bella donna, una donna bella e misteriosa, una donna non soltanto misteriosa ma altera, infine non solo altera ma tragicamente estenuata, squisita, dolente. Il marito che, un grosso ombrello dal manico di galalite sul braccio, seguiva con difficoltà il passo leggero dei piccoli piedi della moglie e non pensava che a scansare le pozze, non osservò questa trasformazione. Uscita di casa sua donna modesta e indomenicata, la signora Condorelli varcò la soglia del palazzo principessa. Ella ne era così persuasa, tanto si era investita, di questa sua parte immaginaria, che credette di notare sul volto del gigantesco servitore che sulla soglia dell'appartamento chiedeva a bassa voce il nome degli invitati per poi ripeterlo con voce stentorea, un'aria di sorpresa quando il marito disse con semplicità "Signori Condorelli" "Come, soltanto signori?" ella pensò che il servitore a sua volta pensasse "Soltanto signori?... e una tale donna a lato?" La signora Condorelli provò ad un tratto una viva antipatia per il proprio nome.

La signora Condorelli aveva sentito molto discorrere della bellezza e vastità delle sale di palazzo R. Fu perciò molto meravigliata quando, entrata nell'anticamera, si accorse che queste sale tanto decantate in realtà non esistevano. Dall'anticamera si dipartivano tre lunghissimi corridoi bassi e stretti, poco illuminati, quali si trovano spesso nei palazzi antichi ridotti ad uffici. Le sale famose c'erano, ma suddivise in infinite stanzette da tramezzi di legno.

La signora Condorelli ebbe, per tutti questi motivi, un momento di dubbio: che si fossero sbagliati di portone? Ma il servitore in livrea che aveva gridato il loro nome rivolgendosi verso uno di quei corridoi, portava sul bavero lo stemma di casa R. E inoltre, a dissipare definitivamente queste incertezze, ecco, al primo uscio, la duchessa in persona, piccola donna bianca e nervosa dalla fronte incoronata di un diadema di brillanti, avvicinarsi e tendere loro la mano ringraziandoli di essere venuti. "Si vede che mi avevano informata male," pensò la signora. Intanto la duchessa, dopo aver fatto un gesto come per dire, "Accomodatevi... girate a vostro agio," era rientrata nella stanza chiudendo l'uscio. La signora Condorelli si ritrovò di nuovo sola nel corridoio insieme col marito.

"Sì," disse il marito, "giriamo a nostro agio... ma dove andiamo?" La signora Condorelli, irritata, gli diede sulla voce spiegando con impazienza che non si trattava di una casa borghese qualsiasi come quella, per esempio, dell'appaltatore Scaramillo. Un palazzo aristocratico, era questo, con usi e costumi molto diversi da quelli della borghesia. Stesse piuttosto attento, invece di spazientirsi, a non fare *gaffes* secondo il suo solito. Agramente il marito le rispose che non aveva bisogno di lezioni di buona creanza. Del resto egli era di famiglia migliore della sua, come ella sapeva perfettamente. La signora Condorelli finse di non avere udito.

La signora Condorelli si rendeva conto che una gran dama quale ella fingeva a se stessa di essere, non soltanto non doveva meravigliarsi di nulla, ma aveva da fronteggiare ogni più insolita situazione con sicurezza elegante e pacata. Così, mentre il marito al suo fianco sbuffava e stringeva i denti, ella intraprese una cauta e dignitosa esplorazione di tutti quei corridoi. Passo passo, eretta la persona, reggendo con una mano lo strascico della gonna e con l'altra stringendo la *trousse*, ella camminò fino in fondo al primo corridoio a destra del vestibolo. Gli usci, tutti chiusi, non soltanto lasciavano trapelare una luce sfarzosa che illuminava inegualmente al disopra dei tramezzi le figure mitologiche dipinte nei soffitti, ma anche non impedivano di afferrare qua e là risate soffocate, acciottolii di bicchieri e altrettali rumori festivi. In quelle stanze ci si divertiva, lì era la festa a cui il biglietto invitava. In fondo al primo corridoio, la signora Condorelli ne trovò un altro di eguale lunghezza. Anche qui porte chiuse, forte illuminazione interna, rumori di voci e di sollazzi. Sempre con la medesima lentezza, mentre il marito soffiava più che mai e ogni tanto lasciava andare qualche sommessa bestemmia, la signora percorse anche questo secondo corridoio per trovarne un terzo di lunghezza non minore in fondo al quale un quarto più buio e interminabile degli altri la ricondusse ad un tratto nella vasta anticamera in cui a tutta prima erano entrati. "Bell'affare," disse il marito, "eccoci daccapo qui... questo non è un palazzo ma un labirinto... la duchessa si prende giuoco di noi." Ma la signora Condorelli fermamente decisa a non lasciarsi trascinare dalle passioni che tanto disdicono alla compostezza aristocratica, gli ingiunse di tacere e di dire meno sciocchezze. La festa era riuscitissima, soggiunse, e lei si divertiva molto. Credeva forse di avere a trovare, in una casa come quella, una tombola o una bicchierata? Ogni cosa a suo tempo e a suo luogo.

Tuttavia non ci sarebbe stato altro da fare che ricominciare la perlustrazione dei corridoi, se, mentre indugiavano indecisi nell'anticamera, la porta non si fosse aperta e non fossero entrati certi coniugi a nome Palombi. Il Palombi, giovane molto allegro e intraprendente, era socio del Condorelli nella stessa impresa di costruzioni edili. Come vide il Palombi, il Condorelli non poté reprimere un movimento di gioia e gli corse incontro, dicendo che finalmente scorgeva una faccia cristiana. Molto più fredde furono invece le accoglienze delle due donne. Tutte e due si erano illuse di essere state le sole del loro ceto ad essere invitate; tutte e due, sebbene si vedessero quasi ogni giorno, si erano ben guardate dal parlare del ballo a cui dovevano recarsi; tutte e due, infine, si erano ripromesse di abbagliarsi vicendevolmente coi resoconti, a festa finita. Ed ecco, invece, umiliante giustizia, ecco che ambedue avevano ricevuto lo stesso invito il quale per questo solo fatto, perdeva ai loro occhi molto del suo primitivo splendore. Di questi sentimenti nulla però trasparì sui loro visi egualmente atteggiati ad un'espressione cerimoniosa e sostenuta; mentre con finta e maligna meraviglia esclamavano insieme: "Anche tu qui... tutto avrei immaginato fuorché trovarti qui." La signora Condorelli che, in mancanza di meglio, avrebbe voluto dimostrare di essere ormai addentro alle cose del palazzo e intima, per così dire, della duchessa, per il solo fatto di essere giunta prima dell'amica, assicurò che ella si divertiva moltissimo. Che bel palazzo, come si sentiva là dentro l'antichità e la grandezza della famiglia a cui apparteneva, che sollievo dopo tanti appartamenti moderni, angusti e utilitari. La signora Palombi disse che tale era anche il suo parere. Lo stesso Condorelli, lieto per l'arrivo insperato dell'amico, non sbuffava più. Così tutti e quattro, le signore avanti, cerimoniose e impettite, e gli uomini dietro che scherzavano e discorrevano, intrapresero di nuovo la perlustrazione dei corridoi.

Accadde in questa seconda traversata quello che era già avvenuto nella prima. Le due donne, come per un tacito accordo del loro identico snobismo, pur ammettendo che poteva esserci qualcosa di insolito in questo modo di ricevere la gente, non finivano di esaltare la festa: quanto stile, quanta finezza, quanta genuina aristocrazia. Invece i due uomini, spalleggiandosi a vicenda, dichiaravano ad una sola voce che era un'indecenza e che la duchessa si beffava di loro. Le due mogli gli davano sulla voce, chiamandoli zotici e borghesi. Soprattutto irritata era la signora Condorelli e non tanto contro il marito di cui conosceva il carattere debole e suggestionabile, quanto contro il Palombi istigatore, il quale, sempre faceto, si lasciava andare a scherzi di pessimo gusto che sapevano lontano un miglio di caffè e di osteria. Per questo si sentì assai sollevata quando, all'ingresso del secondo corridoio, la duchessa sbucò ad un tratto da una delle stanze e li invitò con bontà e gentilezza squisite a gradire un rinfresco. "Il *buffet* sta in fondo a quella galleria," soggiunse la duchessa indicando un lume che brillava lontanissimo; e scomparve di nuovo.

Purtroppo questa faccenda del rinfresco, mentre vi si recavano, diede occasione al Palombi di fare di nuovo dello spirito di pessima lega. "Almeno si mangerà," egli ripeteva, "mi voglio sfamare... mi voglio ingozzare... giusto, mi sono tenuto apposta leggero a cena..." La signora Condorelli guardava con intensa antipatia il viso rosso e sfrenato del socio del marito e fremeva. Ma il Condorelli rideva di cuore. Altro che aristocratici, pensava; ci vogliono giovinotti allegri come questo mio caro Palombi. Allegria e niente paura.

Il rinfresco si trovava in una vasta sala dal soffitto a volta. La sala era tutta vuota fuorché per la gran tavola apparecchiata che ne sbarrava un'estremità. La luce smorta delle poche coppie di candelabri, la squallida nudità delle pareti, l'aria fredda e puzzolente di umidità e di chiuso di questo stanzone, disse il Palombi, gli ricordavano le stanze degli uffici del catasto. Come poi si avvicinarono alla tavola guardata da un solo malinconico e segaligno servitore in marsina unta e lisa, il quale pareva essere venuto dritto dritto da qualche caffeuccio del quartiere, scoprirono, invece delle sperate leccornie, una duplice fila di bicchieri di vetro opaco e cinque bottiglie di aranciata giallastra. In un angolo quattro scatole tonde di latta contenevano sigarette a buon mercato, di quelle con il bocchino di cartone. Ed era tutto. I due uomini alla vista di questo rinfresco si guardarono in faccia e scoppiarono in una gran risata. Il Palombi giunse a tanto di villania da cavare di tasca il biglietto d'invito e sventolarlo sotto il naso del cameriere dicendo che aveva creduto che quel cartoncino così elegante desse diritto a qualcosa di più che una passeggiata per dei corridoi vuoti, un bicchiere di aranciata e una sigaretta col bocchino di cartone. Questo contegno fece scattare i nervi già troppo sottesi della Condorelli. Ella si voltò verso di lui dicendogli che aveva torto. Che cosa aveva creduto di trovare? vassoi di paste multicolori e sparigliate? bicchieri pieni di zuppa inglese? panini gravidi con il pollo e la maionese, di quelli che si divorano nei bar notturni? Non capiva egli che questa sobrietà era una prova di più, se ce n'era bisogno, della raffinatezza ed eleganza del ricevimento? Il Palombi rispose ridendo che, in tal caso, viva la faccia del bar notturno.

Ormai c'era ostilità tra le due donne e i mariti. Quanto più questi ridevano e scherzavano tra di loro battendosi le mani sulle spalle e dandosi delle gran gomitate nelle costole, tanto più le donne si facevano altere, distanti, sufficienti, dignitose. Andò a finire che, tornati nel vestibolo, il Palombi propose di vedere quel che ci fosse in tutte quelle segregate camerette. Pareva che ci si divertisse. Che credevano, quei nobiloni, di tenerli a distanza perché non facevano parte del gruppo? Li avevano invitati, era loro dovere stare con loro e non evitarli in questo modo scortese e villano. Le due mogli, a parole, disapprovarono questa proposta; ma poi finirono per accettarla. Senza confessarlo pensavano ora ambedue che i padroni di casa esageravano. Va bene che non erano intimi; ma un po' di cortesia non avrebbe guastato.

Al seguito del Palombi che aveva preso, per così dire, la direzione delle operazioni, rientrarono tutti e quattro nel corridoio. Il Palombi disse che bisognava scegliere tra le porte quelle donde giungevano più rumori e più lieti. Non era giusto che essi si aggirassero per quei lugubri corridoi mentre c'era gente che se la passava allegramente. Al primo uscio da cui si sentivano venire risate soffocate e tintinnii di stoviglie, il Palombi si attaccò con tutta la sua forza alla maniglia cercando di aprirla. L'uscio cedette ma non si spalancò bensì si disserrò di un palmo, quanto lo permetteva la breve e robusta catena con la quale era assicurato all'interno. Allora il Palombi, facendo dei gran gesti d'intesa e di complicità e piegandosi tutto in avanti, mimica efficace di una curiosità che egli voleva far credere inesistente mentre in realtà era vivissima, mise l'occhio alla fessura; ma per rialzarsi quasi subito confessando con tono deluso che non c'era nulla di particolare da vedere. Il Condorelli non gli credette e volle guardare anche lui. Con lo stesso risultato di togliersi subito, dichiarando che era vero, non ne valeva la pena. Lo stesso fece e disse la moglie del Palombi. La signora Condorelli avrebbe voluto resistere ad una curiosità che le pareva sconveniente non fosse altro perché le toccava condividerla con il grossolano Palombi. Ma, dopo breve riflessione, si arrese anche lei e, piegando l'alta persona, mise l'occhio alla porta. Non vide dapprima che uno stanzino buio dalle pareti cotte scurite come dai vapori di antiche fumigazioni; e, nella luce verdastra di una finestrella, una vasca in forma di vascello, per metà incassata nella parete. Ma presso la vasca, in una zona di ombra più fitta, una forma umana simile ad un torso informe sul suo piedistallo, sedeva pensosa, curva, le ginocchia strette, il capo tra le mani, i piedi avvinghiati al sedile. Donna o uomo? La signora Condorelli non poté capirlo. Vide soltanto due cosce robuste che si ombravano di lunghi muscoli contratti biancheggiare in · quell'ombra meditativa e sordida e si levò di scatto richiudendo la porta. Il Condorelli disse che se quella era l'intimità delle grandi case, ebbene, preferiva esserne escluso. La moglie del Palombi osservò che era strano perché quei rumori festivi avrebbero lasciato supporre un tutt'altro spettacolo.

Andarono avanti un dieci passi ed ecco nuovi rumori sorprenderli. Questa volta non più risate e tintinnii ma addirittura sospiri, schiocchi soffocati di baci, fruscìo di panni. Il Palombi che ci aveva preso gusto, disse che questa era la volta buona e fece per aprire l'uscio. Ma l'uscio era chiuso e resistette a tutti gli sforzi del tarchiato Palombi. Intanto i rumori lungi dal cessare si facevano più forti e indiscreti. "No... no... Guido," sussurrò una voce di donna. A questa voce in cui pareva tremare tutto il languore di un giovane corpo che si arrende, il Palombi eccitato pregò il Condorelli di fargli da sgabello. Gli sarebbe salito sulle spalle e si sarebbe affacciato sul tramezzo per vedere quel che accadesse. Il Condorelli, che aveva avuto la stessa idea e per timore della moglie non aveva ardito manifestarla, acconsentì. Ma la curiosità del Palombi subì una nuova delusione; si era appena inerpicato che lo videro saltare giù sputando da una parte e atteggiando tutto il viso a schifo. Disse poi che aveva veduto, invece degli amori sperati, una decrepita vecchiona ritta tutta nuda davanti una psiche in atto di spargersi di talco le chiazze rossastre del corpo macilento e grinzoso. "No... no... Guido," giunse ancora la bella voce ansiosa. Ma il Palombi disse che Guido non lo fregava più. E continuando a sputare, andò avanti nella perlustrazione.

Ad un terzo uscio, poco più giù, ecco un fracasso di voci irate. Qualcuno, rovesciando seggiole e suppellettili, inseguiva, qualcun altro fuggiva implorando pietosamente. Poi uno strido acutissimo fece agghiacciare il sangue ai quattro invitati. "Qui si ammazzano," disse il Palombi; e, animoso, si slanciò contro la porta. Anche questa volta l'uscio non si disserrò che di un palmo, quanto lo permetteva la catena con la quale era assicurato all'interno. Ma attraverso la fessura invece della scena di sangue temuta, i quattro videro una folla impettita e pigiata di donne e di uomini in abiti da società che pareva debolmente ondeggiare ai ritmi soffocati di una musica da ballo. Il Palombi disse che dovevano entrare e mescolarsi a quella folla, tra tante porte avevano finalmente azzeccata quella giusta. Ma come sporse la mano per togliere la catena, una di quelle signore che ballavano, senza guardarlo e come a caso, gli diede un colpo secco del ventaglio sulle dita: "Ah strega," gridò il Palombi; e ritentò. Questa volta fu un giovane biondo che con noncuranza gli premette l'estremità accesa della sigaretta sul dorso della mano. Il Palombi con un grido di dolore la ritrasse. Subito l'uscio si chiuse ripiombando il corridoio nell'ombra.

Così non c'era nulla da fare, non volevano proprio saperne di loro, disse il Palombi. Li invitavano, questo sì, ma poi rifiutavano di ammetterli nella loro intimità. Sbadatamente, pur discorrendo, egli aprì una porta e vide subito una bella ragazza, nudo il petto, i capelli sciolti, e le vesti rovesciate in una massa arrotolata tutt'intorno le anche, slanciarsi con furore a richiuderla mentre un giovane, vestito lui, tutto abbagliato e confuso, rimaneva sprofondato nella poltrona, i capelli in disordine, il viso tempestato di macchie di rossetto, il colletto saltato fuori del bavero della giacca. "Ah, ma per cribbio, questa volta voglio divertirmi anch'io," gridò il Palombi slanciandosi verso quell'uscio proprio nel momento in cui si chiudeva. Ma le due donne e il Condorelli lo trattennero e finalmente lo persuasero a non voler disturbare quella coppia felice. Dalla stanza, particolare curioso, non già rumore di baci giungeva come si sarebbe potuto credere, bensì quello molto regolare e casalingo di una macchina da cucire guidata con piede infaticabile e polso fermo.

Altre stanze diedero al Palombi nuove delusioni. Qui, ad un brusio di puglie, di denari e di voci intente di giuocatori

196

corrispondeva un malato agonizzante nel suo letto; lì due bambini che si trastullavano quetamente in terra con un loro trenino contraddicevano il cicaleccio di conversazione che partiva dalla loro stanza. Più lontano un suono d'organo suggerì una cerimonia nuziale. "Confetti, confetti," gridò il Palombi scagliandosi. Ma ricevette in viso, in luogo dei confetti, una manciata di vuoti baccelli di fagioli scagliati con forza da una vecchia cuoca inviperita.

Del resto queste sorprese erano rare. Su venti porte due o tre appena potevano essere aperte; le altre restavano chiuse e su queste si appuntava la curiosità ardente e invidiosa del Palombi. Ma il Condorelli cominciava ad essere stanco. "Non ci vogliono," egli disse ad un tratto, "ci hanno invitati... ma non ci vogliono... perché insistere?" La moglie del Palombi che si vergognava visibilmente del marito così eccessivo e gioviale, approvò queste ragioni. Quanto alla signora Condorelli, il pianto che le tentava il naso e la gola, le impedì di parlare. Avere aspettato dieci anni l'invito per poi essere costretta a passeggiare per corridoi e corridoi in compagnia di una serva quale la signora Palombi e di un tanghero come il marito: questo le riusciva intollerabile. I piedi a furia di passeggiare le dolevano, il viso non reggeva più la smorfia di dignità cerimoniosa che sin allora ella si era imposta. "Io direi di andarcene a casa," le riuscì alfine di balbettare.

La proposta fu accettata; sebbene il Palombi affermasse che lui voleva rimanere fino alla fine, non fosse altro per non darla vinta a gente tanto villana. Tornarono indietro, noncuranti questa volta dei rumori menzogneri che provenivano dagli usci serrati. Il Palombi disse che se gli capitava di incontrare la duchessa, si sarebbe sfogato: le avrebbe detto quel che pensava di lei e dei suoi inviti. Aveva appena proferito queste parole, che, ecco, proprio la duchessa venire loro incontro, affabile e sollecita come sempre, e domandare perché mai se ne andassero così presto, non era ancora la mezzanotte. Con dignità e serenità la signora Condorelli assicurò la duchessa che si erano divertiti moltissimo e avrebbero serbato un ricordo incancellabile della festa; ma, infine, dovevano partire. La signora Palombi, intimidita, disse qualcosa dello stesso genere e abbozzò un inchino nella lunga gonna. Il Condorelli stesso non poté esimersi dal baciare la mano che la duchessa molto graziosamente gli porgeva. Quanto al Palombi, nonostante tutte le sue bravate, non seppe fare altro che imitare il socio, ottuso e stordito come un bue. Nel vestibolo il solito servitore aiutò le signore a infilarsi le pellicce. La signora Condorelli notò che anche l'amica aveva una pelliccia nuova. E si consolò pensando che non era stata la sola a fare spese e a illudersi su quel malaugurato invito.

Quando furono in strada, il Palombi, con tutta una sua mimica espressiva di sospiri di soddisfazione e di gesti di sollievo, diede a vedere quanto fosse contento di essere finalmente uscito dal palazzo. E propose, con la solita improntitudine, di andare in certa fiaschetteria che lui sapeva, a bere un litro di quello vero. "Ci rifaremo la bocca," soggiunse, "dopo le aranciate di quella buona duchessa." Ma le due donne rifiutarono con orrore; e lo stesso Condorelli disse che non c'era tempo; l'ultimo autobus partiva tra dieci minuti. Fino all'arrivo dell'autobus il Palombi continuò a scherzare in quella sua maniera grossolana e triviale. Diceva che voleva invitarla lui, la duchessa, e le avrebbe fatto vedere quel che intendesse per ospitalità; spaghetti, pollo freddo, dolci, vini, musica e per finire un bel giuoco di pinnacolo. Diceva anche che voleva mettere in cornice il biglietto d'invito. Non fosse altro che per quelle lettere misteriose: "R.S.I.V.P." E spiegò che secondo lui quelle lettere volevano dire: Rimanete Serviti Ingenui Volgari Plebei. Il Palombi parlava a voce alta, la gente si voltava per guardarlo, le due donne si vergognavano intensamente. Come Dio volle, giunse l'autobus.

Ma il giorno dopo, incontrata un'amica in una pasticceria, la signora Condorelli non poté impedirsi dal descrivere con i colori più lusinghieri la serata in casa R. "Tutta la nobiltà... l'orchestra... le coppie... i vestiti... il principe S. con il quale ho fatto un giro di valzer... il conte C. con l'immancabile gardenia all'occhiello... il rinfresco... le cinque del mattino... l'abbraccio affettuoso della duchessa nel momento del commiato..." L'amica pensava che la signora Condorelli era stata molto fortunata; e si domandava con malignità quale intrigo amoroso si nascondesse sotto quell'invito.

IL TACCHINO DI NATALE

Quando il giorno di Natale, il commerciante Policarpi-Curcio si sentì dire per telefono dalla moglie che rincasasse puntualmente perché c'era il tacchino, si rallegrò molto giacché, con gli anni, all'infuori di quella della gola non gli era rimasta altra passione. Grande però fu la sua meraviglia allorché, giunto a casa verso il mezzogiorno, trovò il tacchino non già in cucina, infilato nello spiedo e in atto di girare lentamente sopra un fuoco di carbonella, bensì in salotto. Il tacchino, vestito con una eleganza un po' vecchiotta, di una giacca nera dai risvolti di seta, di un paio di pantaloni a quadretti pepe e sale e di un gilè di panno grigio coi bottoni di osso, conversava con la figlia del Curcio. Tanta fu la sorpresa del Curcio di trovarlo in un atteggiamento e in un luogo così insoliti, che dopo le presentazioni, cogliendo un momento di silenzio, non poté fare a meno di chinarsi in avanti e di proferire con cortesia ma anche con fermezza: "Scusate signore... non vorrei errare... ma... ma mi sembra che il vostro posto non dovrebbe essere qui... ripeto.. non vorrei errare... ma il vostro posto dovrebbe essere..." Stava per aggiungere "nella pentola", quando la moglie che, come ella stessa si esprimeva, conosceva i suoi polli, gli camminò sopra un piede; e il Curcio, che sapeva per antica esperienza quel che significasse questo atto, tacque. La moglie poi gli fece cenno e, trascinatolo fuori del salotto, gli disse con voce bassa e concitata che, per carità, non rovinasse ogni cosa. Il tacchino era nobile, ricco e influente; un buon partito insomma; e già mostrava un interesse particolare e visibilissimo per Rosetta; voleva forse egli, con le sue stupide osservazioni, mandare a monte il matrimonio che già pareva profilarsi? Il Curcio si scusò con la moglie e giurò che non avrebbe più aperto bocca. Quanto al tacchino, la domanda dell'incauto ospite non aveva sortito altro effetto che di fargli prendere il monocolo e squadrare ben bene il malcapitato. Poi era tornato subito a conversare con la figlia del Curcio.

"Si ha un bel dire," pensava poco dopo il Curcio a tavola, mentre la moglie si prodigava in cortesie verso il tacchino, "ma ad un tipo di quel genere lì, piuttosto che augurarsi che sposi la figlia, si vorrebbe tirargli il collo." Il Curcio era soprattutto irritato dall'aria di superiorità e di accondiscendenza che assumeva il tacchino ogni volta che gli rivolgeva la parola. Il Curcio sapeva bene di venire, come si dice, dal nulla, e che i suoi modi non erano così levigati come la moglie e la figlia avrebbero desiderato. Ma lui aveva lavorato tutta la vita e aveva guadagnato dei bei baiocchi, questo era il motivo per il quale non aveva potuto curare la propria educazione. Il tacchino invece, con tutto il suo sussiego, non avrebbe potuto dire lo stesso. Belle maniere, certo, aria da gran signore, ma in fin dei conti, il Curcio l'avrebbe giurato, poca sostanza. Altro fatto che dava ai nervi al Curcio era la maniera con la quale, dopo aver detto qualcosa di spiritoso o di profondo, il tacchino tirava indietro il capo, ficcando il becco e i bargigli nella cravatta nera a plastron e gonfiando il petto sotto il gilè. Infine il tacchino parlava alla moglie con la stessa scelta accurata di parole e la stessa modulata preziosità di accento che se si fosse rivolto ad una duchessa. Ma il Curcio imbestialiva perché gli pareva di ravvisare non sapeva che ironia in questo rispetto eccessivo. "Alla pentola," pensava, "alla pentola..."

Del resto questa antipatia del Curcio era più che compensata dalla infatuazione delle due donne, madre e figlia, per il tacchino. La moglie del Curcio e Rosetta pendevano addirittura dalle labbra, o meglio, dai bargigli del tacchino; il quale le affascinava con racconti mai uditi di feste, di svaghi, di viaggi, di successi mondani. La familiarità rispettosa di un tacchino come quello che era stato a tu per tu con il gran mondo, lusingava la madre. Quanto a Rosetta ella arrossiva, impallidiva, tremava e volgeva al tacchino sguardi, ora supplichevoli, ora infiammati, ora languidi, ora spauriti. Il fatto si era che fin dall'inizio del convito il piede del tacchino, calzato di un antiquato ma elegante stivaletto di camoscio grigio coi bottoni di madreperla, non aveva cessato un sol minuto di tartassare la scarpetta della ragazza.

Partito il tacchino ci fu una discussione violentissima tra il Curcio e la moglie. Il Curcio diceva che era l'ora di finirla con questi elegantoni sofisticati e snobistici i quali poi, si sa, nascondono sotto la loro superbia una quantità di magagne. Lui aveva lavorato tutta la vita e non si sentiva affatto inferiore a tutti i tacchini di questo mondo. La moglie rispondeva che questo suo furore era inutile; il tacchino non aveva mai affermato di essergli superiore; quale tarantola l'aveva morso? Quanto a Rosetta, andata a dormire come era solita ogni giorno dopo colazione, ella già sognava il tacchino. Lo vedeva inclinato su di lei che giaceva supina, i vanni delle ali intorno ai suoi omeri, il becco sulle sue labbra semiaperte. Il tacchino la guarda accigliato, e si gonfia, si gonfia riempiendo la stanza delle sue penne grigie; ma con tutto che sia immenso, pare leggero, al petto di Rosetta. La quale sospira nel sonno e mormora "Caro tacchino."

I giorni seguenti, nonostante l'antipatia crescente e visibile del Curcio, il tacchino si insediò addirittura nella casa. Veniva a pranzo; e poi, andato in salotto con la figlia, vi rimaneva fino all'ora di cena. I due erano ormai, disse la moglie al Curcio, fidanzati. Sebbene, per motivi di famiglia, il tacchino si opponesse a che si facesse per ora l'annunzio ufficiale. "Bel genero," brontolava il Curcio, "datemi un brav'uomo lavoratore, semplice, di buon cuore, ma un tacchino..." Il Curcio, rincasando, poteva vedere, attraverso i vetri dell'uscio del salotto, la vezzosa testa della figlia accanto a quella vana, feroce e stupida del tacchino. Egli pensava che forse quelle manine così bianche e piccole accarezzavano quei rossi e rugosi barbigli e la sua antipatia cresceva.

Intanto, però, pur continuando a corteggiare Rosetta, il tacchino non si decideva a chiederne la mano. Anche la madre cominciava ad essere inquieta. Se era un tacchino serio, ella disse alla fine alla figlia, doveva presentarsi ai genitori e chiederla in moglie. Rosetta a queste parole guardò spaventata la madre e non disse nulla. In realtà il tacchino era riuscito fin dai primi giorni a strappare gli estremi favori alla povera ragazza. La quale ora, non meno della madre, era ansiosa che il tacchino regolarizzasse, come si dice, la sua posizione.

Uno di quei giorni Rosetta accolse il tacchino nel salotto con un fiume di lagrime. Ella non poteva più vivere in questo modo, balbettava tra i singhiozzi, mentendo a se stessa e ai genitori. Il tacchino misurava a grandi passi il salotto, le penne tutte arruffate fuori del colletto, il becco semiaperto e infuriato, gli occhi iniettati di sangue. Finalmente disse che ella poteva togliersi dalla testa che lui la sposasse. Piuttosto, se voleva, poteva fuggire con lui all'estero. Quella notte stessa, o mai più. Rosetta, dopo molte esitazioni, finì per acconsentire.

Quella notte il Curcio che soffriva d'insonnia si levò per andare a prendere una boccata d'aria alla finestra. Era una notte d'estate, con la luna al colmo dello splendore. I Curcio abitavano in un villino. Affacciatosi alla finestra senza far rumore né accendere lumi per non destare la moglie, la prima cosa che il Curcio vide fu l'ombra gigantesca del tacchino, eretta la testa dal collo gonfio, il becco bitorzoluto rivolto in alto, riflessa chiaramente sulla parete della villa inondata di bianca luce lunare. Egli abbassò gli occhi e fece appena in tempo a scorgere la figlia capitombolare da una finestra del primo piano tra le braccia del tacchino. Il quale, caricatala sulle spalle come un fagotto con una forza che nessuno avrebbe sospettato, rapidamente se la portava via verso il cancello. Il Curcio destò la moglie, corse a prendere un vecchio fucile da caccia. Ma, sceso che fu, non trovò più alcuna traccia dei due fuggiaschi.

Il giorno dopo il Curcio andò a sporgere regolare denunzia per rapimento. Ma nei commissariati nessuno gli credette. Un tacchino, dicevano, come è possibile che un tacchino abbia rapito vostra figlia. I tacchini stanno nella stia. Del resto la figlia era maggiorenne e non c'era nulla da fare.

Ma saltarono fuori le magagne del tacchino, egualmente. Si scoprì che era sposato e con prole. Si scoprì ancora che non era né nobile né ricco, bensì soltanto un ex cameriere scacciato da più luoghi per furto. Il Curcio trionfava seppure pieno di bile. La moglie non faceva che piangere e invocava la figlia.

Andò a finire con il solito ricatto; e il Curcio dovette sborsare molti di quei suoi "bei baiocchi" così faticosamente guadagnati per riavere in casa la figlia disonorata. Questo avvenne in dicembre. Il giorno di Natale la moglie telefonò al Currio che non ritardasse a rincasare perché c'era il tacchino; soggiunse a scanso di equivoci che si trattava di persona molto seria che dimostrava una visibile inclinazione per Rosetta. Non era, insomma, un tacchino come quello dell'anno scorso, di questo ci si poteva fidare. "Ecco come sono le donne," pensò il Curcio. Ma si ripromise questa volta di spalancare bene gli occhi. E di non lasciarsi abbagliare dalle false apparenze e dai vani discorsi di qualsiasi anche altolocato tacchino o gallinaccio.

STUPIDO COME NAUROMU

In quel lontanissimo paese, per la prima volta forse in vita mia, mi sentii quasi felice. Avviene che certi viaggi, come per una propizia volontà superiore, si svolgano in un'aria di perpetuo incanto. Tale miracolo si verificò appunto durante la mia visita in quel paese. La salubrità del luogo, l'amenità dei paesaggi, la bellezza degli abitanti, l'ordine, la pulizia, il decoro delle città, tutto, insomma, contribuì fin da principio a mettermi in stato di grazia. A tal punto che decisi di prolungare il mio soggiorno oltre il fissato, per un mese ancora. Non speravo certo di poter capire a fondo quel popolo nel breve spazio di quattro settimane; ma volevo almeno godere più che mi fosse possibile di tutte le qualità che ho sopra elencate. Intanto, per non perdere tempo, decisi di studiarne la lingua, dolcissima e musicale in sommo grado. In un paio di mesi, grazie alla mia naturale disposizione, mi ero discretamente impratichito così da potere sbrigare da solo quelle semplici conversazioni che sono necessarie al disimpegno delle abituali faccende giornaliere. Allora, tra i discorsi comuni che mi avveniva di sorprendere ogni giorno in bocca agli abitanti, mi colpì una frase proferita nelle più svariate occasioni di colore e tono proverbiale, che suonava a un dipresso così stupido come Nauromu. Frequentemente udivo in quei giorni le madri dire ai figli disattenti: "Sei peggio di Nauromu"; padroni rimproverare i servitori aggiungendo che nemmeno Nauromu sarebbe stato capace di tale stupidità; le mogli, litigando coi mariti, buttar loro in faccia come suprema ingiuria, che erano più stupidi ancora di Nauromu. "Stupido come Nauromu", era un detto applicabile ad ogni azione cervellotca, balorda, priva di senso, sciocca, assurda. Insomma questo Nauromu era il simbolo della stupidità, qualcosa come Bertoldo da noi e altri celebri scemi negli altri paesi d'Europa. Mi venne una giustificata curiosità di scoprire chi fosse mai questo Nauromu di cui tutti parlavano e allora mi accorsi, interrogando qua e là la gente, che nessuno sapeva chi egli fosse e quando fosse vissuto. Alcuni opinavano che il detto risalisse al Trecento, secolo in cui anche lì vengono relegate le cose che sono o sembrano antiche; altri pensavano invece che il fatto fosse recente, visto che se ne parlava tanto; una bambina, con la fervida fantasia propria all'infanzia, affermò che lei lo conosceva benissimo Nauromu e in prova di quanto diceva andò a scovare un suo fantoccio che, appunto, in sembianze grottesche e goffe, cercava di ritrarre Nauromu; un poliziotto, infine, a cui feci la stessa domanda, non sapendo come cavarsela, rispose che non faceva indagini di questo genere se non dietro espresso ordine dei superiori. Andò a finire che il giorno prima della partenza, dovendo recarmi a fare una visita di commiato dal principe S., uno tra i più influenti e più anziani membri del consiglio della Corona, decisi di chiedere a lui, nel corso della visita, chi fosse il misterioso Nauromu. Il principe mi ricevette con la consueta squisita cortesia; e dopo alcuni discorsi di poco conto, mi domandò se potesse far nulla per me nelle poche ore che ormai mancavano alla mia partenza. Gli risposi che conoscevo la sua bontà e che questa offerta lusingava il mio amor proprio; epperò mi sarei fatto ardito di chiedergli un ultimo favore dopo i tanti che egli mi aveva già largito. Il principe mi assicurò che in tutto quello che poteva sarebbe stato molto lieto di accontentarmi; ed io allora: "Altezza," dissi, "il favore che vorrei da voi è semplice... vorrei che mi diceste chi fosse Nauromu."

A questa domanda vidi il principe, la cui bonomia è pari alla gentilezza e squisitezza dei modi, mettersi a ridere. "Vedo," egli disse, "che durante il vostro breve soggiorno vi siete reso padrone della nostra lingua così da conoscerne anche uno dei detti più popolari... ebbene, avete avuto fortuna... avete fatto la vostra domanda a uno dei pochi in grado di rispondervi... perché, forse non lo sapevate, in gioventù ho studiato filologia e folklore comparato... Nauromu è stato, è e sarà sempre l'uomo più stupido che sia nato in questo Reame..."

Gli domandai in che cosa consistesse questa stupidità. Il principe si lisciò la barba e poi incominciò: "Nauromu a quel che pare non è mai esistito... è un personaggio mitico, il simbolo e l'incarnazione di una certa stupidità che per fortuna ha sempre poco allignato nel nostro paese... altri, è vero, ritengono che Nauromu sia realmente vissuto nei tempi più barbari del paese... e, a dire il vero, il fatto che gli ha dato la fama testimonia una certa barbarie... comunque, ecco quanto, dopo lunghe ricerche, ho potuto assodare... Questo Nauromu era un povero pescatore e guardiano di faro della costa occidentale del nostro paese. Una notte si scatena una tempesta. Lampi fulmini, tuoni, mare burrascoso con le onde che paiono levarsi al cielo, tenebre, fragore della risacca, voi vedete il quadro Ecco un vascello sdrucito, disalberato, ridotto alla sola chiglia, trasportato dai marosi, sfasciarsi contro gli scogli, proprio sotto il faro di Nauromu. Quel che avvenne non è mai stato chiaro. Di certo si sa che alcune persone, quattro in tutto, si salvarono in una scialuppa prima che il vascello naufragasse e riuscirono a prender terra in una spiaggia non lontana dal faro. Badate bene che questo vascello, come lo stesso Nauromu sapeva per esserne stato avvertito dalle vedette, portava a bordo il re di Sercambia, uno tra i più ricchi del mondo Il re era tra i salvati e con lui tre suoi cortigiani. Altresì il re era riuscito a portare con sé una cassetta piena di gioielli e di dobloni d'oro. Non parlo delle vesti del re e dei tre dignitari, tutte di broccato, come si usava allora, e trapunte di perle e di pietre preziose. Taccio anche le impugnature delle spade dei quattro personaggi, auree e tempestate di brillanti. In somma, nonostante il naufragio, c'era lì un valore ingente specialmente per quei tempi, una ricchezza da far sbalordire Ora veniamo al nostro Nauromu che ha assistito a questo sbarco dall'alto della sua torre. Egli era un uomo a quanto pare ancora nel fiore degli anni e aveva sette figli maschi, notate il numero sette che ritorna sempre nelle favole e nelle leggende, sette figli maschi già giovanotti e tutti robustissimi. Inoltre bisogna notare che, per la protezione del faro, Nauromu disponeva di un certo numero di asce, pugnali, sciabole, l armi, insomma, di quel tempo. Ora che cosa avreste fatto voi al posto di Nauromu nel momento in cui, uscito dalla su torre, vide la barca avvicinarsi sulla cresta delle onde e prender terra non lontano? Che cosa avreste fatto se non ucci dere i quattro personaggi e impadronirvi delle ricchezze che portavano seco?"

Il principe mi guardò a questo punto con una tale aria di ironia e di profonda convinzione che non seppi lì per lì che cosa rispondere. "Già," ripetei come un pappagallo, "che cosa avrei fatto?"

"Avreste ucciso il re e i suoi dignitari," continuò il principe. "Notate ancora il numero tre più uno, tipico anche questo delle favole... avreste, ripeto, ucciso il re e i suoi cortigiani... invece, ecco il nostro stupidone di Nauromu venirsene lemme lemme con i suoi sette imbecilli di figli sulla spiaggia e domandare per prima cosa quel che sia accaduto. Gli viene risposto che quello è il re di Sercambia e quelli sono tre suoi dignitari, che il vascello che li portava ha fatto naufragio e che, particolare importantissimo questo, il re è stato spodestato e ha potuto a malapena salvare la vita dall'usurpatore imbarcandosi con il suo tesoro sopra un suo vascello. Ho detto che questo particolare è importante, e mi spiego. Questo re poteva ancora intimorire Nauromu con la minaccia di rappresaglie. Ma ecco, essendo il re senza regno, profugo e derelitto, non c'era neppure questo pericolo, assai fittizio del resto, perché il nostro paese non è attaccabile dal mare, ma tuttavia pur sempre valido per un uomo di crassa stupidità quale doveva essere Nauromu. Egli poteva dunque in tutta tranquillità fare il suo dovere. Ossia, come ho già detto, uccidere il re e i tre dignitari e impadronirsi del tesoro. Ecco invece il nostro cioccone dire al re che si accomodi, che venga pure alla torre dove egli vive con la famiglia. Il re naturalmente non si fa pregare. Voi vedete la piccola comitiva, il re per primo con il manto tutto spruzzato di acqua marina, poi i suoi cortigiani e finalmente Nauromu e i suoi figli avviarsi verso la torre. Particolare significativo e importante per intendere appieno la stupidità di Nauromu: i figli portavano a braccia la pesantissima cassetta del tesoro e il re e i consiglieri camminavano avanti. Non è chi non veda come sarebbe stato facile in quel momento ucciderli e impadronirsi della cassetta. Ma non basta. Ecco dunque il re dentro la torre. Nauromu, lo stupidone, ordina alla moglie di preparare la cena, e spedisce i figli ad apprestare i letti. Lo credereste? tutta quella gente, i naufraghi dico, dormirono quella notte benissimo, nei letti di Nauromu e dei figliuoli; questi sciocchi, invece di trucidare

207

gli ospiti nel sonno come voi e io e chiunque altro avrebbe fatto, si accontentarono di vegliare seduti accanto al fuoco... Vedo che questo racconto vi fa sorridere. E in verità c'è nella stupidità di Nauromu una tal quale barbara e rozza comicità Comunque sia, spunta il giorno, il mare è sempre in burrasca il re è inquieto perché sa che appena sarà conosciuta la sua presenza, ciò che non ha fatto Nauromu, altri suoi conterrane meno semplici di lui lo faranno. E allora che cosa decide il no stro superstupido? Per dieci giorni, dico dieci giorni, nascon de il re e i suoi seguaci in un soppalco del faro dove di solito riponeva gli attrezzi della barca. Abbrevio, abbrevio, perche vedo che ne avete già abbastanza della stupidità di Nauromu Tornato calmo il mare, il re si congeda da Nauromu e vuole offrirgli quale compenso un diamante, grosso, diciamo, come una nocciola. Viene allora il colmo, il *bouquet* della stupidità di Nauromu: egli rifiuta il diamante. Il re, naturalmente, se ne va ben contento di aver trovato uno scemo simile. Del re sto posso dirvi che la sua contentezza fu di breve durata; per ché di lì a qualche giorno, uscito in mare con la scialuppa nuova procella lo sbatté in un altro punto della costa dove trovò qualcuno meno stupido di Nauromu che fece quello ch ciascuno di noi avrebbe fatto...»

«E cioè?» domandai con un sorriso sforzato e tuttavia tin to di non sapevo quale speranza.

«E cioè,» disse il principe con uno scoppio di risa, «lo uc cise e prese la cassetta... si tratta, però, come ho già avver tito, di sette secoli fa... e questo spiega la barbarie straordina ria che traluce dai particolari... io, per conto mio, credo ch sia un mito nel quale il nostro popolo, profondamente sano ha concretato un giudizio morale chiarissimo su tutta la gent che si comporta allo stesso modo di Nauromu... anzi nella mi gioventù scrissi anche un breve saggio, ormai introvabile, su l'argomento... voglio offrirvelo... aspettate...» Il principe chia mò il suo segretario e si fece consegnare un fascicoletto c poche pagine dal titolo "Nauromu è realmente esistito? "Vi ho esaminato la questione," disse il principe, "da un qu druplice punto di vista: quello filologico, quello morale, que lo storico e quello folkloristico. E concludo, come vi ho gi detto, con l'opinione che sia nient'altro che un mito." Il prir cipe fu poi così buono da apporre la sua firma sul frontesp zio del fascicolo. "Eccovi dunque accontentato," egli soggiun

e levandosi in piedi come a indicare che il nostro colloquio
doveva considerarsi terminato. Lo ringraziai delle informazioni e del dono e, dopo essermi inchinato, feci per avviarmi
alla porta. Ma sulla soglia la voce del principe mi fermò. "E
mi raccomando," egli disse, "so che voialtri giornalisti difficilmente resistete alla tentazione di scrivere una bella pagina
anche se non corrisponde in tutto alla verità... guardatevi,
quando sarete tornato al vostro paese, di parlare di Nauro-
nu come di un personaggio rappresentativo del nostro popolo... esso non rappresenta un bel nulla... tutt'al più un lato
comico e sciocco dell'umanità, per fortuna molto più raro di
quanto non sembri..."

Gli risposi con un secondo inchino che non temesse, non
avrei mai commesso una simile leggerezza. Il giorno dopo,
come avevo divisato, lasciai quel paese.

L'ALBERGO SPLENDIDO

Per il ricevimento delle nozze, dopo molte discussioni, f
scelto l'Albergo Splendido. La famiglia della sposa, gente a
ricchita di fresco, avrebbe preferito l'Excelsior, come più lu
suoso. Ma la famiglia dello sposo, di antica nobiltà, fece pr
valere lo Splendido, più vecchio e meno sontuoso dell'Exce
sior, ma tanto più elegante. Anche per il pranzo · finì per in
porsi la madre dello sposo. Il giorno delle nozze, i due spos
ni, dopo esser passati sotto l'arco scintillante delle spac
sguainate dei commilitoni dello sposo, salirono nella prin
delle numerose macchine che si allineavano davanti alla chi
sa; e tutto il corteo lentamente si mosse.

Durante il tragitto la sposa disse al marito che si sentiv
invasa da un ansioso malessere. Era proprio vero, ella chies
che andavano allo Splendido? O piuttosto non fuggivan
lungo i platani denudati dall'inverno e arrossati dal sole int
rizzito, non fuggivano per salvare la vita? "Ci sono io," le r
spose il giovane, stringendola contro di sé, "non temere c
ra." La sposa, a cui già tremavano due lagrime negli occ
non disse nulla. E riprese a guardare attraverso il finestrino
platani che sfilavano nella corsa.

Come giunsero all'albergo, le macchine, arrivando ur
dopo l'altra, ingombrarono ben presto tutto lo spazio dava
ti al portone. I portieri si davano da fare con ordini e col
di fischietto; le macchine, tra l'ammirazione dei passanti e
bestemmie degli autisti, si incastravano e si aggrovigliavan
senza tregua s'ingolfavano nell'androne dello Splendido g
invitati di marca raggranellati dalle due famiglie: nomi ill

210

stri, alte cariche, grandi industriali, celebrità dell'arte e della vita sociale, amici influenti, parenti.

Bisognava riconoscere, disse la madre della sposa al marito, come si furono tutti seduti intorno la tavola a ferro di cavallo, nella sala da pranzo dell'albergo, che era un bel colpo d'occhio. Quella gran tavola con tutti quei brillanti convitati, gli uomini in divisa o abito nero, le donne ingioiellate, nei loro più eleganti vestiti da mattina. E la figlia non era mai stata così bella: un poco pallida forse, sotto il suo velo, ma così graziosa con i suoi grandi occhi neri. Lui, poi, poteva dirsi uno dei giovani più avvenenti della città. La madre della sposa era stata molto colpita dall'arco di spade che i camerati dello sposo avevano alzato all'uscita della chiesa sulle teste della coppia. Il compiacimento profondo destato in lei da quest'usanza così cavalleresca le aveva persino fatto dimenticare il rammarico di non aver potuto dare il ricevimento all'Excelsior.

Del resto, soggiunse la madre della sposa, anche quest'albergo aveva i suoi pregi. La sala, per esempio, era più vasta e, soprattutto, molto più alta di quella dell'Excelsior. Sola obiezione, che non era affatto in stile Impero come avevano detto. Lo stile Impero, spiegò la madre che si piccava di intendersi di arredamento, è bianco e oro, con decorazioni di aquile, di sfingi, di grifoni, di ghirlande, di trofei d'armi, di lire, e altrettali cose. Ora, in quest'albergo, non c'era nulla di bianco e di dorato. Le mura, a grandi blocchi squadrati di colore nerastro, facevano pensare piuttosto a una fabbrica gotica. E quanto a decorazione, non ce n'era punto. A meno che non si intendessero per decorative le catene di ferro che tutt'intorno queste muraglie pendevano appiccate a grandi arpioni ricurvi.

D'altronde, proseguì la madre, questo era un giorno troppo bello per perdersi dietro queste sciocchezze. L'albergo non era che un passaggio; poi sarebbe cominciata per i due sposi una vita tutta nuova. Ma non c'era dubbio che l'albergo non era così allegro come l'Excelsior. Il giardino d'inverno dell'Excelsior era noto per le sue finte pergole tutte intrecciate di rampicanti. Qui, invece, la sala, grandissima è vero, si perdeva verso l'alto con una volta addirittura grondante tenebre. E quelle numerose scale nude e senza ringhiera che salivano a linea spezzata contro le muraglie, parevano veramente le scale di accesso di un sotterraneo, di quelle che si discendono con piede esitante e si risalgono con gioia. Anch'esse composte di blocchi neri, per il buio non si capiva dove finissero.

A questo punto la madre della sposa, che la gioia rendeva più volubile del solito, tornò a ripetere al marito che si aveva un bel dire, ma, tra i due, era il giovane che faceva l'affare. La figlia era bella, era buona, era, non bisognava dimenticarlo, ricca. Lui invece? un titolo, molta boria e niente soldi. Ma vedendo che il marito non prestava a questi discorsi già uditi mille volte che un orecchio distratto, la madre tornò ad occuparsi del luogo e del festino. Ella aveva lasciato fare ogni cosa alla madre dello sposo. Ora però non poteva esimersi dal muovere alcune critiche. Intanto, poteva anche essere l'ultima moda, ma a lei quella tavola senza tovaglia, tutta di ferro, non garbava affatto. E poi che significavano quelle catene che penzolavano dalle tenebre sul capo di ciascun convitato?

Invece l'illuminazione, continuò la madre, era indovinatissima. Usavano da tempo le luci indirette che non abbagliano né scoprono crudelmente le rughe e gli artifizi sui visi delle persone mature. Ora la luce della sala aveva tutti questi requisiti. Partiva, questa luce, da un punto imprecisabile proprio sotto il soffitto, e pareva, lassù, la vampa compatta di una vasta fornace aperta. Ma, diffondendosi in basso, tingeva di sanguigni sprazzi le nere muraglie e metteva sulle facce di ciascun convitato un allegro seppure un po' irreale riflesso purpureo. La madre non l'avrebbe giurato, ma le pareva che dal momento in cui era entrata nella sala, quel bagliore rosso fosse andato crescendo di splendore. Da principio infatti la volta non si vedeva. Ora, invece, sfoltite le tenebre dal bagliore della vampa, si distinguevano le arcate eccelse in cui si incurvavano le muraglie e una balconata, anch'essa di ferro, che girava torno torno la sala, proprio sotto il soffitto. Le numerose scale senza ringhiera portavano a questa balconata. Affacciate alla quale, figure nere e sottili si sporgevano qua e là, guardando in basso. Dal soffitto, poi, pendeva un complicato intreccio di catene, di arpioni e di carrucole a cui, ora si poteva vederlo, facevano capo le catene che penzolavano sulle teste dei convitati. La madre pensò che quelle figure affacciate alla balaustra, lassù, fossero ospiti dell'albergo che volevano godersi il colpo d'occhio della tavola imbandita. La madre, da un lato, si sentiva lusingata da questa curiosità. Ma dall'altro, non poteva non disapprovare che la direzione dello Splendido avesse lasciato entrare degli estranei. Era una festa intima, pensò, non uno spettacolo.

Ma la grande curiosità della madre si appuntava sul pranzo. Ella sentiva che qui, come si dice, sarebbe cascato l'asino; e non si sbagliava. Chi infatti ha mai udito dire che tutti i cibi di un pranzo di nozze debbano essere impregnati di rum fiammeggiante? E che pensare dell'enorme serpente nero arrotolato, una grossa anguilla probabilmente, che venne servito in luogo del pesce? Pranzo indigesto, insomma, pesante, per non dire rozzo, poco indicato per un festino di nozze. Il vino, invece, era buono ma di un grado altissimo; tanto che la madre fin dal primo sorso si sentì ardere; e previde che di questo passo tutti sarebbero stati ben presto ubriachi.

Non errava in queste previsioni. Ad un certo momento il pranzo prese un'andatura che proprio non piaceva, non piaceva affatto alla madre della sposa. Oltre ai convitati dovevano aver bevuto anche i servitori. I quali, neri e silenziosi, nudi si sarebbe detto, avevano facce pochissimo rassicuranti. Proprio così, pensò la madre, gira certa gentaccia e, si sa, gli alberghi non guardano troppo per il sottile. Di questi camerieri ogni convitato ne aveva uno, e questo era bene e mostrava che non si era badato a spese. Ma perché questi camerieri si mettevano così vicini ai convitati? E addirittura gli salivano a cavalcioni sulle spalle? Va bene l'allegria, ma questa era sguaiataggine. Oltre tutto, le cosce di questi servitori, pelose e ruvide, erano sgradevolissime contro il collo e rischiavano di togliere tutta la cipria. Ancora, questi camerieri impugnavano le bottiglie e bevevano a garganella. Succedeva così che il vino cadesse in testa: ora non c'è nulla di peggio che il puzzo del vino nei capelli. Ma anche il puzzo dei camerieri, acre e infuocato, non scherzava: gente, si sa, che non si lava mai. La madre che ne aveva uno, di questi camerieri, accovacciato sulla spalla, prese il partito di fingere di ignorarlo. Chissà se quello, comprendendo la lezione, si sarebbe tolto dalla sua sconcia attitudine.

La madre sapeva che alla fine dei pranzi di nozze corrono spiritosaggini, scherzi, si fa, insomma, un po' di chiasso. Ma certe cose bisogna lasciarle fare ai contadini i quali, com'è noto, non conoscono la buona creanza. Schiaffi, pizzicotti, seggiole levate di sotto, sculaccioni, mani addosso, vesti solleva-

213

te, braccia intorno alla vita, e altrettali scostumatezze a cui si abbandonavano ora i camerieri, rischiavano di trasformare il pranzo in una grossolana orgia. Quale prendeva sulle ginocchia quella vecchia signora, quale tirava la gonna in testa a quella giovane e bella dama, quale toglieva la parrucca a quella baronessa. La madre notò con orrore che uno di quei tangheri, sedutosi addirittura sulla tavola, davanti alla figlia, le metteva non le mani ma i piedi, curiosamente prensili, addosso, stringendole il collo tra i neri stinchi. Il convito proprio degenerava.

Poco male, però, pensò alla fine la madre, una volta all'anno ci si può anche permettere un po' di libertà. Così la madre non trovò nulla da ridire quando tutti i camerieri, come obbedendo ad una parola d'ordine, introdussero una caviglia di ciascun convitato nell'ultimo anello di quelle catene che penzolavano sulle seggiole. Doveva essere, pensò la madre a cui il vino bevuto cominciava a fare effetto, un particolare prestabilito del programma festivo. Intanto, però, il riscaldamento della sala si era fatto eccessivo, veramente. Così succedeva sempre, pensò la madre, con i termosifoni, non si sa come regolarli. La madre notò anche, su quelle scale che portavano alla balconata, un andirivieni di servitori agilissimi che correvano su e giù nel bagliore rossastro che vampeggiava dal soffitto. Si udì poi uno stridente cigolio di carrucole; la madre vide che quelli della balconata tiravano come marinai che traggano in secco l'ancora: quindi un bianco fagotto si levò improvvisamente dal fondo della sala e passò dibattendosi sulle due file di teste dei convitati. Era la signora C., moglie del commendatore, una delle migliori amiche della madre che trasvolava a quel modo la tavola, appesa per un piede, le vesti capovolte sulla testa. La signora C., giunta all'estremità della tavola, diede un gran balzo in alto, volteggiò un paio di volte nelle tenebre del soffitto, quindi come scagliata, scomparve in direzione della vampa rossastra. Altri stridori di carrucole intanto si levavano dalla sala. Altri convitati bruscamente sbattevano il capo contro la tavola e, sollevati per un piede, passavano dibattendosi per l'aria. Le donne parevano bianchi uccelli, con il capo più basso delle ali; gli uomini notturni pipistrelli a causa delle code nere della redingote. La madre, a tutta prima, non comprese il perché di questa faccenda. Poi pensò che, siccome il pranzo era finito, quella era una maniera nuova e divertente di uscire dall'albergo. Invece di camminare, si volava, ecco tutto.

Ora la sala rintronava di stridori e di ferrei fracassi, uno dopo l'altro i convitati trasvolavano a gran velocità la tavola, volteggiavano due o tre volte nello spazio buio e si ingolfavano con violenza nella vampa. La madre vide così partire donne belle e brutte, giovanotti e panciuti signori, ragazzine con la veste corta e nonne, dignitari, aristocratici, industriali. Tutto il convito se ne andava testa in giù e piedi in alto, allo stesso modo che se ne vanno verso il coltello i maiali nelle grandi beccherie americane. Intanto il calore si era fatto intollerabile e la madre si disse che non era davvero male che il pranzo fosse finito. Le tardava di respirare una boccata d'aria fresca.

La sposa, tirata dalla catena, sbatté la faccia sulla tavola, fu sollevata per un piede, penzolò un momento, bianco fantasma, quindi scorrendo con rapidità sulla tavola e spazzandone la superficie coi veli, giunse in fondo alla sala, si sollevò per l'aria con due o tre giri vertiginosi e fu scaraventata come gli altri dentro il rosso bagliore della vampa. Parve alla madre, nel momento che la figlia le passava sulla testa, di udire una voce, "mamma", che l'invocava. "Si sa, povera figlia mia, è emozionata," pensò la madre "ma ormai non sono più io che debbo consolarla, è suo marito." La tavola ormai era vuota o quasi. Quando la madre si sentì tirata a sua volta per il piede pensò che, tutto sommato, il pranzo era stato piacevole. Ma la fotografia da mandare ai giornali era stata dimenticata.

LA ROSA

Di maggio, nel giardino di quella villetta suburbana, accanto ai roseti si allineavano cavoli. Il proprietario del villino, un vecchio pensionato che viveva solo con la cuoca, ogni giorno, verso il tramonto, si toglieva la giacca, infilava un grembiale di rigatino e per un'ora, finché il pranzo non era pronto, sarchiava, potava, innaffiava. Le donne del quartiere, tornando a sera dai giardini pubblici insieme coi bambini, potevano vederlo, attraverso le sbarre della cancellata che, con una pompa in mano, dirigeva lo zampillo dell'acqua sulle aiuole. Ogni tanto il pensionato tagliava un cavolo e lo consegnava alla cuoca. Oppure, con le cesoie, recideva alcune di quelle rose e le metteva in un vaso nel mezzo della tavola, nella sala da pranzo. Quando una rosa era particolarmente bella, il pensionato se la portava nella camera da letto, e, riempito d'acqua un bicchiere, vi metteva il fiore e collocava il bicchiere sul comodino. La rosa restava nell'acqua a guardare il capezzale del vecchio finché non si spampanava aprendo come dita tutti i suoi petali e svelando il cuore biondo e peloso. Ma il pensionato non buttava via la rosa se non quando trovava i petali sparsi sul marmo del comodino e nell'acqua intiepidita e piena di bollicine nient'altro che il gambo spinoso.

Una di quelle mattine di maggio, una grossa cetonia dorata seguita dalla figlia ancora giovinetta, dopo aver volato invano per i giardini del quartiere senza trovare rose di alcun genere, avvistate da lontano le aiuole del pensionato, calò ronzando sopra la larga e dura foglia di un nespolo e lì, dopo aver tirato il fiato, disse alla figlia: "Eccoci giunte al termine delle nostre peregrinazioni. Se ti sporgi da questa foglia e guardi in basso vedrai parecchie rose che non aspettano altro che la tua venuta. Sinora ho voluto, data la tua giovinezza, accompagnarti e consigliarti nella scelta e nei rapporti con le rose... temevo che la novità e la violenza delle sensazioni, insieme con l'intemperanza propria alla tua età, avessero a mettere a repentaglio la tua salute fisica e morale. Ma ho visto che sei una cetonia di giudizio, come del resto tutte quelle della nostra famiglia, e ho deciso che è ormai tempo che te ne voli da sola a quelle rose che preferisci. Conviene dunque che ci lasciamo per un giorno intero; al termine del quale ci ritroveremo qui su questa stessa foglia di nespolo. Ma prima di separarci, voglio farti alcune raccomandazioni. Ricordati dunque che la cetonia è nata per divorare rose. E, inversamente, che Dio ha creato le rose affinché le cetonie se ne nutrissero. Altrimenti non si vedrebbe a che cosa quei fiori servirebbero. Ma se non trovi rose, astienti, meglio soffrir la fame che toccare un cibo indegno della tua stirpe. E non credere ai sofismi dei bruchi e di altra simile genia che tutti i fiori sono buoni. Così sembra, in principio; ma poi certe cose si vedono, e, passati gli anni della 'giovinezza, la cetonia che ha tralignato svela tutte le magagne di una vergognosa decadenza: messa al bando dalla sua nazione, le tocca farsela con i maggiolini, le vespe, i calabroni e altra simile marmaglia. Perché la rosa figliuola mia, è cibo prima ancora che materiale, spirituale. E dalla sua bellezza trae origine la bellezza della cetonia. Son cose misteriose e di più non so dirti. So soltanto che certe leggi, che a ragione vengono chiamate divine, non sono mai state infrante impunemente. Ma tu non hai bisogno di questi avvertimenti, sei una cetonia sana e diritta e certe cose le conosci d'istinto. Arivederci dunque, figliola mia, a stasera." Dette queste parole, la buona madre spiccò il volo, ché già la tentava un'enorme rosa porporina dai petali appena dischiusi; e temeva che un'altra cetonia, o la figlia addirittura, la precedesse nella conquista. La giovinetta rimase ancora qualche minuto sul nespolo a meditare il verbo materno. Quindi volò via anch'essa.

Chi non è cetonia, non può immaginare che cosa sia per una cetonia la rosa. Figuratevi un'aria azzurra di maggio, tutta percorsa da lente onde solari, in un giardino fiorito. Alla cetonia che vola, ecco, ad un tratto, si para davanti agli occhi una gonfia, bianca superficie di cui l'ombra accarezza il maestoso rilievo e la luce incorona gli orli risplendenti; una superficie di carne vasta e dolce, simile a quella di un'immane mammella pesante di latte. È il petalo esterno di una rosa bianca, ancora chiuso ma già svasato agli orli e rivelatore di altri petali fittamente accartocciati gli uni dentro gli altri. Alla cetonia, questa bianchezza immensa e intatta che subitamente invade il cielo dei suoi occhi, infonde un furore di avidità rapita e spasimosa; e il primo impulso sarebbe di avventarsi a testa bassa in quella carne superba e indifesa e morderla e lacerarla come per assicurarsene con uno sfregio l'anticipata possessione. Ma l'istinto le suggerisce una maniera più delicata di penetrare nel fiore; ed eccola aggrapparsi agli orli dello smisurato petalo e insinuarsi nella rosa. Per un momento si può vedere, tra petalo e petalo, simile ad una mano che s'introduca tra bianchi lini, il corpo verde-oro della cetonia che si divincola con vigore nello sforzo di addentrarsi; quindi scompare; e la rosa ritta sul suo gambo torna all'aspetto consueto. Così una giovinetta che, sotto il candore in apparenza ancora intatto, serbi il segreto bruciante di un primo amplesso d'amore. Ma seguiamo la cetonia nell'intimità della rosa. Tutto intorno a lei è tenebra; ma una tenebra fresca, profumata, soffice; una tenebra che vive e palpita nelle sue pieghe segrete come quella di una bocca agognata. La cetonia è stordita dal profumo della rosa, è accecata dalla bianchezza che i suoi occhi indovinano tra le connessure dei petali, è inferocita dalla morbidezza di quella carne. Essa è tutta brama come la rosa è tutto amore; e in un furore istintivo prende a divorare i petali. Non la fame, come erroneamente si crede, la spinge a squarciare e forare i petali, bensì la smania di giungere al più presto al cuore tremante della rosa. Rompe, la cetonia, con le branche, squarcia, spezza, dilania, lacera. Di questa sua furiosa penetrazione fuori nulla si avverte; la rosa, eretta e intatta nella luce del sole, custodisce senza vergogna il suo segreto. Con crescente furia intanto la cetonia ha rotto il primo, il secondo, il terzo involucro della rosa. A misura che si addentra i petali si fanno più delicati, più odorosi, più bianchi. La cetonia si sente quasi venir meno dalla delizia, le forze quasi le mancano, vibra un ultimo colpo di branche spalancando nel buio viluppo dei petali l'ultimo pertugio, finalmente tuffa il capo nella peluria bionda, inebriante di polline. E lì rimarrà stordita, persa, esausta, come morta, in quella tenebra fresca e odorosa di lì non si muoverà, esanime, per ore, per giorni interi. Ma, di fuori, neppure il più piccolo tremito dei petali tradirà, nell'innocente luce di maggio, il segreto turbamento della rosa.

Tale è il destino della cetonia. Ma la giovinetta a cui la madre, pur ritenendole superflue, aveva fatto quelle raccomandazioni, si sentiva invece diversa, irrimediabilmente, dalle compagne della sua specie. Incredibile ma vero, le rose non le dicevano nulla; e quegli atavici, ardenti sentimenti che da tempo immemorabile le cetonie provano per le belle rose profumate, la nostra cetonia degenere si sentiva invincibilmente portata a rivolgerli ai freddi e rugosi cavoli. Di questi suoi gusti la cetonia si era accorta molto presto; e in un primo momento aveva anche pensato di aprirsene alla madre; ma poi, come sempre avviene, spaventata dalla difficoltà di una tale confidenza e al tempo stesso scettica sui rimedi materni, vi aveva rinunziato; e, confidando nelle proprie forze, si era sforzata di correggersi da sola. Così, di rosa in rosa, sotto l'occhio benevolo della madre, aveva cercato di acquistare con la volontà quei gusti che l'istinto le rifiutava. Vano sforzo. Appena ella si addentrava tra i petali, subito restava ferma, come paralizzata, non già soltanto indifferente ma addirittura invasa da una insormontabile ripugnanza. Quella soffice carne le sembrava intrisa di molliccia e svenevole sensualità; quei profumi le parevano tanfi promiscui; quella bianchezza, impura tinta lusingatrice. E pur standosene immobile e piena di schifo, sognava i verdi, i freschi, i mangerecci cavoli. Non si adornavano i cavoli di falsi colori da cartolina, non si profumavano di infami e sudici olezzi, non ostentavano, quasi compiacendosene, stomachevoli morbidezze. Il cavolo era appetitoso con il suo torsolo bianco che si torce serpeggiando tra le zolle, era sano con il suo odore di erba e di rugiada, era schietto con la sua tinta verde. La cetonia malediceva in cuor suo la natura che l'aveva fatta diversa dalle altre della sua razza; o meglio, che aveva fatto tutte le cetonie diverse da lei. Finalmente, vedendo che la volontà a nulla approdava e che ella, per quanto vi si sforzasse, non riusciva ad amare le rose, decise di non ostacolare più le proprie inclinazioni ma anzi di abbandonarvisi francamente. "E del resto," pensava talvolta, cercando con un sofisma di giustificarsi e di addormentare la propria coscienza, "che cos'è il cavolo? una rosa verde... e allora perché non amare i cavoli...?"

Dopo quanto è stato detto, è facile immaginare quali fossero le riflessioni della cetonia giovinetta sulla foglia di nespolo dove la madre l'aveva abbandonata per spiccare il volo verso la rosa dei suoi desideri. Per meglio lumeggiare il dramma di quell'anima, ne riferiremo alcune: "Mala cosa nascere diversi dalla moltitudine. Non si sa perché, non si sa come, la diversità diventa, di punto in bianco, inferiorità, peccato, delitto. Eppure tra me e la moltitudine non c'è che un rapporto di numero. Avviene per caso che le cetonie nella grandissima maggioranza amino le rose; dunque è bene amare le rose. Bella maniera di ragionare. Io per esempio amo i cavoli e nient'altro che i cavoli. Così son fatta e non posso cambiarmi."

È inutile del resto riportare per esteso tutti i pensieri della sciagurata cetonia. Basti dire che, a conclusione del suo lungo ragionamento, essa spiccò il volo dal nespolo, e, dopo alcune evoluzioni perlustrative, andò a posarsi sulla verde-azzurra foglia tutta bolle, nervature e ricci di un cavolo tra i più grossi. Ma per non dare nell'occhio, finse di essere discesa sul legume per riposarsi, e assunse di conseguenza un atteggiamento rilasciato, mettendosi di fianco e appoggiando il capo sulla zampa. Fu savio consiglio; ché, di lì a un momento, ecco due cetonie sventatelle svolazzarle accanto, tutte giulive: "Non vieni? si va a rose," le gridarono quelle inebriate. Buon per loro che non si curarono nella fretta di osservare l'accoglienza fatta dalla cetonia a questa loro proposta. Ci duole dirlo, ma la cetonia, che pure era stata educata con ogni cura dalla sua mamma, ebbe all'indirizzo di quelle due una mossaccia sgarbata e plebea; quindi, dato un rapido sguardo in giro e constatato che di cetonie non se ne vedevano, finse di inciampare in una nervatura della foglia di cavolo, e si lasciò rotolare giù in direzione del cuore del legume. Un secondo dopo, aperto a colpi spasmodici di branche un pertugio nella grassa foglia membranosa, era già scomparsa dentro il grumolo ricciuto.

Che dire di più? Ci attarderemo forse a descrivere il furore con il quale la cetonia, finalmente libera di sfogare i traviati istinti, si fece strada dentro il cavolo? Come giunta al centro di tutto quel freddo e viscido fogliame, si inebriò dell'odoraccio vegetale che emanava il torsolo polputo? E come rimase tutto il giorno là dentro, svenuta, una vera giornata di orge? Io dico che su tali trascorsi è meglio sorvolare. A sera, come era stato convenuto, la cetonia si ritrasse a malincuore dalla galleria che aveva scavato nel cuore del cavolo e volò sul nespolo al luogo fissato dalla madre per l'appuntamento. La trovò che si sporgeva a guardare in giro, inquieta di non vederla apparire. La buona madre subito chiese alla figlia come fosse andata la giornata; e quella rispose con franchezza che era andata benissimo: rose in quantità. La madre scrutava il volto della figlia; ma fu del tutto rassicurata scorgendolo sereno e innocente come non mai. "Figurati," le disse allora, "è avvenuto uno scandalo... è stata vista una cetonia entrare sotto le foglie, inorridisco a dirlo, di un cavolo." "Che orrore," disse la figlia; ma il cuore prese a batterle furiosamente. "E chi era?" "È quello che non è stato possibile appurare," rispose la madre. "L'hanno vista che si era già addentrata sotto le foglie nascondendovi il capo... ma dalle elitre giudicano che fosse molto giovane. Povera quella madre che ha avuto la disgrazia di mettere al mondo una tale figlia. Io ti confesso che se sapessi che mia figlia avesse di questi gusti, morirei di dolore." "Hai ragione," disse l'altra, "son cose che la mente si rifiuta persino di pensare." "Andiamo," disse la madre. Nel crepuscolo tiepido volarono via verso altri giardini, le due cetonie, discorrendo.

L'ALBERO IN CASA

Tra Odenato e la moglie Carina era un continuo discutere circa l'opportunità del vivere in seno alla natura, ovvero tra le sole opere umane. Odenato, uomo d'ordine e uomo di studio, pendeva per un vivere civile, casalingo, urbano, lontano dalle violenze e dai misteri naturali; Carina, invece, amava gli esercizi all'aria aperta, il nuoto, il sole, i boschi, il camminare nudi sulle spiagge e altre cose simili. A voler dilatare il conflitto sempre da essi mantenuto nei limiti degli affetti coniugali, si potrebbe dire che il marito rappresentasse una civiltà razionale, umana, cittadina, eccetera eccetera; e la moglie il contrario giusto. Si danno talvolta nelle famiglie borghesi questi contrasti minimi che ne adombrano di giganteschi.

Il conflitto, però, come abbiamo detto, era stato sempre contenuto nei limiti del sodalizio coniugale. Non andavano d'accordo su quel particolare, era vero; ma per il resto l'intesa non avrebbe potuto essere più completa. E tutto avrebbe sempre filato diritto se ad un tratto non fosse sorta la questione conturbante dell'albero.

I due coniugi, agiati se non ricchi, abitavano in un palazzo antico del centro della città. L'appartamento, tra le altre stanze, conteneva un vasto salone. Ora, un giorno, tornata a casa sulle prime ore del pomeriggio, Carina trovò il marito che, armato di un attizzatoio, si accingeva a stroncare un arbusto o meglio un alberello ancora tenero che era improvvisamente cresciuto in un angolo del salone, tra il camino in stile Impero e la credenza in stile Luigi XV piena di statuette rococò e di porcellane di Sèvres. La pianta, o arboscello che fosse, aveva già un metro di altezza. Era una pianta che la moglie di Odenato non aveva mai veduto. Alta e diritta, con foglie grandi e verdi, lustre da una parte e leggermente pelose e bianchicce dall'altra, foglie, insomma, molto simili a quelle del platano; senonché, invece delle punte che spesso fanno rassomigliare la foglia del platano ad una mano dalle dita aperte, queste foglie avevano forma di cuore. Ma un cuore che avesse due punte, o meglio due cuori fusi in uno, in tutto simili a quelli che gli innamorati incidono sulla corteccia degli alberi e riuniscono con una sola freccia che li trafigge. Questo arbusto veniva su dall'impiantito composto di tasselli di legno. Si poteva benissimo vedere come le sue radici ancora esili affondassero le loro barbe tra l'uno e l'altro tassello.

La moglie diede un grido, vedendo Odenato brandire minacciosamente sulla tenera pianticella quel suo brutale attizzatoio; e giunse appena in tempo per sviare il colpo che piombò invece sulla credenza Luigi XV infrangendone il vetro. Seguì una discussione piuttosto aspra: come sempre avviene in questi casi, l'albero, per sé insignificante, dava occasione di sfogarsi a molti antichi rancori. Odenato sosteneva che si dovesse strappare la pianta la quale, a parer suo, mal si accordava con lo stile dell'arredamento. Carina gli rimproverava il solito odio contro la natura. "Ecco come siete," gridava: "appena vedete un albero, il vostro primo pensiero è di abbatterlo... ma non sapete che gli alberi sono sacri?" A questo, Odenato rispondeva che egli non aveva nulla contro gli alberi; ma, insomma, in casa un albero è un bell'imbarazzo. Senza contare che c'è albero e albero. Ancora fosse stato una quercia, nobile albero delle cui fronde si incoronavano gli antichi guerrieri, o un alloro sacro alle muse, o un ulivo pio e pacifico, o un cipresso funereo ma pensoso, o anche magari un abete da ornarsi a fine d'anno di candelette e ghirlande; ma quell'albero lì chissà da dove era piovuto e che alberaccio era. Al che la moglie: "Ma insomma che fastidio vi dà?" rispondeva. "Non abbaia come un cane, non sporca come un uccello... è silenzioso, discreto... no, no, è proprio un partito preso, il vostro." Odenato, riposto l'attizzatoio sotto il camino, pur sempre protestando contro la presenza dell'albero, pian piano si ritraeva, sotto le invettive della moglie, in direzione del suo studio. Egli cedeva quasi sempre a Carina, tanto più irruente e autoritaria di lui. Purché, come soleva dire, non mettesse il naso tra i suoi libri, per il resto poteva fare quel che voleva. Così quel giorno, dopo aver ripetuto con sufficiente fermezza che egli non approvava affatto questa faccenda dell'albero, Odenato aprì l'uscio dello studio e scomparve.

Carina, quel giorno, passò il pomeriggio e la serata leggendo trattati di botanica e cercando a quale specie potesse appartenere l'albero misterioso. Che fosse un albero non potevano esserci dubbi perché già il tronco aveva un colore e una consistenza legnosa. La forma della foglia poi permetteva di ascriverlo senz'altro alle latifoglie con fogliame caduco. Fin qui Carina camminava sopra un terreno sicuro. Ma poi, quale nome si dovesse dare all'albero, questo era impossibile decidere. Doveva però essere un albero a rapida crescita perché Carina non ricordava di averlo visto la sera avanti durante un piccolo ricevimento che aveva avuto luogo nel salone. In una notte si era levato fino a mezzo metro circa di altezza. Carina calcolò che a questa stregua l'albero avrebbe raggiunto i tre o quattro metri dentro una settimana. Tra queste indagini ella si levava ogni tanto e andava ad accarezzare le foglie dell'albero. Quella sera Odenato, ingrugnato, ostentò a tavola di non volere parlare alla moglie. Ma Carina pensava al suo albero e si sentiva felice.

I giorni seguenti le previsioni di Carina si verificarono puntualmente. L'albero cresceva, è il caso di dirlo, a vista d'occhio. Quasi pianta la sera avanti, al mattino era già arboscello. Il tronco, già legnoso al pedale, si andava scurendo anche verso l'alto e il bruno della scorza adulta scacciava visibilmente il verde vegetale. Anche i rami acquistavano forma, i maggiori ingrossandosi, i minori cambiando la tenera polpa in fibra flessibile e rivestita di corteccia. Un ramo tra gli altri giungeva fino alla credenza che il giorno avanti non aveva neppure sfiorato. Carina era al colmo della gioia. E lo stesso Odenato, benché ripetesse che la cosa non mancava di inconvenienti, il principale tra tutti essendo quello di introdurre una stonatura nell'arredamento del salone, dovette convenire, seppure a denti stretti, che era un bell'alberello. Carina trasportata dall'entusiasmo quel giorno non si occupò che dell'albero. Ella ripiegò il tappeto di Bucara che stendeva la sua punta nell'angolo e strappò un paio di foglioline decisamente vizze. Andò quindi a prendere un'innaffiatoio e versò un lago di acqua sul pavimento. Il lago ben presto rimpiccioliì e scomparve, segno evidente che l'albero si era bevuto tutta l'acqua.

Poi, dopo questi felici inizi, l'albero non fece che crescere. Il tronco, grosso ormai quanto una gamba d'uomo, si levava fin quasi a mezza parete con una leggera inclinazione verso il centro della stanza. La scorza aveva ormai raggiunto il suo aspetto definitivo, una scorza liscia, morbida, chiara, qua bianca, lì giallognola, più in su azzurrina, molto simile a quella dell'eucalipto. L'albero aveva quattro rami principali. Uno sporgeva dalla parte della credenza nascondendo provvidenzialmente il vetro infranto da Odenato, il secondo da quella del camino sul quale la Psiche che adornava il pendolo Impero scompariva ormai nel verde, il terzo più grosso forse perché più libero di stendersi a suo agio avanzava le sue fronde fin quasi nel mezzo del salone, il quarto infine si levava verticalmente schiacciato contro l'angolo del soffitto. L'albero prosperava, insomma. Carina al colmo della gioia invitò le sue amiche più intime affinché ammirassero l'albero. Vennero, queste donne, piene di curiosità; ché avevano già sentito parlare dell'albero ma confusamente e credevano, insomma, che si trattasse di una delle solite fucsie o azalee o altrettali piante che le signore tengono in vasi negli angoli dei salotti. Ma restarono di stucco vedendo che era invece un vero e proprio albero, con radici, tronco, rami e tutto; ardimento singolare anche in un tempo come questo di mode stravaganti. Così per un momento lo stupore e l'invidia le fecero ammutolire non soltanto oralmente ma anche mentalmente. Insomma non sapevano, quelle pettegole, che cosa dire né pensare. Ma poi, lasciata la casa di Carina, si rinfrancarono e incominciarono a dirsi che dopo tutto non era quella gran cosa che Carina credeva. Era sì un albero, e con questo? Sarebbe stato molto più originale tenere nel salotto che so io? un'uccelliera o un leoncello addomesticato. Del resto, soggiunse un'altra, a che serviva un albero? Immobile come un masso, muto come un pesce, neppure poteva dirsi che Carina potesse servirsene per ripararsi dai raggi del sole. C'erano già le pareti della casa, ad assolvere quest'ufficio. No, conclusero le maligne, era un'eccentricità bella e buona e per giunta di dubbio gusto.

Dopo una settimana, l'albero ormai adulto aveva raggiunto al pedale il diametro enorme di un metro e mezzo. L'inclinazione del tronco verso il centro della stanza si era accentuata, pareva che l'albero piuttosto che rami stendesse braccia a prendere possesso della sala. E il colore chiaro e carnale della scorza confermava quest'impressione di animalità tentacolare. Le radici nerborute e attorte si ficcavano come artigli tra i tasselli dell'impiantito, sconvolgendoli e sollevandoli. Carina, invasata d'amore per il suo albero, aveva fatto sgombrare del tutto il salone. E strana cosa invero era penetrare nello stanzone e tra quelle quattro disadorne pareti tappezzate di rosso damasco non trovare che l'albero, enorme, solitario, confinato in un angolo, simile ad una piovra vegetale, con le braccia fronzute protese a ghermire lo spazio o levate in alto a perlustrare il soffitto. Quasi sorprendeva che un essere così membruto e prepotente non avesse voce e non gridasse le sue pretese con accento cupo e corrucciato. Ora, Odenato, pur di essere lasciato in pace, non si opponeva più alla moglie. Ma poi, con gli amici, nel segreto dello studio, si sfogava. "Non che sia contrario all'albero in sé," diceva, "ma ogni cosa al suo posto... gli alberi nel bosco e l'uomo in casa... che significa un albero in un salone? Questo ficcare la natura dentro le case è una moda nordica... i nordici, forse memori del tempo ancora recente in cui si raggomitolavano nei cavi delle querce, riempiono le loro dimore di piante... ma noi apparteniamo ad una civiltà più antica... non tolleriamo confusioni o contaminazioni... le nostre città sono di pietra... e la campagna comincia fuori e non dentro le mura..." Così, gravemente, Odenato. Ma gli amici tra di loro dicevano che era un uomo debole e che in casa, insomma, chi portava, come dice il volgo, i pantaloni, non era lui sibbene la moglie.

Andò a finire che, una bella notte di quell'estate, uno scricchiolio tremendo seguito dal fracasso di un diluvio di calcinacci destò i due coniugi. Accorsero essi nel salone e le prime cose che videro furono, attraverso un largo squarcio del soffitto, le stelle e la falce della luna. "Caro il mio albero che vuol godersi il fresco," esclamò Carina correndo a dare un bacio al tronco del suo prediletto. "Ecco come sono le donne," pensò Odenato indispettito. Ma non ardì neppure questa volta protestare.

Dopo un mese l'albero riempiva di fogliame compresso e aggrovigliato tutto il salone. Si apriva l'uscio e ci si trovava faccia a faccia, per così dire, con una foresta. Foglie, foglie e foglie. In tali condizioni non è da stupirsi che una di quelle notti Odenato si trovasse l'albero addirittura nel letto. Proprio così. Un ramo, entrando per l'uscio schiantato, si era allungato fin sul talamo dello studioso. I due coniugi si trovarono così divisi senza rimedio da una barriera di fronde e di rami. Odenato si lagnava inoltre che l'albero gli crescesse addirittura addosso, incomodandolo con certi spuntoni nel dorso e nelle gambe. Ma Carina gli rispondeva che era proprio insofferente e non capiva nulla. A lei, invece, sentirsi lungo il corpo quel brulichio di fronde faceva un effetto tutto diverso. Un bagno di natura, ella diceva.

Con l'autunno le foglie caddero riempiendo il salone di mucchi gialli e sonori. Carina fece venire un tagliealegna che potò l'albero. Per qualche giorno gli studi di Odenato furono disturbati dai colpi dell'accetta. Finalmente, fiera come una madre che mostri il proprio bambino con i capelli tagliati per la prima volta, Carina presentò al marito l'albero potato, ridotto ai rami più grossi, senza foglie né propaggini, più che mai robusto e membruto, pronto a sfidare i rigori dell'inverno. Odenato, ormai rassegnato, finse di ammirare. Ma dentro di sé pensava che la natura è un bel guaio e che una civiltà che si rispetti dovrebbe tenerla lontana più che sia possibile.

L'ISOLA

Dopo parecchi giorni di navigazione giungemmo in vista dell'isola di Valve. Quest'isola che si leva sul mare con uno smisurato cono tronco di una nerezza di pece, altro non è, a quanto apprendemmo, che un antico vulcano spento. La nerezza dei suoi fianchi è quella della lava rappresa, l'aspetto bizzarro della montagna così mozza e slabbrata ricorda la prima eruzione che ne trasformò il culmine in cratere. L'isola non ha porti e una larga zona sabbiosa circonda la montagna; di sabbia anche gialleggia tutto il mare intorno; di modo che le navi per non arenarsi debbono gettare l'ancora molto al largo e poi mandare a terra i palischermi.

La città di Valve è situata dentro il vulcano. Là dove un tempo le viscere della terra eruttavano fuoco, fumo, lava e lapilli, sul fondo placato del cratere che è di un giallo vivace di zolfo, i valvassini (così, per eccezione, si chiamano gli abitanti di Valve) hanno costruito una città che è tutta nera, essendo le case edificate con blocchi di lava raffreddata. Alla città si giunge per una galleria o meglio un forame scavato in fondo ad una grotta tra le tante che aprono le loro latebre nei fianchi del vulcano. Tale forame, buio e angusto, mantiene intatta la sorpresa a chi, dopo averlo attraversato, sbuca ad un tratto nel cratere. Vede, il visitatore, la città nera raccolta sul fondo sulfureo, e tutt'intorno, alte fino al cielo, le pareti rupestri del cratere. Queste pareti sono tutte striate e screziate di sbavature e lingue di un colore infernale che va dal giallo zolfo, attraverso l'arancione e il rosso vermiglio, fino al rosso cupo del sangue coagulato; di modo che a prima vista si crederebbe di essere circondati da altissime e divampanti fiammate; e quasi ci si meraviglia di non ardere e potere camminare e respirare a tutto agio.

Nella città invano si cercherebbe un solo oggetto bianco, il quale per i valvassini è colore infame e spaventoso. Gli stessi abitanti sono neri; e l'origine di questa nerezza è oltremodo singolare. Dicono che essi nascono bianchissimi, come da noi; e che in odio alla bianchezza i genitori subito procurano di infettarli di una curiosa malattia di cui sono tutti affetti. Questa malattia è una specie di lebbra per cui la pelle di tutto il corpo si tumefà, si arriccia e annerisce diventando molto simile alla pelliccia dell'astrakan. Soltanto, l'astrakan ha quei suoi riccioli di lana mentre i valvassini i riccioli li hanno di carne tumefatta e callosa. Codesti riccioli, a quanto pare, producono una speciale insensibilità simile assai a quella appunto della lebbra e della cancrena. I valvassini, infatti, così neri e brulicanti di riccioli, girano ignudi e non sentono né il freddo, né il caldo, né le ferite, né le percosse. Non c'è infante, a quanto mi si dice, che dai genitori non venga infettato, appena nato, della detta lebbra. Il decorso, poi, della quale è il seguente: fino a dieci anni circa la pelle è nera e tumefatta ma ancora intatta e umida, a venti si rompe, s'incallisce, si arriccia e diventa insensibile, da venti a quaranta si direbbe che la malattia rimanga stazionaria, ma dopo i quaranta il valvassino comincia semplicemente a cascare a pezzi. Questi pezzi, che si staccano dal corpo come i rami secchi dal tronco di un albero, appaiono all'esame leggeri e duri, in tutto simili alle scorie che lascia il carbone dopo aver bruciato. I pezzi cadono nelle occasioni più disparate e il valvassino, finché può, non interrompe le solite occupazioni. Qui una gamba, là un braccio, più in là un piede. Finalmente, in un giorno qualsiasi, la testa rotola a terra e questo è il segno che l'individuo è morto. I suoi parenti dicono che il defunto è volato in Paradiso. Questo Paradiso poi, a quanto ci parve di capire, consiste in una notte sempiterna, senza stelle né altro lume, in cui essi si aggirano intorno un astro spento che ne è il centro e che mal si distingue per la sua nerezza dall'oscurità circostante.

I valvassini di giorno stanno rimbucati nelle loro case di lava che mancano di finestre e nelle quali si entra spostando semplicemente un blocco tra gli altri. Ma a notte escono e vanno a caccia di una specie di serpente o meglio di gran verme che è il loro solo nutrimento e che, nella loro barbara lingua, essi chiamano tivuk. Il verme tivuk è una bestia che può raggiungere anche i venti metri di lunghezza e la grossezza di un braccio d'uomo e se ne sta arrotolato nelle latebre numerose onde è sforacchiato il cratere. Il modo tenuto dai valvassini per cacciare questo verme è il seguente: il verme di solito sporge con la punta della coda fuori dalle buche in cui sta nascosto. Questa coda è sensibilissima e i valvassini con la punta dell'unghia del dito indice procurano di solleticarla. Il solletico produce nel verme dapprima un piacere evidente per cui comincia a contorcersi ed a uscire dal suo buco, poi, continuando il solletico, il verme esce del tutto, dà in convulsioni e muore. Il verme è giallo e sprovvisto di denti e artigli. Tutti i valvassini, allo scopo di fare quel solletico di cui si è detto, conservano con cura gelosa una loro lunga unghia nera. Dicono che non c'è altro modo di fare uscire il verme dal suo nascondiglio. A tirare, si spezza subito, non lasciando in mano al cacciatore che la punta della coda la quale poi si riforma come quella delle lucertole. I valvassini non conoscono il fuoco, per quanto possa parere strano dato il luogo dove abitano. E tagliano il verme in tante rondelle di polpa color arancione che divorano crude.

Ma il particolare più singolare che ci fu dato di osservare durante la nostra visita, fu una macchina di legno montata in un punto della landa che circonda il vulcano. Questa macchina, fabbricata in tempo immemorabile con il legno di una nave naufragata, ha l'aspetto di una catapulta medievale. E infatti scaglia palle di lava grosse come la testa di un bambino. Dietro la catapulta, la parete del vulcano si leva in quel punto quasi verticale, nera e liscia. Ora, sulla parete, è dato di vedere, scolpita a basso rilievo, una figura gigantesca tutta lucidata e sfaccettata. Questa figura, che ha forma di fiero e sannuto personaggio, con i capelli ritti e il corpo tutto ricciuto come quello dei valvassini, rappresenta, come apprendemmo, il dio di Valve chiamato Valvone. Così quel punto della landa è sacro come un tempio; e quella catapulta non è una macchina da guerra, come potrebbesi a prima vista supporre, bensì uno strumento del rito.

Il quale poi consiste in questo: quando la luna raggiunge tutta la sua pienezza, se la notte è limpida e senza nubi, da quel punto della landa e non da un altro, è dato di vedere volare per l'aria certi uccelli che i valvassini chiamano angmalil. Quest'uccello angmalil non si sa di che cosa si nutra né dove nidifichi. La sola cosa che si sappia è che vive in tribù numerose le quali viaggiano senza posa al di sopra del mare, sempre volando in cerchio in modo da formare una specie di carosello, un po' come fanno le rondini; soltanto che il loro ordine è molto più serrato e folto, tanto che da lontano lo stuolo prende l'apparenza di una ghirlanda o anello sospeso per l'aria, rotante su se stesso vertiginosamente, di una bianchezza azzurrata che è appunto quella delle penne dell'angmalil. Da questa corona di volatili si diparte una musica come di voci argentine ed esaltate, più limpida e più alta che qualsiasi coro di grande cattedrale; una voce terribile al dire di certuni, soavissima al dire d'altri; una voce che fa tremare tutta la notte e pare la voce stessa, tante volte descritta e mai udita, delle sfere celesti. Questa voce è un altro mistero, al pari dell'origine e dell'esistenza dell'angmalil, perché l'uccello, a quanto sembra, preso da solo non sa emettere che brevi e sgradevoli suoni rauchi. Lo stuolo degli angmalil ritorna ad epoca fissa in quel punto del mare in cui sporge il promontorio della catapulta, altro fatto misterioso. Si dice che lo stuolo nel suo perpetuo movimento obbedisca alle stesse leggi che regolano il ritorno delle comete. Comunque i valvassini si tengono pronti per quella notte; che da loro è notte di festa e rituale. In quella notte i sacerdoti si appostano dietro la catapulta e tutta la popolazione si assiepa intorno sulla landa.

Molte ore passano in preghiere a Valvone affinché mantenga il cielo sereno e sgombro di nubi. Sorge intanto la luna e spande la sua luce bianca sulla superficie del mare. Ed ecco, all'ora solita, apparire all'orizzonte lo stuolo degli angmalil, ancora piccolo, simile ad una coroncina bianca. La corona ingrandisce a vista d'occhio e con essa la musica cristallina e vibrante che l'accompagna, la corona si avvicina, grandeggia bianca e folta sulla catapulta in un moto vertiginoso di tregenda, mentre la musica si fa terribile e acutissima, scuotendo tutta l'aria. Due o tre proiettili hanno appena il tempo di partire dalla macchina che già la corona si allontana ruotando, impallidisce, si confonde nella notte lasciando nell'aria l'eco della sua musica. Ma in quel breve istante del loro passaggio sull'isola, due o tre angmalil sono stati colpiti e giacciono morti sulla landa.

I valvassini non toccano i volatili ma li lasciano dove cadono, sfracellati sulla sabbia o in balia delle onde che secondo il succhio e il risucchio li sbattono per più giorni sulla riva. Pare che tutto il rito sacrificale consista appunto nell'abbattere e poi lasciare putrefare intorno alla macchina, ai piedi di Valvone, gli uccelli morti.

Noi potemmo avvicinarci abbastanza per vedere uno degli angmalil abbattuti quella notte. Fummo assai delusi constatando che non differiva gran che da una comune procellaria; soltanto il doppio più grande. Ma il corpo dell'angmalil è rivestito di piume molto più fini e folte di quelle della procellaria. E il suo becco lungo e aguzzo è azzurro.

Abbattuti gli uccelli, i valvassini, senza toccarli, come è stato detto, se ne tornano al chiaro di luna, per la landa, verso la galleria. Sulla landa restano uno o due angmalil abbattuti, le grandi ali aperte, le zampe stecchite, le teste rovesciate e sanguinose. Un altro va su e giù nell'onda nera del mare, davanti la catapulta abbandonata. Tutt'intorno biancheggiano penne e ossami.

Richiesto ad uno degli abitanti donde derivasse il rito, non seppe darci alcuna spiegazione. Ma disse che Valvone gradiva tanto l'uccello quanto l'atto di abbatterlo. Questo spiega perché, una volta abbattuti, gli uccelli non vengano né toccati né utilizzati. Come avviene in popoli non meno selvatici che si adornano il capo delle penne. O nelle più civili contrade in cui si fanno diademi per le donne e coltroni per i letti.

IL QUADRO

Tale Martinati, commerciante di liquori, trovandosi con una grande abbondanza di denaro, come si dice, liquido, preso consiglio da un suo nipote frequentatore di ambienti artistici, decise di investire una parte dei suoi risparmi nell'acquisto di quadri. Il Martinati, che non se ne intendeva, lasciò fare al nipote, il quale ebbe presto fatto di mettergli insieme una piccola raccolta di opere di tutti i nostri migliori pittori contemporanei.

Il Martinati un tempo non avrebbe dato un soldo delle tele che il nipote gli faceva comperare a caro prezzo. Egli era rimasto fermo ai due concetti del bello in natura e dell'imitazione del vero; ove avesse obbedito ai suoi gusti, avrebbe acquistato quei paesaggi suggestivi, quei personaggi stereotipati, contadinelle, pastori, scugnizzi, quelle nature morte commestibili che riempiono le sale dorate dei mercanti d'arte più bassi e commerciali. Tuttavia il Martinati, uomo ignorante, non aveva il coraggio di contraddire apertamente il nipote; e, sospirando, continuava ad affollarsi la casa di queste tele, che a lui, più che dipinte, parevano malamente imbrattate.

Ma c'era tra lui e il nipote una sorda guerra, una polemica sotterranea. Pur continuando a sborsar quattrini per l'acquisto di supposti capolavori, il Martinati meditava di prendersi di sorpresa una rivincita sul parente presuntuoso. Voleva comperare segretamente un quadro e tutto ad un tratto presentarlo al nipote. Costui avrebbe strepitato, si sarebbe preso gioco di lui, poco importava. Almeno tra tante chiazze di colore che gli deturpavano i muri di casa, il Martinati avrebbe saputo dove posare gli occhi.

233

Il Martinati, che era diventato frequentatore assiduo di aste e di antiquari, pensò finalmente di aver trovato il fatto suo. Si trattava di un quadro di vaste proporzioni raffigurante, come gli disse il mercante, Marcantonio, quel grande generale, e la regina Cleopatra. Vi si vedeva, in ricche vesti, la regina seduta in trono e il generale accovacciato ai suoi piedi, quasi a significarne la dipendenza sentimentale. Nello sfondo si distingueva una grande sala con colonne di marmo e volte affrescate. Al Martinati, oltre che per la nobiltà del soggetto, il quadro piaceva assai perché, come disse alla moglie, le due figure erano veramente vive, non gli mancava che la parola. Il Martinati, sempre ad insaputa del nipote, pagò il quadro e se lo fece mandare a casa.

Appeso il quadro al posto d'onore nella sala da pranzo, il Martinati invitò il nipote e non senza trepidazione gli mostrò il suo acquisto. Il nipote non lanciò più di un'occhiata al quadro, domandò quindi al Martinati quanto l'avesse pagato e alfine dichiarò freddamente che il quadro era una vecchia crosta e valeva meno della cornice in cui era incastonato. Irritato, il Martinati rispose che lui era convinto del contrario. Non fosse altro che per la verità delle due figure che parevano vive. Se quel quadro, con quelle due figure così simili a due persone vere, non valeva nulla, che cosa valevano in tal caso le tele impiastricciate ed incomprensibili che il nipote gli aveva fatto comprare? Il nipote levò le spalle e disse che gliel'aveva già spiegato tante volte: in pittura contava l'arte non l'oggetto rappresentato. Rispose il Martinati che secondo lui la principale qualità di un quadro era di raffigurare cose che si potevano capire e ammirare. Altrimenti tanto valeva tenere le pareti sgombre. Insomma, la discussione inveleniva. Dopo aver tentato un'ultima volta di spiegare allo zio quel che fosse la buona pittura, il nipote gli diede del testardo e dell'ignorante e se ne andò sbattendo la porta.

Quella stessa sera, a tavola, il Martinati disse alla moglie: "È inutile... non mi lascerò mai convincere che siano preferibili delle chiazze insignificanti di colore piuttosto che due figure come quelle, così vive e reali che sembrano saltare fuori dal quadro." In così dire, levò involontariamente gli occhi e gettò uno sguardo al quadro. Allora il cucchiaio che portava alla bocca gli ricadde nella scodella, vedendo che quelle due figure così vive e così reali, avevano addirittura cambiato atteggiamento. Erano, prima, l'uno ai piedi dell'altra. Ora invece, incredibile vista, Marcantonio, sedutosi a sua volta in trono, aveva preso Cleopatra sulle ginocchia. L'atteggiamento era confidenziale; ma le due figure conservavano tutta la loro maestà.

Il Martinati, non credendo ai propri occhi, disse alla moglie che guardasse anche lei. La moglie guardò e riconobbe che, effettivamente, le due figure avevano cambiato atteggiamento. Ma la moglie non stupì come il Martinati. Con molto buon senso ella fece osservare al marito che, come egli stesso diceva, le due figure erano proprio vive. Che c'era allora di strano che, stanche di stare sempre nello stesso atteggiamento, avessero voluto mutarlo? Il Martinati, dopo riflessione, dovette riconoscere che l'osservazione non era priva di fondamento. Finirono così di mangiare commentando il fatto e ogni tanto guardando furtivamente ai due abbracciati, lassù nel quadro.

Il giorno dopo, nuova sorpresa: Marcantonio, forse geloso, inveiva in piedi, le braccia alzate, contro Cleopatra; la quale pareva, lei, rispondergli per le rime. La moglie disse che, almeno a giudicare dalle apparenze, Marcantonio aveva tutte le ragioni di comportarsi in questo modo. Cleopatra era una famosa civetta. Ma il Martinati difese Cleopatra. Con tanto calore che la moglie, punta a sua volta dalla gelosia, gli rimproverò di nutrire una segreta inclinazione per la lussuriosa regina. I due coniugi andarono a letto imbronciati.

Quella notte, oltre alla capacità di muoversi, i due personaggi parvero acquisire ad un tratto anche quella di parlare. Il Martinati, destato da un rumore di voci concitate che giungeva dalla sala da pranzo, si levò in camicia e in punta di piedi andò ad ascoltare. La voce della regina era riconoscibile per i toni flautati e perfidi; quella di Marcantonio, invece, era rude e violenta. Ma le parole non si capivano. Parlavano forse latino, forse greco, forse qualche lingua orientale. Il Martinati, nascosto dietro la porta, stette un pezzo ad ascoltare quelle due voci che bisticciavano; affascinato, come disse poi alla moglie, da quel dialogare al buio in una lingua sconosciuta, di suono petroso e arcaico, che pareva evocare tutto un mondo perduto. Finalmente, sentendo il freddo salirgli dai piedi nudi su per tutto il corpo, sporgendosi alquanto, arrischiò qualche discreto zittio. Ma i due non se ne diedero per inteso. Scoraggiato, il Martinati se ne tornò a letto. Tutta la notte, nel dormiveglia, udì quei due bisticciare al buio, nell'attigua sala da pranzo.

Dopo quella notte, i due personaggi moltiplicarono i segni di vita. Ora parlavano, ora si mettevano negli atteggiamenti più strani e più liberi, ora, addirittura, se ne andavano per una porta dipinta nel fondo della tela e lasciavano il quadro vuoto. Soprattutto questo fatto di andarsene dava fastidio al Martinati. Va bene discutere di notte, egli diceva, passi pure abbracciarsi, accarezzarsi e simili, ma scomparire, via, era un po' troppo. Egli non aveva sborsato i soldi per avere un quadro vuoto. La moglie gli rispondeva che con queste parole egli dimostrava, al solito, il suo animo grossolano e interessato. Quei due non erano due poveretti che possedessero una sola stanza. Erano una regina e un condottiero romano. Chissà quante altre sale c'erano in quel loro palazzo. Troppo giusto che, stanchi di essere sempre lì in mostra, ogni tanto si eclissassero. Il Martinati ribatteva che erano stati dipinti per stare in cornice, non per andarsene per i fatti loro.

Il massimo inconveniente di quelle figure così vive restava però l'indiscreta e rumorosa natura dei loro rapporti. Ormai non passava giorno né notte che non bisticciassero per qualche loro motivo. Questi loro continui litigi producevano molti turbamenti. Prima di tutto suscitavano tra il Martinati e la moglie litigi affini, perché la moglie prendeva le parti del povero Marcantonio, vittima, a suo dire, di una donna senza pudore né scrupoli, mentre il Martinati difendeva galantemente la bella regina. E poi, con il fracasso gutturale e rotto delle loro voci, impedivano ai due coniugi sia di mangiare in pace di giorno, sia di dormire di notte. Non c'era alcun dubbio, ormai, le due figure erano vive, vivissime; ma il Martinati cominciò a desiderare che, almeno di notte e durante i pasti, fossero un po' meno vive.

Andò a finire che il Martinati prese a considerare con tutt'altro occhio le tele già tanto disprezzate che il nipote gli aveva fatto acquistare. Era vero che le donne nude dai piedi enormi e dalle facce storte e gli uomini strabici e contraffatti che popolavano quelle tele non si muovevano né parlavano; ma ora questa loro irrealtà pareva di gran lunga preferibile alla vivezza dei due regali amanti. Quei nudi, quei ritratti, insomma, facevano il loro dovere che era poi di starsene immobi-

i in cornice. Il Martinati disse alla moglie che, a ben guardare, avevano forse ragione i pittori moderni di dipingere a quel
modo, fuori d'ogni realtà e di ogni verisimiglianza. A lungo
andare una vivacità come quella del quadro antico diventava
insopportabile.

Il Martinati, dopo avere molto esitato, una notte che le
due voci litigavano più aspramente del solito, si decise finalmente. Andò nella sala da pranzo, staccò il quadro e, noncurante del dialogo che vi si svolgeva, lo trasportò in soffitta po-
sandolo in terra contro una vecchia poltrona sfondata. Quindi chiuse a chiave la porta e se ne tornò a letto.

IL POZZO

Che cosa non può la forza di un mito, ove sia sorretta da adeguata ostinazione? Certo Albanese, giovane e ricco provinciale, tanto si adoperò coi doni, con le parole, con l'assidua presenza da imporre la propria esistenza a Lauta, l'attrice de cinema che noi tutti conosciamo. L'Albanese non chiedeva molto; voleva soltanto essere ammesso nella intimità dell'attrice, foss'anche per un'ora sola; poi, tornato al paese, avrebbe pensato lui a dilatare quell'ora in mese o in anno e a riscaldare la freddezza della visita mendicata e concessa come un'elemosina fino al fuoco di un incontro d'amore. Come si vede l'Albanese più che da passione era portato a visitare la donna da vanità; quella stessa vanità municipale che in altri tempi lo avrebbe spinto a lunghe anticamere in casa delle favorite regali.

Ma non fu facile inserire una visita così oziosa nella giornata compressa e folta dell'attrice. Dopo molte esitazioni, Lauta disperando di levarselo dai piedi, gli disse che venisse pure di buon mattino. Avrebbe assistito alla sua toletta e poi, se voleva, l'avrebbe accompagnata in una breve passeggiata igienica nei giardini pubblici. L'Albanese, che non aveva sperato tanto, si reputò assai fortunato.

Il mattino dopo, l'Albanese si presentò all'ora fissata; e fu subito introdotto nella camera da letto dell'attrice. Lauta, in quel momento, stava seduta sopra uno sgabello, davanti agli specchi della toletta, e più immobile di una statua e più inerte di un cadavere, si lasciava acconciare da due cameriere. L'Albanese, già turbato dall'idea di avere ad assistere al levare di una donna così bella e celebre, rimase senza fiato come vide

Lauta. Ella non era vestita che di una leggera e traforata camicia che le giungeva fino a mezza coscia e lasciava nude le braccia, le spalle e buona parte del petto. Diana nella sua tunica succinta, si sarebbe detta, non ci fossero stati tutti quei ricami trasparenti che svelavano più che non ricoprissero le ghiotte perfezioni di quel corpo e facevano piuttosto pensare alle galanterie di certe scollacciate stampe libertine. D'altronde Lauta nulla aveva della bellezza classica, rassomigliando semmai a quelle statue di cera colorate che si veggono esposte nelle vetrine dei parrucchieri; o a quelle donne che sono prescelte per figurare, tra mandorli in fiore e auguri corsivi di Buona Pasqua, nelle brillanti cartoline erotiche. Ella aveva un viso di un ovale perfettissimo, lezioso addirittura, incorniciato da tutta una massa di riccioli castani. Gli occhi azzurri, liquidi, parevano di vetro; di cera il naso stretto e diafano e le guance delicatamente rosee; la bocca infine era in tutto simile a quelle di cui un tempo si sarebbe detto che Amore vi scherzava e svolazzava intorno: bocca vezzosissima quanto inespressiva che ad ogni sorriso scopriva con regolarità due file di denti serrati ed eguali. Grande, alta, fatta per tutta la persona come al tornio, Lauta stava impettita, il viso di bambola immobile in cima al bel collo. Una cameriera le stringeva in un ferro rovente i riccioli allentati, un'altra, inginocchiata in terra, accoglieva il piccolo piede dell'attrice nel grembo servile facendo risalire con dita leggere la calza di seta su per la lunga, liscia, elegantissima gamba.

L'Albanese si rendeva conto che non aveva che poco tempo per raccogliere quella messe di osservazioni che poi gli avrebbero permesso di fare bella figura tra gli amici del paese natio. Così raccomandò all'attrice di non occuparsi di lui, raccomandazione del tutto superflua perché Lauta non si era neppure voltata per rispondere al suo saluto; e, sedutosi in un canto, incominciò a guardare. Era la prima volta, si può dire, che gli accadeva di penetrare così dentro all'intimità di una donna di quel genere. Per prima cosa, gli venne una specie di ebbrezza, dopo tanta mortificante frequentazione di luoghi pubblici, caffè, trattorie, autobus, strade, in cui tutto pare logoro e comune, vedendo che non c'era nulla addosso e intorno Lauta che non fosse squisito, raffinato, raro, lussuoso. La camicia verdolina, ornata di trine, che velava il bel corpo, era già un miracolo di impalpabile ricchezza. Veniva fatto di pensare quanto lavoro di umili operaie era stato necessario per mettere insieme quei pochi palmi di seta e di merletto giallino attraverso i cui fori le tenere punte rosee del bel petto ora apparivano ora scomparivano secondo il ritmo del calmo respiro. E che dire del grande anello nero che ornava la lunga mano carnale dalle unghie opaline posate languidamente sulla toletta? Intorno a quella mano, bocce di cristallo tagliato, pezzi di tartaruga e d'argento, scatole di cipria e vasi di unguenti rivelavano le cure assidue che richiedeva quella perfetta bellezza. Se poi, da Lauta, gli occhi dell'Albanese si volgevano alla stanza, la prima impressione di rarità e di lusso si trovava confermata. I mobili di legno chiaro, i massicci ninnoli di pietre pregiate o di cristallo, il folto tappeto ricciuto che ricopriva il pavimento di legno, le tende vaporose e lunghissime che velavano le finestre, tutto in quella stanza suadeva, pareva fatto apposta per destare pensieri leggeri e voluttuosi. Il letto stesso, benché disfatto, nulla aveva del disordine notturno; e con le sue coltri appena ripiegate da un lato, suggeriva soltanto l'immagine graziosa di Lauta che, ancora tutta arruffata e morbida di sonno, si levava e metteva i piedi in terra. Panni, poi tutti belli, tutti di colori freschi e leggiadri stavano buttati sulle seggiole o si intravvedevano fitti e premuti negli armadi spalancati. Attraverso le due finestre i raggi del sole, franti e confusi dalle tende, si avvolgevano come vapori dorati per l'aria tepida, facendo brillare ogni metallo, ogni vetro, ogni oggetto lucido. Tutto questo piaceva all'Albanese e rispondeva perfettamente all'idea che da tempo si era fatto di una donna come Lauta. Anche gli piaceva che l'attrice si mostrasse, nella scelta delle scarpe e dei panni da indossare, dura, esigente incontentabile. Era giusto che, scontenta della scarpa che la cameriera le aveva infilato, desse un calcio alla malcapitata facendola cadere rovescia in terra. Era giusto che rimproverasse agramente l'altra donna, colpevole, secondo lei, di non avere modellato bene un ricciolo. Era giusto, infine, che bagnandosi di profumo sul petto, le ascelle e i lobi delle orecchie dichiarasse in tono desolato che non c'era un solo rossetto, tra i venticinque che possedeva, il cui colore convenisse alle sue labbra. "Questa sì che è un'attrice, una donna raffinata," pensava l'Albanese.

Trovate le scarpe che le convenivano, Lauta si levò dalla toletta e, una sigaretta tra le dita, prese ad esaminare con at teggiamenti neghittosi e scontenti, ritta sugli altissimi tacchi, i vestiti che le cameriere si affaticavano a proporle. Come già per le scarpe, ella non era mai contenta. Aveva appena indossato una veste, che già, battendo i piedi, rimproverava alle due donne la loro cecità. Non vedevano forse che c'era quel tale difetto, quella piega che non andava, quel colore che non s'intonava, quel fiocco che cadeva male? L'Albanese, di fronte a questa minuziosa e caparbia esigenza, capiva finalmente perché la giornata dell'attrice non avesse mai un solo momento libero.

Ma mentre così scontenta, accigliata, sgarbata ma sempre graziosa, straordinariamente, nei gesti delle lunghe gambe e del busto fiorente, ella andava da un capo all'altro della stanza respingendo i consigli delle domestiche, l'Albanese notò ad un tratto, per la prima volta, che tutto un angolo della camera era occupato da una larga buca quadrata. Avvicinatosi, vide che la buca, molto profonda, aveva sponde di pietra; ma una pietra grigia e scabra, assai rozza, quale si vede intorno i pozzi o sulle banchine dei porti. Incuriosito l'Albanese si sporse alquanto, guardando dentro la buca. Era proprio una specie di pozzo quadrato le cui pareti scure e grommose formavano un vivace contrasto con le squisitezze della stanza. Ma ancor più forte gli parve il contrasto quando, aguzzando gli occhi in quella buia e lurida apertura, vide, ad una profondità di circa due metri, un'acqua nera e densa mescolata di materie più solide ma non meglio definibili, la quale ricordava assai quella che in certi paesi si vede scorrere nelle condutture scoperte delle cloache. Quest'acqua pareva agitata e battuta da qualche essere, animale o uomo che vi stesse sommerso. L'Albanese guardò meglio e vide che effettivamente qualcuno si dibatteva laggiù in quell'acqua soffiando e sollevando ad ogni bracciata ondate fanghigliose e grasse che si frangevano sotto le sponde, e ricadevano in rigagnoli lungo le pareti. Era un giovane, biondo, come poté notare l'Albanese, i cui capelli chiari e il volto pallido apparivano tutti schizzati di melma; e si dibatteva con una specie di paziente e silenzioso furore ora emergendo con tutto il busto, ora affondando fino alla bocca, come se il fondo del pozzo fosse stato ineguale e pieno di crepacci. L'Albanese, assai stupito, avrebbe voluto far notare all'attrice questa singolarità e il pericolo che apparentemente stava correndo il giovane; ma si trattenne poiché pensò che la cosa non poteva essere sfuggita a Lauta, e se non ne parlava né ci faceva caso era segno che aveva le sue buone ragioni. Ora Lauta, pur discorrendo con le cameriere, stava ritta in piedi proprio sulla sponda del pozzo, ma volgendo il tergo al malcapitato il quale, come osservò l'Albanese, tra i suoi gesti scomposti non staccava un solo momento gli occhi inzaccherati da quelle natiche ridondanti, da quelle superbe gambe calzate di seta. Ella fumava e guardava alla porta e come vide apparire le cameriere trafelate e con le braccia cariche di vestiti, gettò la sigaretta nella buca e si avvicinò a lenti passi a quelle due. Nello stesso momento, da un grosso bocchettone di ferro che apriva il suo foro a metà della parete del pozzo, eruppe un getto scuro e violento, l'acqua intorno il giovane ebbe un furioso ribollimento e il giovane, travolto, perse l'equilibrio. L'Albanese lo vide andar sotto, affiorare un momento con la schiena e con le mani e poi, come risucchiato per la testa, scomparire affatto, mentre le acque si abbassavano rapidamente e un sonoro gorgoglio saliva dalle profondità delle cantine della casa. "Proprio non si sa più che cosa mettersi," diceva intanto Lauta respingendo con disgusto i vestiti che le presentavano le due donne. L'Albanese guardò di nuovo nel pozzo. L'acqua era risalita al livello normale; del giovane, neppure l'ombra. Le ultime gocce colavano lungo le scure pareti di pietra. "Ecco quello che ci vuole," esclamò a questo punto Lauta indicando un vestito color pervinca.

Era proprio quello che ci voleva, come si dimostrò appena Lauta ebbe indossato il vestito. La soddisfazione dell'attrice fu tale che, accorgendosi per la prima volta della presenza del giovane, gli chiese che cosa pensasse di quel vestito così semplice e così ingegnoso e se non le stesse particolarmente bene. L'Albanese si affrettò a rispondere che difficilmente si sarebbe potuto immaginare cosa più bella.

Non restava che il cappello. Dopo molte esitazioni, Lauta scelse un cappellino semplicissimo, rosso, ornato di due alucce parimenti rosse che lo facevano rassomigliare assai al petaso di Mercurio. Ella sedette di nuovo alla toletta e le due cameriere le posero il cappello sul capo, alquanto in avanti, in modo che le coprisse quasi tutta la fronte. Con quel cappello minuscolo inclinato sugli occhi, il viso involto in un velo punteggiato, ella apparve piena di una grazia patetica e flebile da vecchio dagherrotipo romantico. "Andiamo, Albanese," ella disse, levandosi e prendendo la borsa e i guanti. La stanza piena di sole era adesso tutto uno scompiglio di panni, di scarpe, di cappelli. Il pozzo, nel momento in cui uscivano, ebbe un gorgoglio forte, seguito da un alto getto scuro coronato di schiuma giallognola che per un momento zampillò tra l'allegra carta da parati e poi ricadde bruscamente. Nel corridoio, Lauta disse che non c'era nulla da fare, mancavano i modelli di un tempo, mancavano le riviste di moda e le sarte non avevano fantasia. "Finiremo col vestire tutti eguali," ella concluse. Fuori, nella strada, li accolse lo scampanio del mezzogiorno.

LA FINESTRA APERTA

Quelle due sorelle, Oringia e Sofia, ogni sera disputavano per la faccenda della finestra aperta. La casa era piccola, le due sorelle erano costrette a dormire nella stessa camera. Ora Sofia, pratica e amante dei propri comodi, voleva che durante la notte la finestra restasse chiusa mentre Oringia, più sportiva, più fantastica, la preferiva aperta. Sofia obiettava l'umidità, i rumori, le luci, Oringia vantava i benefizi dell'aria pura, la poesia della notte. Spesso accadeva che le due sorelle, belle fanciulle vigorose, dalle parole passassero ai fatti e, uscendo ambedue dal letto, si affrontassero al buio; oppure una di esse, avvicinatasi di soppiatto, destasse l'altra bruscamente con una scarica di pugni. Al rumore delle voci e dei gemiti tutta la casa si destava. L'uscio si apriva, compariva il padre in lunga camicia da notte, costernato, supplicando con voce sonnacchiosa: "Oringia... Sofia." Il pover'uomo dopo molti tentativi per sedare quella discordia finì per emettere un giudizio salomonico. I giorni pari la finestra sarebbe rimasta chiusa, i dispari aperta. Le due sorelle, scontente ambedue, dovettero tuttavia alla fine accettare questa soluzione ambigua.

Una sera della fine di autunno il vento urlava con tanta malinconica furia che Sofia, come sicura del fatto suo, domandò, coricandosi, alla sorella se anche quella notte avesse intenzione di dormire con la finestra aperta. Oringia rispose subito che soprattutto quella notte ella avrebbe spalancato le imposte. La voce del vento, ella soggiunse, la esaltava, i suoi soffi la inebriavano. Sofia delusa disse che ella ragionava a quel modo per dispetto. Ribatté la sorella che lei certe cose non poteva capirle. Così, imbronciate, le due ragazze si coricarono.

Spenta la luce, la tempesta di vento si rivelò all'orecchio deliziato e attento di Oringia in tutta la sua ampiezza e il suo strano furore. Ella aveva il letto, per così dire, fuori della finestra e cioè incastrato nel vano e separato dal vuoto da una sola sottile ringhiera di ferro e il vento lì non soltanto si faceva udire ma anche penetrava a intervalli con i soffi possenti. Piaceva a Oringia, mentre si raggomitolava sotto le coperte, ascoltare il protrarsi quasi incredibile delle raffiche: quando pareva che dovessero estinguersi, ecco che nuovo impeto veniva dal cielo e la voce triste e fischiante riprendeva lena. Il vento era tepido, grosso, gonfio; sotto i ciechi urti di quelle ondate d'aria tutta la casa scricchiolava come se dovesse ad un tratto staccarsi dal suolo e, simile ad enorme trottola, trasvolare roteando sulla cresta fosforescente delle nubi. Il vento ringhiava e raspava intorno la casa come un cane che cerchi un pertugio; ogni volta che gli riusciva di infilare la finestra, Oringia sentiva con delizia il soffio poderoso gonfiarle le coperte, alitarle sul corpo e sollevarle, con un respiro più ampio e più forte del suo stesso respiro il petto di pizzo della camicia. Tutta la stanza si animava, le tende sventolavano schioccando, tintinnavano i vetri del lampadario, i mobili premuti gemevano con tutte le loro vecchie fibre stagionate. Il vento scorreva per i cantoni della stanza con la goffa furia di un uccellaccio avvezzo ai grandi voli, il vento cercava un'uscita. Un risucchio forte annunziava alfine che il vento se ne andava per dove era venuto. Un'ultima ruvida carezza al corpo avvolto della fanciulla e poi già il vento si lamentava all'angolo più lontano della casa; già implorava di rientrare. Dal suo letto Oringia poteva vedere il manto scuro delle nubi temporalesche lacerarsi ogni tanto inegualmente e per la fessura splendere maligno il volto giallo di una luna furtiva. Ascoltando il vento, spiando il passare e ripassare delle nubi sulla faccia della luna, Oringia finalmente si addormentò.

Dormì forse un paio d'ore, quindi una scossa formidabile la destò di soprassalto e subito si rese conto di quanto era accaduto: in un risucchio più forte del vento, il letto, attirato di fuori, aveva sfondato la ringhiera di ferro e sporgeva per metà dal davanzale. Oringia veniva così a trovarsi in un equilibrio instabile, con mezzo il corpo sospeso nel vuoto. Comprendendo il pericolo, ella tentò di levarsi a sedere. Ma questa mossa sbilanciò il letto; e, tutto ad un tratto, scivolando fuori del materasso, ella si sentì piombare di lato. Il vento sventolava fuori della finestra una lunga, bianca tenda vaporosa. Oringia si afferrò con le due mani alla tenda. Ma il tessuto non resistette, con una lacerazione brusca come di roba secca e polverosa, la tenda si strappò dai chiodi che la trattenevano all'architrave. Ravvolta nella tenda, i capelli agitati nella notte come una torcia furiosa, Oringia cadde nel vuoto.

Cadere era ancora nulla, ma ella era seminuda, col petto esploso fuori delle trine e i lembi inferiori della camicia rovesciati sul ventre; proprio in quel momento un passante intabarrato, la tesa del cappello calata sugli occhi, correva curvo, radendo i muri, incontro al luogo probabile dove ella sarebbe piombata. "Speriamo che non mi veda," pensò Oringia piena di vergogna. La strada, tra le alte case serrate, era deserta e il vento vi smuoveva dei gran cerchi di luce facendo oscillare fortemente le rare lampade. Il passante, curvo, le braccia conserte al petto a trattenere i lembi del mantello, le veniva incontro. Oringia avrebbe voluto almeno, con i capelli, coprirsi il petto. Ma ecco, proprio nel momento in cui la punta dei suoi piedi nudi sfiorava il cappello dello sconosciuto, ecco una ventata misericordiosa rapirla di sotto in su, sbalzarla nel cielo. "Che fortuna," non poté fare a meno di pensare Oringia sollevata.

Strappatala dalla strada, il vento ora la tirava per i capelli assoggettando il suo corpo ad una torsione analoga a quella che il serpente fa subire al coniglio o al pollo che ha inghiottito. Ella si sentiva arrotolare e tirare come da due mani smaniose di allungarla e ridurla ad una sorta di fuso. Specie di freccia scoccata da un arco molto teso, ella volava in diagonale attraverso il cielo, nel turbine del vento. La luna gialla pareva tentennare il capo e strizzare l'occhio dal suo pertugio, tra le scure nubi. Tutto, intorno a lei, fischiava e muggiva. Poi una nuvola nera coprì la luna e non ci fu più che tenebra. Si sentì ad un tratto capovolgere e precipitare pazzamente al suolo.

Una scalea sordida e regolare di granito nero, una sfinge di pietra nera che guardava nel vuoto con occhi cavi, un'acqua nera che lambiva senza schiuma gli ultimi scalini, neri uccelli che parevano saltellare e svolazzare pesantemente sulla scalea, un fanale che illuminava debolmente scalea, sfinge, acqua e uccelli, ecco quanto apparve d'improvviso agli occhi di Oringia mentre precipitava, i piedi in aria e la testa rivolta al suolo

246

"La banchina... il mare... i gabbiani," ella pensò atterrita. Ma già, quando pareva che ella avesse a sfracellarsi il capo su quegli scalini, il vento la portava via a velocità di razzo, sulla cresta delle onde.

Era in burrasca, il mare, con pesanti masse d'acqua in vasta mischia sotto il raggio squallido della luna. Un veliero correva lontano, nella striscia più chiara dell'orizzonte, gli alberi inclinati, furtivo come un topo in fondo ad una stanza deserta. "Mi vedesse Sofia," pensò Oringia; e quasi subito ecco venirle incontro l'occhio enorme, piangente acqua e fiotti, della prua del veliero che pesantemente si alzava e si abbassava tra un massacro di spume mentre la nave avanzava. Oringia avrebbe voluto attaccarsi al bompresso, e restare lì, nuda e protesa, vivente polena, a godersi gli schiaffi delle onde e le raffiche del vento; ma, risucchiata in aria, girò intorno gli alberi carichi di vele e di cordami, si abbassò sulla poppa e per un momento, quale una procellaria, si librò sulla testa del timoniere. Egli stava in piedi, le mani sulla ruota, gli occhi fissi sul mare, tutto vestito di incerato stillante. "Che si può fare per lui?" pensò Oringia impietosita. Ma già la nave si allontanava.

Credeva, Oringia, di avere ad inabissarsi nel mare in un ultimo capriccioso vortice del vento; invece, ecco riapparire le lunghe dighe buie della città; e sotto di lei propagarsi il fragore degli alberi del parco pubblico. Dentro questa massa di fronde c'era un foro e il vento ce la tirava con certe cadute interrotte e certi sobbalzi improvisi che piacevano a Oringia. Poi, in una caduta più profonda, una zaffata di odore ferino le investì le narici e il foro le si palesò ad un tratto per la grande gabbia dalle fitte sbarre di ferro aperte verso l'alto in cui era custodita, divertimento di tutta la città, una tribù numerosa di feroci orsi bruni. Tenera, seminuda Oringia, dal vento data in pasto alle belve! Il vento la faceva balzare e rimbalzare nell'aria resistente ed elastica come sopra una coperta e intanto, proprio sotto di lei che si raggomitolava dallo spavento, gli orsi facevano cerchio con le groppe, levavano in alto le teste tozze, scoprivano con speranza i denti ferini. Oringia questi denti, se li sentiva già nelle carni quando il vento, una volta di più capriccioso, la tirò in alto e ravvolgendole il capo nei capelli la scagliò, cieco fagotto, in una nuova, sconosciuta direzione. Tutto ad un tratto Oringia sentì di cadere sul morbido, si districò dai capelli e riconobbe il proprio letto. Un nuovo soffio potente ed ecco il letto rientrare nella stanza, ecco la ringhiera che pendeva divelta, incastrarsi di nuovo nella primitiva posizione. Ad Oringia ancora tutta atterrita non rimase altro da fare che rannicchiarsi sotto le coperte.

Giurò a se stessa che da quella notte avrebbe dormito con la finestra chiusa. Ma il passante intabarrato, la scalea, la nave, gli orsi, tutte le cose che aveva vedute, ora, passato il pericolo, le risalivano alla memoria con una strana vogliosa delizia. Così, con tutti i suoi giuramenti, due notti dopo, ella riaprì la finestra e si coricò piena di trepidante attesa. Ma il vento, mentre dormiva, cadde; e destatasi verso l'alba per uno spiacevole senso di umido, Oringia si ritrovò tutta inzuppata da una silenziosa pioggia che il cielo di pece versava a fiotti sulla città. Così, ella rifletté delusa, l'inverno incominciava.

LA VITA È UN SOGNO

Il ventesimo giorno di navigazione avvistammo da lontano l'Isola dei Sogni. O, per meglio dire, la udimmo. Poiché, ancor prima che si profilassero all'orizzonte le montagne dell'isola, udimmo, vasto quanto il cielo e come esso interminato, il russare dello strano mostro che governa l'isola e che ha nome Chruuurrr. Questo nome parrà forse bizzarro, a prima vista, e di misteriosa etimologia. In realtà esso non è che un'espressione onomatopeica che imita alla perfezione l'alto rumore che fa il mostro dormendo in fondo al suo palazzo. Potrà anche sembrare comico, come un versaccio; ma posso assicurare che in bocca agli abitanti dell'isola, i quali non lo pronunziano senza un tono misto insieme di terrore e di riverenza, esso prende un aspetto particolarmente tetro.

A misura che ci avvicinavamo all'isola e ne scoprivamo le numerose città, le campagne e i monti, il russare cresceva. Esso riempiva gli spazi del suo suono cupo e vibrante, pareva far tutt'uno con la luce del sole, nonostante la purezza del cielo azzurro, lo splendore calmo del mare, e la vaghezza del paesaggio, pareva legare una tetraggine ossessionante. Gli abitanti, come ci accorgemmo subito, ci sono avvezzi e non ci fanno più caso; hanno ben altro, del resto, di che preoccuparsi, come si vedrà in seguito. Ma il viaggiatore inavvertito prima ne stupisce, poi si ribella, finalmente non potendo più sopportare quello smisurato e minaccioso ronfo, cerca con ogni mezzo di sfuggirgli. I più si tappano le orecchie con la cera; altri si sforzano di soverchiare quel tetro rumore con suoni più lieti: musiche, canti, fracassi conviviali; tutti, poi, procurano di rimanere nell'isola meno che possono, il tempo sufficiente per i loro traffici; e non hanno pace finché il ronfo, sempre più attenuandosi in fondo all'orizzonte, si perde finalmente nell'immensità marina.

Noi dovevamo rifornirci d'acqua dolce; epperò restammo nell'isola soltanto poche ore. Ma in quel breve tempo apprendemmo a proposito di Chruuurrr e dei suoi infelici sudditi molte cose curiose e insolite. Le quali ora, meglio che potrò, cercherò di raccontare.

Chruuurrr, dunque, come l'antico Minotauro di Creta, è un mostro nato, a quanto pare, dal connubio innaturale della figlia del re con una talpa. A questo punto debbo ricordare che le talpe di questi paesi sono molto più grandi delle nostrane, raggiungendo non di rado la statura umana; ma per il resto sono cieche e cadono periodicamente in letargo come le nostre. Alcuni ritengono che un tempo l'isola fosse in possesso di queste talpe; e che i presenti abitanti, emigrandovi, le abbiano scacciate dalle loro antiche sedi. Ma si tratta piuttosto di una diceria suggerita dalle origini dell'attuale dominatore che di una verità storica provata. Quanto al connubio: la principessa, girando per queste colline un giorno di mezza estate, entrò per caso nella galleria sotterranea di una di queste talpe e s'incapricciò mostruosamente del talpone che se ne stava in fondo alla buca, arrotolato sopra se stesso, il muso tra le zampe e gli occhi chiusi. Dicono che per trarre in inganno l'animale il quale è cieco soltanto in piena luce ma al buio ci vede benissimo, ella si facesse cucire nuda nella pelle scuoiata di una talpa; quindi, trasformata in talpa femmina, all'epoca degli amori delle talpe, penetrasse a ritroso nella galleria e lì, al buio e sottoterra, allo stesso modo che Pasife nella piena luce del sole con il suo toro, riuscisse a farsi possedere dal talpone. Così fu concepito Chruuurrr, in fondo ad una tana tenebrosa e puzzolente, da una nera, grossa, grassa, ributtante talpa e da una libidinosa donna di sangue reale. Esso nacque tutto coperto di folto pelame, già panciuto, ben provvisto di unghioni, con una grossa testa assonnata dalle enormi palpebre pallide e grinzose. Nacque dormendo o meglio russando; e dal rumore che faceva prese il suo nome.

Nascendo, Chruuurrr fece morire sua madre; e ben presto il padre della principessa, re dell'isola, roso dalla vergogna e dai funesti presentimenti, seguì la figlia nella tomba. Tutti credevano che la successione dovesse andare a qualche parente collaterale, sembrando impossibile che Chruuurrr, appena nato e per giunta sempre immerso nel sonno, potesse prendere le redini del governo. Invece avvenne proprio ciò che nessuno si aspettava. Chruuurrr, con tutto che fosse infante e sempre assopito, si impadronì del potere. La maniera è ingegnosa e val la pena di essere raccontata.

Pare, dunque, che ci fosse, come c'è tuttora, nel sonno eterno di Chruuurrr, una capacità, come dire? di coercizione e di dominio assai superiore a quella degli altri governi che non dormono, con tutte le loro polizie, i loro burocrati e i loro eserciti. Ho detto sonno; meglio mi esprimerei dicendo sogni. Sono infatti i sogni che continuamente fa Chruuurrr dormendo, che gli danno un dominio incontrastato, e, come vedremo, incontrastabile, sugli abitanti dell'isola. Sogni potenti, quanto nefasti e assurdi; sogni che, per uno strano influsso rimasto a tutt'oggi inspiegato, nel momento stesso che passano sotto le palpebre serrate di Chruuurrr, diventano realtà per l'infelice popolo dell'isola; sogni, per tutto dire, a cui nessuno può sottrarsi; come nessuno, in altre contrade, può sottrarsi al calore dell'estate e al freddo dell'inverno.

Il primo sogno che, al tempo stesso, rivelò il funesto potere del mostro e ne stabilì la dominazione fu che tutti i notabili dell'isola, non uno escluso, dovessero salire sopra una certa torre della capitale e gettarsi in basso. Il sogno è dei più comuni; chi, infatti, non ha sognato almeno una volta in vita sua, di salire in cima a qualche altissimo edificio e di slanciarsi nel vuoto? Ma Chruuurrr, e qui sta la sua originalità, sognò questo volo non per se stesso bensì per gli altri; provocando così la morte di tutti i patrizi dell'isola. Trascinati da un magnetismo irresistibile, questi infelici salirono in cima alla torre e uno dopo l'altro si gettarono nel vuoto andando a schiacciarsi come tante uova marce nella piazza sottostante. Questo suicidio collettivo sarebbe forse rimasto incomprensibile se subito dopo il mostro non avesse fatto altri due sogni non meno significativi. Il primo fu che le famiglie dei morti non soltanto non avessero a portare il lutto ma dovessero anche rallegrarsi, come di una fortuna, della fine dei loro congiunti. Il secondo, che i ministri i quali si erano appunto riuniti d'urgenza per decidere sui provvedimenti da prendere di fronte a fatti tanto luttuosi e oscuri, avessero di punto in bianco a mettersi con la testa in giù e i piedi in aria, noncuranti della dignità delle loro cariche e della gravità delle loro persone. Interrogati, tanto i ministri che le donne e i figli dei morti, ammisero che questo loro strano modo di comportarsi gli era stato, per così dire, suggerito e imposto dal ronfare cupo che riempiva di sé il cielo dell'isola. Quando poi il mostro fece un quarto sogno consistente nel far sì che tutti gli abitanti dell'isola, come già i ministri, prendessero a camminare sulle palme delle mani, la verità risplendette ad un tratto nelle menti dei sudditi di Chruuurrr. Il mostro sognava, e loro erano, senza rimedio, in balia dei suoi sogni.

Da allora, il mostro continua a dormire e l'isola vive nell'apprensione di quello che egli possa sognare. I sogni del mostro, occorre dirlo? non sono sempre così tetri e assurdi come quelli sinora narrati. Subito dopo la presa del potere da parte di Chruuurrr, accadde, per esempio, che tutte le botteghe dell'isola offrissero improvvisamente le merci a prezzi bassissimi. Gli abitanti compresero che Chruuurrr stava sognando l'abbondanza e si precipitarono dai bottegai desolati ad acquistare quanto potesse cadergli sottomano. Naturalmente a questo sogno seguì per forza una terribile carestia. Ma l'esperienza non serve; e ogni volta che Chruuurrr sogna l'abbondanza, gli abitanti corrono a comperare.

Oppure Chruuurrr sogna che tutti gli uomini dell'isola, senza distinzione, un bel mattino si tolgano le brache e vadano in giro per i loro affari con le gambe e le natiche nude. Dicono che sia uno spettacolo curioso e non privo di comicità vedere le strade affollate di tanti uomini senza calzoni. Ma appena Chruuurrr cambia sogno, tutti quei disgraziati si ritrovano storditi e pieni di vergogna, circondati da stuoli di donne che ridono e li dileggiano. Non di rado, però, a questo sogno, ne segue subito dopo un altro che costringe quelle stesse donne così beffarde a tirarsi sfacciatamente le vesti sul capo mostrando in piena luce quelle parti del corpo che il pudore di solito comanda di nascondere. E allora è la volta degli uomini di deridere le donne o, peggio, di abusare di questa loro involontaria svergognatezza. È inutile aggiungere quanto poco questi strani e crudeli sogni del despota giovino alla moralità della popolazione.

Un sogno di Chruuurrr che ritorna con una certa periodicità è il sogno cosiddetto della mancanza di rispetto: un bel giorno si destano gli abitanti dell'isola animati da una specie di furore insolente e profanatorio: i figli fanno gli sberleffi ai genitori, le mogli rispondono con osceni gesti di scherno alle ingiunzioni dei mariti, gli scolari gettano torsoli ed escrementi ai maestri, i servitori ingiuriano i padroni, e, insomma, non c'è autorità né dignità che non subisca qualche sfregio sanguinoso. Contemporaneamente, templi, tribunali, palazzi di città, e ogni altro edificio sacro e inviolabile vengono sporcati, contaminati, offesi. Non si salvano dalla libidine empia e iconoclasta le canizie dei vecchi, l'innocenza dei bimbi, le effigi degli dei, i simboli della nazione. Poi, come è da credersi, Chruuurrr, nel sonno, si rivolta sopra un fianco, il sogno svanisce e tutta l'isola per parecchi giorni ha un gran da fare per ripulirsi e rientrare nell'ordine consueto.

Altro sogno frequente di Chruuurrr: i premi e le punizioni. Un giorno ecco che gli abitanti corrono alle prigioni, ne spalancano le porte, ne traggono quanti ladri e assassini contengono e li insigniscono delle più importanti dignità dell'isola, nominandoli magistrati, direttori, capi, governatori. Contemporaneamente i veri magistrati, capi, direttori, governatori vengono gettati in carcere e messi in catene. La stessa inversione si nota in quei giorni nelle altre attività dell'isola. Qualsiasi crimine viene adeguatamente premiato, qualsiasi buona azione punita. Le prostitute, i ladri, gli assassini, gli empi, gli ignoranti, gli incompetenti, gli stupidi trionfano, onorati e adulati, portati in palma di mano, le donne e gli uomini onesti, i pii, i colti, i dotti, gli intelligenti si vedono perseguitati, disprezzati, odiati. Per uno strano fenomeno di capovolgimento morale sembra giusto onorare il male e vilipendere il bene. Ma cessato il sogno di Chruuurrr, non è senza estrema difficoltà e molto scompiglio che l'isola fa rientrare nelle prigioni gli ospiti soliti e restituisce gli antichi dignitari alle loro sedi. Intanto Chruuurrr dorme.

Singolare tra tutti i sogni è quello dei lavori. Avviene ad un tratto che gli abitanti di una città in riva al mare decidano di costruire un molo enorme, lunghissimo, di cui non si sente punto bisogno. Detto e fatto: i crediti sono votati, i lavori si iniziano, centinaia di operai portano i massi, li calano in mare, il molo cresce. Ma proprio quando il molo ha assorbito tutta la ricchezza della città, Chruuurrr cambia sogno e gli abitanti scoprono di essersi rovinati per quell'inutilissimo bastione di macigni. Qualche volta, subito dopo la costruzione del molo, sogna, Chruuurrr, che quegli stessi abitanti appicchino il fuoco alla loro città. Così gli abitanti si ritrovano alla fine senza casa ma con un molo enorme.

Notevole anche il sogno cosiddetto dell'intercalare. Consiste, questo sogno, nel far ripetere ad ogni piè sospinto un certo gruppo di parole tutte intonate ad uno stesso significato il quale varia secondo i sogni. Certe volte queste parole esprimono tutte un ottimismo insensato, certe altre pessimismo e tristezza, oppure sono parole oscene, oppure ancora, caso non infrequente, non hanno senso alcuno. Comunque, finché dura il sogno, i sudditi di Chruuurrr non fanno che ripetere, a pappagallo, a guisa di tetro scioglilingua, i vocaboli prescelti. Dicono che l'effetto sia oltremodo deprimente.

Sogno buffo fu quello dell'alfabeto, rimasto famoso nella storia tribolata dell'isola. Gli abitanti di una delle città principali si immaginarono improvvisamente che ci fosse alcunché di dannoso e di infame nelle lettere dell'alfabeto dovunque si trovassero stampate, scritte, incise, scolpite, dipinte. Eccoli tutti a bruciar libri, cancellare scritte, distruggere lapidi. Il sogno durò un giorno o due. Destatisi, o meglio destatosi Chruuurrr dal sogno per passare in un altro, si ritrovarono, quegli sventurati, con tutte le biblioteche distrutte, senza più nomi di strade e insegne di negozi.

Il sogno più temuto di Chruuurrr, il quale si è verificato per fortuna soltanto una volta, è quello antropofago. Padri, madri, fratelli, sorelle, parenti, amici, presi da un furioso e nefando appetito, cercano di addentarsi, di divorarsi a vicenda. Nel bel mezzo di questa famelica sarabanda, Chruuurrr cambia sogno e tutti costoro si ritrovarono coi denti affondati nelle cosce, nelle braccia, nel petto delle persone che gli sono più care.

A questo punto bisogna distinguere i sogni di Chruuurrr in sogni veri e propri e in incubi. I sogni sembrano avere un carattere relativamente più razionale e sono al tempo stesso più articolati, prolungati e sopportabili. Gli incubi, invece, a cui ogni tanto, forse per qualche difficoltà di stomaco o altro motivo, Chruuurrr indulge, sono oltremodo oscuri, misteriosi, e compensano la loro minore durata con una maggiore angosciosità. In altre parole il sogno di Chruuurrr comporta un'azione precisa; al contrario, l'incubo sembra piuttosto suggerire uno stato d'animo.

Chruuurrr ha spesso l'incubo che qualcuno si metta a gridare per strada, correndo e agitando le braccia, e poi altri lo seguano anch'essi gridando e gesticolando; e finalmente che tutta una folla gridi e corra. Non c'è bisogno di descrivere la funesta confusione di questa moltitudine che si precipita in ogni direzione urlando e levando al cielo le mani.

Altro incubo: la paura. Quasi applicando le parole dell'Apocalisse sui ricchi e i potenti della Terra che vogliono sottrarsi dalla faccia di Dio e dicono ai monti e alle rocce: "Cadete su noi e nascondeteci..." Chruuurrr sogna che tutti gli abitanti dell'isola siano ad un tratto raggelati da un grandissimo spavento. Durante questo sogno non si vedono che facce bianche dalla paura, capelli ritti, occhi sbarrati, gente che cerca di ripararsi, di nascondersi, di trovare un rifugio qualsiasi. Le città vengono disertate, gli abitanti si rifugiano nelle caverne, tra i monti, in seno alle foreste. Intanto tutto è calma e serenità, in quell'isola benedetta dal clima. Il sole splende nel cielo sgombro di nubi, il mare è tranquillo, i venti sono scherzosi e leggeri. Ma il ronfo di Chruuurrr, finché dura l'incubo, mantiene nel terrore le popolazioni.

Frequente incubo è quello del rimorso: attanagliati da questo penosissimo tra tutti i sentimenti, i sudditi di Chruuurrr si mordono le mani, piangono, si strappano i capelli, tralasciano ogni occupazione, e cercano invano un sollievo confessandosi l'un l'altro immaginari delitti o azioni affatto innocenti a cui attribuiscono in quel momento valore di delitti. Ma soprattutto il rimorso non sembra avere alcun oggetto, è il rimorso senza più, staccato da ogni causa e da ogni effetto. Molti non reggono a questa tortura e si ammazzano. Questo sogno lascia gli abitanti stremati e come inebetiti per parecchi giorni.

Gli incubi di Chruuurrr insegnano d'altronde che anche i sentimenti piacevoli possono essere motivo di sofferenza e di ossessione. Basta infatti che Chruuurrr sogni che i suoi sudditi debbano rallegrarsi, perché gli sventurati sperimentino tutto l'orrore di una gioia altrettanto ingiustificata che parossistica. Eccoli ridere, ridere, ridere. E poi ballare in tondo, batter le mani, cantare, gridare, congratularsi a vicenda, rallegrarsi insomma. Ma di che? nessuno lo sa. Si rallegrano sebbene non vogliano, si rallegrano con sofferenza indicibile, si rallegrano finché non cadono a terra svenuti. Da notarsi che questo incubo, come tutti quelli che suggeriscono sentimenti positivi, si accompagna con la chiara coscienza di fare una cosa assurda e sconveniente; coscienza che, appunto, ne fornisce il carattere oppressivo.

L'incubo per eccellenza che porta il marchio inconfondibile di Chruuurrr è quello che viene comunemente chiamato dell'apatia. Consiste esso nel far sì che una universale indifferenza, languore, inerzia, mancanza, insomma, di qualsivoglia sentimento signoreggi ad un tratto nell'animo degli abitanti dell'isola. Essi non provano più amore né odio, desiderio né ripugnanza, speranza né disperazione. Come altrettante vele a cui venga d'improvviso a mancare il vento e si affloscino nel mezzo di un vasto mare inerte, essi si sentono ad un tratto del tutto svuotati di sentimento, spassionati, insensibili. Le loro azioni diventano, per così dire, meccaniche, la loro condotta forzatamente ipocrita. Quali vecchi da cui la vita ha ritirato le sue linfe, cercano invano di spremersi di dosso un briciolo di sensibilità. È la morte, insomma, dentro la vita; o meglio la morte che imita e contraffà la vita. Dicono che questo incubo sia dei più insopportabili per la persuasione che infonde di essere perpetuo. Ma fortunatamente tutto ha una fine; anche gli incubi di Chruuurrr.

Noi domandammo perché mai l'isola intera si sottoponesse così docilmente ad una simile tirannide. Ci risposero che, sebbene tutti siano d'accordo nel riconoscere nefasto il dominio di Chruuurrr, pure nessuno mai si attenterebbe a rovesciarlo. Egli è figlio di re; e la religione che nell'isola è fortissima, vieta persino di pensare che potrebbe essere rimosso.

Gli abitanti sperano sempre che Chruuurrr dorma senza far sogni né incubi, di un sonno nero ed eguale. Sono questi, infatti, i rari momenti in cui interrompendosi la gragnuola micidiale dei sogni assurdi, sciocchi, crudeli, l'isola respira e la vita vi riprende il suo corso normale. In questi momenti tutti vanno per le loro faccende, i traffici riprendono, le arti fioriscono, la pace, la serenità, la sicurezza regnano. Accade talvolta che questi fortunati periodi durante i quali Chruuurrr si disinteressa del governo dell'isola e si contenta di dormire senza far sogni di alcun genere, siano lunghi, durando due, tre, anche cinque anni. Gli abitanti parlano di queste epoche come di momenti rari e privilegiati della loro travagliata esistenza. E dicono "quando Chruuurrr non sognava" come da noi si dice "al tempo che Berta filava" e altre simili frasi espressive di una mitica età dell'oro.

Si è cercato più volte di infuire in qualche modo sul sonno di Chruuurrr per far sì che i sogni almeno siano piacevoli. A Chruuurrr, che si nutre senza smettere di dormire, sono state propinate diete speciali fatte di cibi leggeri e facili a digerirsi. Ancora, si è cercato di farlo dormire nella maniera più voluttuosa che sia possibile, sopra materassi di piume, sotto drappi di seta, in un'aria profumata, lentamente ventilata da flabelli. Ultimamente, dando ascolto alle teorie a sfondo sessuale di qualche scienziato più moderno, parecchie ragazze scelte tra le più belle dell'isola sono state introdotte nel talamo di Chruuurrr. Si pensava che i sogni dipendessero da istinti erotici, come si dice, repressi, e che, sfogandosi la libidine, questi sogni o cessassero affatto o perdessero di vigore e non esercitassero più la loro influenza sugli abitanti dell'isola. Ma Chruuurrr ha inghiottito i cibi, si è avvolto nelle piume, infine ha posseduto le fanciulle, senza che la qualità angosciosa dei suoi sogni si sia per nulla modificata. Anzi, soprattutto in occasione del sacrificio di tante innocenti ragazze che i magistrati strappavano alle famiglie e costringevano ad entrare nel letto del mostro, più di uno ha avanzato l'idea che questa iniziativa non fosse altro che un sogno di Chruuurrr, sogno lussurioso che gli abitanti dell'isola subivano proprio nel momento in cui si illudevano di esserne liberi. Il che, se fosse vero, dimostrerebbe che nell'isola *tutto* è sogno di Chruuurrr; persino quei periodi pacifici in cui si dice che Chruuurrr dorma senza far sogni; persino, come ha arrischiato qualche buontempone, l'esistenza stessa dell'isola, con le sue montagne, le sue città, le sue campagne, il sole, la luna, le stelle e tutto quanto. Ma si tratta, come è chiaro, di fantasie che sinora non hanno trovato alcuna conferma nella realtà.

Più seria sembra invece l'ipotesi di tutta una scuola, la quale stabilisce un nesso tra il continuo sognare di Chruuurrr e il fatto, abbastanza singolare, che, dal momento dell'assunzione al trono del mostro, tutti senza eccezione gli abitanti dell'isola abbiano, loro, *completamente* cessato di sognare. Si pensa che il giorno che gli abitanti riprendessero a sognare, i loro sogni, in certo modo, potrebbero rintuzzare e vincere quelli di Chruuurrr. Ma probabilmente ci troviamo di fronte ad un'utopia piuttosto che ad una teoria veramente scientifica. Comunque, a tutt'oggi, non sembra che il fatto possa verificarsi.

Accanto a questa scuola, ce n'è un'altra, molto più esigua, la quale pretende che Chruuurrr potrebbe essere soppiantato da qualcuno capace di sognare più potentemente e più efficacemente di lui. Ci vorrebbe, essi sostengono, un altro Chruuurrr più forte e di sogni più vasti che riuscisse ad incorporare e assorbire, per così dire, nei suoi sogni non soltanto gli abitanti dell'isola ma anche Chruuurrr stesso. Sinora, tuttavia, questo sognatore così potente non si è trovato. E poi, bel vantaggio, dicono molti, mettere al posto del mostro, un mostro anche peggiore, i cui sogni produrrebbero un ancor più profondo sconquasso.

Dalle file di questi intellettuali teorici non sarà forse inutile ricordare che sono usciti quei sette giovani che due anni prima del nostro approdo all'isola, congiurarono o meglio credettero di congiurare contro Chruuurrr. Di notte, questi animosi entrarono travestiti da guardie di palazzo nella reggia di Chruuurrr e, le armi alla mano, giunsero fino alla stanza segreta in cui dorme il mostro. Già distinguevano in fondo al letto l'enorme massa obesa e villosa del despota addormentato, già sfoderavano le spade, quando la loro congiura si palesò ad un tratto, miserabilmente, per quello che era: un sogno di Chruuurrr. Uno dei congiurati ficcò la spada nelle reni ad un compagno. Un altro si prosternò piangendo di fronte al letto. Un terzo, addirittura, buttatosi carponi abbracciò perdutamente il regale vaso da notte. Gli altri improvvisarono per la stanza una specie di pazzo girotondo. Intanto, la testa affondata in molti guanciali, Chruuurrr continuava a dormire; e dava a vedere sul viso gonfio e peloso non si capiva che delicato piacere. Ma il popolo che è, come dappertutto, sano e semplice e non s'impiccia di teorie più o meno scientifiche, accetta, come abbiamo detto, il reggimento del mostro e tutti i mali che ne derivano con rassegnazione e senza indagarne le cause né cercarne i rimedi. A questa passività, certo molto contribuiscono i sacerdoti che si sono dedicati all'interpretazione e all'esegesi dei sogni e degli incubi del mostro. Essi ne ribadiscono il dominio spiegando come i sogni di Chruuurrr sono dovuti a qualche peccato o errore commesso dalla nazione; allo stesso modo che la mancanza di sogni costituisce un premio alla buona condotta dei sudditi.

Sola speranza rimane perciò all'isola che il tempo passi e Chruuurrr invecchi; e invecchiando, la forza dei sogni, in qualche modo, affievolisca. Anche i medici sono del parere che ad una certa età i sogni di Chruuurrr perderanno il loro potere e non giungeranno che indeboliti e smorzati alla coscienza dei sudditi. Intanto, aspettando questa vecchiaia, passa l'isola da un sogno all'altro, da un incubo all'altro.

LA GUERRA PERPETUA

Durante uno dei nostri viaggi capitammo in una grande isola, divisa inegualmente tra due nazioni. Fin dal primo momento ci rendemmo conto che il modo di vita di queste due nazioni differiva profondamente da quello dei nostri paesi.

Tra quelle due nazioni la guerra, dopo essersi trascinata per secoli con alterne vicende, diventò perpetua. La pace che era stata per molto tempo la regola, con rare funeste eccezioni di parentesi guerresche, si fece a sua volta eccezionale. Finché l'ideale pacifico, divenuto sempre più debole e sempre meno luminoso, come una lampada a cui manchi l'olio, si spense del tutto. La pace scomparve e fu guerra per sempre. Ma non una guerra intesa come un fatto deprecabile e contrario alla natura umana, bensì come stato normale e, se è permesso il bisticcio, pacifico dell'umanità. Gli uomini delle due nazioni, a quanto sembra, considerarono un bel giorno la guerra come un modo di vita affatto naturale e perciò stesso automatico. Allo stesso modo che noi non ci accorgiamo di respirare, così quei due popoli cessarono di rendersi conto che guerreggiavano. Come sempre avviene, scrittori, pensatori, statisti si incaricarono di fornire leggi, libri, saggi filosofici che confermarono e diedero una sistemazione definitiva a questo stato di cose. Il linguaggio medesimo si modificò per molti aspetti profondamente. Mille proverbi e modi di dire popolari che parlavano con orrore della guerra, si cambiarono in senso contrario. La parola pace, poi, scomparve addirittura dall'uso corrente.

Ma in sede pratica, il primo effetto e il principale fu che se prima la città si sviluppava e fioriva in funzione della pace, ora essa lo fece in funzione della guerra. Alcuni penseranno a situazioni analoghe che si verificano tra popolazioni bellicose del genere degli arabi del Marocco o dei papua della Polinesia. Ma anzitutto quelle popolazioni assai selvagge e primitive nulla hanno a che fare con le nostre due nazioni le quali, come si vedrà in seguito, hanno invece raggiunto un grado elevatissimo di civiltà; e in secondo luogo la vita nel Marocco e in Polinesia, nonostante tutte le apparenze contrarie, è come la nostra, anch'essa organizzata in funzione della pace. Vogliamo dire che, con tutta la loro ferocia, quelle tribù africane e polinesiane preferiscono di gran lunga la pace alla guerra; e considerano quest'ultima tutt'al più come un male inevitabile. Vecchio concetto, direbbero i filosofi delle nostre due nazioni, che ognuno può vedere come sia stato ormai del tutto superato così nella pratica come nella teoria.

Spieghiamoci meglio. La guerra perpetua porta come logica conseguenza la distruzione perpetua. Ora è noto che le guerre non finiscono il più delle volte per mutuo accordo bensì perché, ad un certo momento, uno dei due avversari, non disponendo più di mezzi sufficienti per continuare la lotta, si dichiara vinto. In altre parole la distruzione presso uno dei due avversari supera la produzione. Il problema dunque della guerra perpetua altro non è che il problema della produzione perpetua. Una produzione che si mantenga sempre allo stesso livello della distruzione. Una produzione non soltanto di armi, non soltanto di beni ma anche di uomini. I quali, come tutti sanno, in tempo di guerra si consumano con la stessa rapidità e alla stessa stregua delle palle da cannone o della polvere da sparo.

Qualcuno opporrà che il problema della produzione perpetua in funzione della guerra perpetua è di per sé insolubile; giacché il proprio della guerra è di apportare distruzioni maggiori di qualsiasi produzione; e questo al fine di raggiungere la vittoria, scopo ultimo che ambedue gli avversari si propongono. È fatale, insomma, che in tempo di guerra i produttori di uno dei due campi avversari rimangano di molto indietro ai distruttori dell'altro; ossia che le famiglie forniscano meno uomini, le fabbriche meno armi, i campi meno grano, di quanto non richiedano le esigenze belliche: tale squilibrio basta a far cessare la guerra. Ma quest'obiezione, giustissima trattandosi di una civiltà come la nostra, non tiene conto del fatto nuovissimo, verificatosi appunto presso queste due nazioni, che ambedue gli avversari abbiano interesse, per qualche loro motivo, non a vincere bensì a prolungare indefinitamente la guerra. Ossia in altri termini, a adoperare la guerra come fine e non come mezzo. Che avverrà allora? Che, invece di lottare per sopraffarsi, i due avversari si metteranno d'accordo per regolare produzione e distruzione l'una in funzione dell'altra, alimentando la guerra in modo uniforme e costante, ossia evitando così le carestie di beni come la sopraproduzione che porterebbero fatalmente allo strapotere di una delle due parti, epperò alla fine della guerra stessa. Le nostre due nazioni volevano entrambe che la guerra durasse in eterno; una volta stabilita questa premessa non fu loro difficile mettersi d'accordo.

Tutto questo non avvenne in un giorno; e piuttosto che di una chiara volontà si trattò di una lenta trasmutazione di tutti i valori della pace in valori di guerra. Ma, in sostanza, le due nazioni ragionarono a un dipresso nel modo seguente: se, come è accertato, la guerra non è altro che distruzione e quindi produzione di beni e di vite umane, cerchiamo di dare a questo processo un andamento razionale, introducendovi gli stessi accorgimenti e le stesse provvidenze che abbiamo adottato sinora per gli scambi commerciali e le operazioni finanziarie. Togliamo alla guerra il suo carattere furioso, irrazionale, disordinato. Stabiliamo una media della nostra capacità distruttiva e una media di quella produttiva, vediamo se la media della produzione dell'uno coincide con la media della distruzione dell'altro e viceversa; riduciamo l'una media in correlazione con l'altra; infine impegniamoci solennemente a tenerci dentro i limiti che abbiamo in tal maniera fissato. Conveniamo ad ogni modo che, se per qualche motivo imprevedibile, ci accorgeremo ad un certo momento di trovarci in sopraproduzione di armi, le accantoneremo in attesa di usarle nei modi prestabiliti; e che faremo lo stesso se la sopraproduzione sarà invece di beni e di vite umane. Così tutto andrà liscio come l'olio. Non ci saranno più né vincitori né vinti. E la guerra, finalmente, sarà perpetua.

Come ognuno vede, siamo ben lontano dalla primitività dei marocchini e dei papua; siamo invece sopra un piano altissimo di civiltà. Quella civiltà, insomma, in cui gli uomini non agiscono più secondo l'impulso delle passioni bensì secondo i dettami di un'alta e ferma ragione che si esprime in piani chiarissimi e ben meditati. Civiltà, per tutto dire, esemplare di fronte alla quale tutte le altre che sono fiorite nel passato non possono non apparire che rozze e maldissimulate barbarie.

Tutto questo va bene, diranno i soliti oppositori; anzi, tutto questo va perfino troppo bene; è, cioè, perfino troppo bello per essere vero. Voi affermate di essere stato in quei due paesi. E fin qui possiamo anche credervi. Ma quando volete darci a intendere che avete veramente assistito a guerre siffatte, non vi crediamo. I vostri racconti hanno tutta l'aria di essere inventati. Sono piuttosto brillanti e logici paradossi che calde descrizioni di cose realmente vedute. Il loro rigore vi tradisce. Purtroppo noi sappiamo che una cosa sono gli ideali e un'altra la realtà. Voi ci avete descritto un mondo come vorreste e noi tutti vorremmo che fosse; ma ora è tempo di mettere da parte le utopie e di descrivercelo come effettivamente è.

Noi avevamo preveduto quest'obiezione. E perciò prima di partire ci eravamo fatti dare il resoconto stenografico di un dialogo avvenuto tra due ministri di una di quelle nazioni: il ministro della guerra e quello della produzione. Questo dialogo, oltre a comprovare la verità delle nostre affermazioni, servirà anche a fornire un'immagine, per così dire, palpitante della vita in quei paesi. Eccolo, riportato integralmente:

Ministro della guerra: Amico, proprio non va, mi dispiace dirvelo...

Ministro della produzione: Perché?

Ministro della guerra: Ma perché siamo indietro, molto indietro ai nostri bravi avversari. Loro, si capisce, fingono di non avvedersene. Non toglie tuttavia che girino voci assai inquietanti.

Ministro della produzione: Ci siamo, le voci. Ma quali voci?

Ministro della guerra: Cose assurde, mostruose, cose da non riferirsi, intendiamoci, ma importanti come sintomo di uno stato d'animo diffuso: che noi vorremmo tornare ai vecchi sistemi di guerra, che noi penseremmo, orribile a dirsi, alla pace, che poi infine staremmo meditando di dichiararci vinti. Ripeto, non ve le riferirei se, purtroppo, non trovassero conferma in alcuni aspetti della realtà...

Ministro della produzione: Che cosa intendete dire?

Ministro della guerra: Prendiamo un caso tra i tanti: quello delle atrocità di guerra...

Ministro della produzione: Ebbene?

Ministro della guerra: Che cosa vediamo? Che i nostri avversari sono stati puntualissimi. Ecco le cifre delle forniture di questo mese: loro donne fucilate dalla nostra polizia: centosessantatré; bambini sotto i nove anni uccisi in vari modi: cinquanta; vecchi: trenta; massacri generali di intere popolazioni di villaggi: sette, di cui due con la dinamite e due coi lanciafiamme. Ora, che cosa abbiamo noi da contrapporre a tutto ciò? Donne in numero assolutamente insufficiente: quaranta, quattro bambini e trenta vecchi. Notate che le atrocità di guerra sono, come dire?, il termometro della guerra stessa; anche nei tempi barbari, nei tempi preistorici, quando si faceva la guerra per ottenere la pace, era tacitamente inteso che non c'erano guerre senza atrocità. L'atrocità, insomma, è il primo segno e il più importante che la guerra è combattuta con valore, con tenacia, senza riserve mentali di marca più o meno pacifista. D'altra parte voi sapete che non basta moltiplicare le torture e le sevizie sul materiale umano fornito dall'avversario; bisogna anche procurare altrettanto materiale alle sue torture e alle sue sevizie; altrimenti si cade in un pacifismo di produzione quanto mai deprecabile. Che cosa avete da dire in proposito?

Ministro della produzione: Respingo risolutamente l'accusa di pacifismo; ma per il rimanente ammetto che possiate avere ragione. Dovete tuttavia considerare che un conto è produrre case, manufatti e beni da offrire ai mezzi di distruzione dell'avversario e un altro è produrre uomini. È difficile influire sulla prolificità di una nazione. Tutto quello che si poteva fare in questo campo è stato già fatto non da anni ma da secoli. Da secoli sono stati aboliti matrimonio e famiglia e stabiliti accoppiamenti a data fissa per tutte le donne e tutti gli uomini senza eccezione. Da secoli le nostre donne non smettono di procreare figli per la guerra, a partire dai primi anni della pubertà fino alla vecchiaia. Da secoli infine si provvede a togliere dalla produzione annua di materiale umano quei maschi e quelle femmine che non sono destinati alle esigenze distruttive bensì alla procreazione. E tuttavia, nonostante queste provvidenze, il nostro livello di prolificità è più basso di quello dei nostri avversari; donde la necessità di destinare un numero sempre maggiore di donne alla produzione togliendole dai vari rami della distruzione, ivi compreso quello delle atrocità. Ma debbo fare osservare a Vostro Onore che, se siamo indietro sul piano della quantità, in compenso siamo di gran lunga più avanti dei nostri avversari su quello della qualità.

Ministro della guerra: Che cosa intendete dire?

Ministro della produzione: Voglio dire che il nostro popolo sopperisce con l'ingegno alle deficienze della natura. È vero, per esempio, che l'avversario ci supera nel numero quanto alle atrocità, ma noi lo vinciamo di gran lunga nella raffinatezza e originalità delle torture che infliggiamo al suo abbondante materiale umano. Loro non sanno che fucilare, o impiccare, o bruciare coi lanciafiamme, o sotterrare vivi; noi invece impicchiamo, fuciliamo o bruciamo o sotterriamo soltanto in ultimo, quando non resta più null'altro da fare, dopo giorni e settimane durante le quali ci sbizzarriamo con l'intelligenza, fantasia, buon gusto... Eh eh... non è da tutti, essere artisti.

Ministro della guerra: Ma vi ho già detto che la raffinatezza delle torture da noi inflitte non può compensare il numero scarso dei torturabili da noi forniti. Strappare unghie, cavare occhi, ardere piedi, tagliuzzare membra, evirare, bollire, scotennare e via dicendo, sono tutte cose rispettabili, tutte cose serie... ma resta il fatto che, quanto al numero, non abbiamo fatto fronte ai nostri impegni.

Ministro della produzione: Ho parlato di artisti: il campo dell'arte, ecco ancora un settore nel quale la nostra superiorità è indiscutibile. Sentite le cifre: soltanto in questo mese noi abbiamo fornito ai mezzi di distruzione dell'avversario cinque chiese, una pinacoteca, venti palazzi e sei monumenti. Delle chiese, tre erano molto vaste e ornatissime di sculture, mosaici, affreschi, la pinacoteca conteneva cose stupende, tra cui una completa collezione di autoritratti; dei palazzi non dico nulla: voi sapete che i nostri architetti sono i primi del mondo; quanto ai monumenti, quattro erano equestri. E loro, invece, che cosa ci hanno dato come materiale artistico da distruggere con i nostri mezzi di guerra? Tre chiese molto mediocri e molto nude, una biblioteca che a rigor di termini non si può mettere tra le opere d'arte, nessun palazzo, e soltanto due monumenti di fattura assai scadente. Il confronto, permette che ve lo dica, è schiacciante.

Ministro della guerra: Ma, benedett'uomo, quante volte debbo dirvelo? I vantaggi di un dato settore della produzione non compensano affatto gli svantaggi in un altro settore. Che vuol dire tutto questo? Che noi siamo avanti a loro nella produzione artistica, ecco tutto, ma non per questo meno indietro in quello delle atrocità.

Ministro della produzione: Voi sapete che su questo terreno non vi seguirò mai. La guerra è unica, non plurima. È giusto che un popolo compensi le proprie sottoproduzioni con le sopraproduzioni. Noi siamo, come dire? una nazione più aristocratica, più raffinata dei nostri avversari...

Ministro della guerra: Chiacchiere. La discussione è stata fatta più volte e vi ho già detto quello che pensavo. Semmai, secondo me, non si fa nel campo demografico quanto si potrebbe e si dovrebbe fare. I nostri sistemi di produzione umana sono antiquati. Si concede troppo poco al gusto personale così degli uomini come delle donne. Si esagera nel senso di una eccessiva razionalità. Maggiori concessioni all'amore coniugale, all'affetto materno e paterno ci permetterebbero probabilmente una maggiore produzione di materiale umano.

Ministro della produzione: Voi conoscete la principale obiezione a quelle tali concessioni di cui parlate: se lasciate che madri e padri si affezionino ai figli, essi poi non vedono di buon occhio la morte sicura e precoce di questi stessi figli nei diversi rami della distruzione. E cessano egualmente di procreare.

Ministro della guerra: Va bene; ma, credetemi, anche in questo campo i nostri antichi, con tutta la loro barbarie, avevano del buono. Essi lasciavano che i genitori si affezionassero ai figli, anzi favorivano quest'affetto; ma al tempo stesso mettevano nelle teste dei genitori non so che idee di gloria e di dovere per cui non soltanto non si dolevano della morte dei loro figli ma quasi quasi ne erano contenti.

Ministro della produzione: Nella storia non si torna indietro. Voi certo non ignorate che proprio da queste idee di gloria e di dovere che i nostri antichi giustamente instillavano nelle teste dei genitori e, incidentalmente, anche dei figli, viene in gran parte il concetto basilare della nostra civiltà: quello della guerra perpetua. Voi vorreste che ricominciassimo da capo. È impossibile. Oltre tutto, l'abitudine a far figli che sanno destinati a perire in guerra è diventata nelle nostre donne una specie di seconda natura. Si potrebbe dire che, come mettono al mondo un figlio, già lo vedono cadavere in qualche campo di battaglia. Perciò modificare il sistema attuale di produzione del materiale umano vorrebbe dire operare una rivoluzione nella psicologia, anzi nella fisiologia femminile.

Ministro della guerra: Non importa: era una idea, ma non ci tengo più che tanto. Piuttosto, voi accantonate troppi bambini per la produzione artistica e altri settori di qualità. Sono sicuro che la produzione artistica non soffrirebbe se una buona metà dei bambini destinati a diventare artisti fosse invece adoperata per riempire, per esempio, il fabbisogno delle sacche e degli accerchiamenti in cui, manco a dirlo, siamo gravemente deficienti. Voi sapete certamente che per la nostra ultima sacca il nemico ci ha fornito ben quarantamila soldati, tutti giovani e robusti, tutti di prima scelta. Quarantamila soldati che a stento abbiamo potuto falciare con le mitragliatrici in dieci giorni. Quattromila al giorno, via, via, non c'è male, non c'è proprio male. E noi invece? Diecimila territoriali che in poche ore erano bell'e spacciati.

Ministro della produzione: In compenso però abbiamo una netta superiorità nel campo delle spie. In questo mese abbiamo fornito ai loro plotoni di esecuzione ben centodiciotto spie. Non meno di settantadue di queste spie erano giovani e bellissime donne. Voi sapete che è molto importante che le spie siano donne e siano belle. Sapete del pari che per formare una spia ci vogliono anni di addestramento e di tirocinio. Che cosa ci hanno dato i nostri avversari? Sette spie in tutto, di cui nessuna donna.

Ministro della guerra: Bazzecole. Lo spionaggio è robetta. Si ammira soprattutto l'astuzia, la bellezza e altre simili cose. La qualità, insomma. E invece la guerra è una questione di quantità. Lo diceva anche Napoleone che se ne intendeva: sono i grossi battaglioni che fanno durare la guerra.

Ministro della produzione: Quantità, benissimo, vi prendo in parola. Sapete voi quanti villaggi costruiti di tutto punto, con fogne, edifici pubblici, luce elettrica, gas, fontane, giardini, abbiamo offerto ai bombardamenti aerei del nemico in questo mese? Trentasei, non uno di meno. Andate a vedere e ditemi se non dobbiamo essere fieri della nostra produzione. Le stesse macerie rivelano la bellezza degli impianti, la finitezza degli edifici. Loro invece non ci hanno fornito che una decina di borghi, alcuni dei quali assai piccoli.

Ministro della guerra: Piccoli sì, ma popolati. Ho veduto io stesso i loro morti civili. Donne, uomini, bambini a mucchi, a cataste, per le strade, sotto le rovine di quei tali borghi che voi disprezzate tanto. Popolazioni intere distrutte integralmente mentre dormivano o accudivano alle faccende domestiche. Uno spettacolo superbo, testimonianza vivente, per così dire, dell'alto livello raggiunto nel campo della produzione di materiale umano dai nostri avversari. Invece i nostri villaggi così perfetti erano vuoti, per la buona ragione che voi stesso avevate provveduto a fare andar via gli abitanti.

Ministro della produzione: Non toglie che fossero dei villaggi modello e che i loro stessi aviatori abbiano dichiarato che era un vero piacere distruggerli.

Ministro della guerra: Parliamo d'altro. Dove invece debbo congratularmi con voi è per la produzione di beni ai fini della distruzione aerea, navale e terrestre. Voi siete insuperabile nella creazione mai esausta di magazzini, depositi di viveri, arsenali, polveriere, ammassi, parchi automobilistici, navi. In questo campo siamo in sopraproduzione, giacché il nemico distrugge molto meno di quanto noi produciamo. E ciò che distrugge è sempre di prima qualità, fatto questo che se non ha importanza nel campo della produzione umana, l'ha invece assai rilevante in quello della produzione di beni, in quanto i beni costano denaro. Specialmente per quanto riguarda le navi, la nostra supremazia è indiscutibile. Le venti navi che abbiamo fornito questo mese ai nostri avversari erano tutte a pieno carico e di tonnellaggio ingente. Abbiamo perduto in trenta giorni, per opera dei loro siluri, una quantità di viveri e di manufatti diversi sufficiente ad approvvigionare una città di tre milioni di abitanti per lo stesso periodo di tempo. Le nostre spiagge sono coperte di infiniti rottami. In compenso, però, le loro sono sparse di innumerevoli cadaveri di soldati annegati. Alludo ai tre grandi trasporti carichi di truppe che essi hanno messo a disposizione dei nostri sommergibili. Trentamila annegati: è una bella cifra. Così bella che da sola bilancia le venti navi da carico fornite da noi.

Ministro della produzione: Non le bilancia. Ci vuole molto più fatica a produrre merci che uomini. Un abbraccio, un amplesso e l'uomo è fatto. Invece... non ditelo neppure per scherzo: in una sola di quelle navi si trovavano settantasette casse di strumenti scientifici: mesi, anzi anni di lavoro. Carne da cannone: ecco il vantaggio su di noi dei nostri avversari.

Ministro della guerra: Consolatevi pure con le parole. Voi dimenticate sempre che la guerra è distruzione e quindi produzione prima di tutto di uomini e poi di beni.

Ministro della produzione: Ebbene, sia pure produzione di uomini. E gli ostaggi che abbiamo fornito questo mese? Tutta gente di qualità, badate, tutta gente in certo modo preziosa, medici, avvocati, scienziati, artisti. Del resto ecco le cifre: duecento tra fucilati e mitragliati, cento bruciati coi lanciafiamme, settanta impiccati, trenta sotterrati vivi; degli ostaggi che ne fate? Loro in fatto di ostaggi, sono scarsi. Infatti che ostaggi si possono ricevere da una nazione di ignoranti e di incolti? Prenderemo forse come ostaggi dei braccianti, dei manovali? Begli ostaggi in verità.

Ministro della guerra: Non vi scaldate, calmatevi. Avete ragione, nel campo degli ostaggi, appunto perché la nostra nazione supera l'avversario in qualità, può anche vincerlo in quantità. Ma una rondine, come si dice, non fa primavera. E del resto loro hanno su di noi il vantaggio non piccolo dei campi di concentramento per prigionieri: un milione di prigionieri continuamente rinnovati via via che muoiono, e Dio sa se ne muoiono. Noi invece appena mezzo milione.

Ministro della produzione: Il numero, al solito, il numero.

Ministro della guerra: Non vi crucciate, vi dico. Se vi faccio queste osservazioni, voi dovete prenderle per quello che sono in realtà: nient'altro che incitamenti e consigli onde stimolare la produzione, tenere alto il nostro buon nome e far fronte ai nostri impegni. I nostri avversari sono leali e puntualissimi, noi dobbiamo imitarli. Del resto anche voi, in parte, avete ragione. Sono io il primo a riconoscerlo. Mi risulta infatti che tra il ministro della guerra e il ministro della produzione nemici ha avuto luogo recentemente una discussione molto simile alla nostra. Soltanto che il mio collega rimproverava al vostro di non fare abbastanza non per accrescere la quantità bensì per migliorare la qualità della produzione di guerra.

Ministro della produzione: Ecco, vedete...

Ministro della guerra: Non vedo nulla. O meglio, vedo soltanto che noi dobbiamo accrescere la quantità e che i nostri avversari debbono migliorare la qualità. Ma tra i due fatti non può esserci rapporto alcuno, non può esserci compensazione di sorta. Mettiamo per esempio che il nemico bruci col lanciafiamme o seppellisca vivo uno dei nostri più illustri poeti. Ebbene, chi potrà stabilire se questo poeta valeva più o meno di diecimila soldati avversari uccisi da noi coi gas asfissianti in qualche valletta del fronte? Chi?

Ministro della produzione: Io. Io sostengo, come ho sempre sostenuto, che la morte di un poeta pesa molto ma molto di più sul bilancio della guerra di quella di diecimila soldati. Un poeta è unico, diecimila soldati no; un poeta è fonte allo spirito di inestinguibili gioie, diecimila soldati non dicono nulla allo spirito; ci vuole infinita fatica per creare un poeta, non ci vuole nulla a mettere al mondo diecimila soldati...

Ministro della guerra: Badate, di questo passo giungerete a sostenermi che la guerra si fa coi poeti e non coi soldati.

Ministro della produzione: Con i poeti e con i soldati. E i poeti, sul piano della produzione, valgono infinitamente più dei soldati.

Ministro della guerra: *Infinitamente*... non vedete che anche voi siete incapace di dare una definizione esatta del valore di un poeta? e, insomma, di tutti quei prodotti di qualità di cui siete tanto fiero? *Infinitamente*... la guerra non è questione di avverbi più o meno generici, bensì di cifre. Che cosa vuol dire *infinitamente*? Diecimila, ventimila, centomila, un milione di soldati? Ora, supponiamo un momento per assurdo che la guerra si faccia secondo le vostre idee; e cioè che noi e i nostri avversari ci mettiamo d'accordo per stabilire una equivalenza tra quantità e qualità. Ditemi voi come faremo, in che modo riusciremo a scoprire quanti uomini i nostri avversari debbano fornirci in cambio, putacaso, di una statua, o di un quadro o di un palazzo; ditelo, se potete.

Ministro della produzione: La cosa non è poi tanto difficile. Io per esempio, proporrei...

La relazione ha fine sulla parola "proporrei" del ministro della produzione. Perché, a quanto pare, proprio in quel momento, ebbe luogo un bombardamento aereo previsto e combinato d'accordo con gli avversari, durante il quale il ministero, appunto, della guerra, doveva essere distrutto. I due ministri e la stenografa trovarono la morte insieme con tutto il personale nel crollo del magnifico edificio. Si penserà che il ministro della produzione abbia commesso un suicidio disponendo che il bombardamento dovesse avvenire proprio nel momento in cui egli si trovava nel ministero. Ma bisogna rendersi conto che quello che noi chiamiamo dovere e che compiamo il più delle volte con difficoltà e contro i nostri più radicati istinti, in loro è seconda natura e lo fanno automaticamente. Con ogni probabilità il ministro della produzione pensò che la morte sua e del ministro della guerra, gente di qualità, avrebbe in qualche modo compensato la deficienza della quantità. Da questo a decidere di perire sotto le macerie insieme con il collega il passo dovette essere breve e facile. Nei nostri paesi tale dedizione sarebbe chiamata eroismo; possiamo invece assicurare che nessuno in quella nazione si sognò di trovar nulla di ammirevole o comunque di straordinario nella morte dei due ministri. Ciò rientrava, come ci dissero, nel quadro della produzione. E poi, morto un ministro, era oltremodo facile farne un altro.

Quanto alla relazione, la trovammo per caso tra le rovine del ministero, subito dopo il crollo. Alla relazione nulla abbiamo da aggiungere. Se non l'augurio che i paesi del nostro continente, ancora impaludati in sistemi antiquati e barbari di guerra, imitino e magari superino con gli stessi metodi quelle due nazioni, al tempo stesso così civili e così guerresche.

Non si è mai abbastanza cauti nell'assumere nuovi servitori. Questo era il pensiero della signora Fasano.

Andò a finire tuttavia che, se non proprio la perfezione, la signora Fasano trovò o credette di trovare quanto faceva al caso suo. Si trattava di una ragazza abruzzese, di venticinque anni, rustica ma schietta. Le guance floride, la persona robusta annunziavano attitudine e resistenza al lavoro; l'espressione degli occhi celesti e del sorriso, serietà, innocenza, forse assenza di "fidanzati". La signora Fasano dopo aver discorso un poco del vitto, del bucato e della "libertà" domenicale, venne alla questione delle informazioni. Rosa, ché tale era il nome della ragazza, rispose che era stata cinque anni dalla contessa Folaga-Picchio.

Ora, era una combinazione, questa contessa Folaga-Picchio era donna assai in vista, dalla quale la signora Fasano ambiva essere invitata. Domandare informazioni poteva essere un pretesto per allacciare rapporti ulteriori, non un grande pretesto, è vero, ma infine...

La signora Fasano, ad un'ora mattutina, telefonò alla contessa, introducendo subito, nella maniera più cerimoniosa, l'argomento della domestica: "So che lei è molto occupata e che la disturbo... ma come lei sa... di questi tempi... gira certa gente... lei mi capisce." La contessa respinse senz'altro il larvato invito ad un tono amichevole e disse seccamente che la Rosa era una ragazza commendevole sotto ogni aspetto. "Il solo inconveniente," soggiunse dopo un momento di esitazione, "è che è un angelo."

"Come," esclamò la signora Fasano, "un angelo... e questo lei lo chiama inconveniente?"

La contessa, un po' spazientita, spiegò allora che ella non intendeva angelo nel senso che si dice "buona come un angelo"; la Rosa era un vero angelo, di quelli con le ali e l'aureola. "Ora lei comprende," concluse la contessa, "che un angelo è sempre un angelo... fuori casa, magari... ma in casa... noi l'abbiamo tenuta cinque anni, anche in considerazione che è orfana... ma alla fine siamo stati costretti a licenziarla... lei provi però... può darsi che con lei vada meglio." La contessa aggiunse poche altre cose, quindi, tagliando corto alla conversazione, salutò e abbassò il ricevitore.

La signora Fasano, avuta l'informazione, pesò il pro e il contro. Rosa era un angelo e questo, secondo le parole della contessa, né lei, sebbene poco pratica di angeli, aveva ragione di dubitarne, era un grosso inconveniente: d'altra parte, però, era anche una buona cameriera, la contessa stessa l'aveva confermato. La signora Fasano, per un ultimo scrupolo ne parlò anche al marito. Il quale fu breve, anzi brutale: "Che sia un angelo è affar suo... purché mi stiri i pantaloni, mi lustri le scarpe e vada ad aprire."

La signora Fasano, dopo molte esitazioni, decise di prendere la ragazza in prova. Ma non volle rinunziare a trarre qualche vantaggio dalla singolare situazione. "Vi prendo," disse alla ragazza, "ma la contessa Folaga-Picchio mi dice che siete un angelo..." qui si fermò un momento sperando che Rosa negasse; ma Rosa si limitò ad arrossire abbassando gli occhi, "e allora capirete voi stessa... non posso darvi quanto do alle altre... dovrete contentarvi di mille lire di meno."

"Come vuole lei, signora," rispose l'angelo mansuetamente. La signora Fasano, dopo pochi giorni, si accorse che non amava affatto gli angeli, anzi, provava per loro una forte antipatia. Questo sentimento di avversione si sfogava nel deliberato proposito di far faticare Rosa più che fosse possibile. Per esempio, dopo che la ragazza aveva spazzato il salotto, la signora Fasano fingeva di notare in qualche luogo un granello di polvere e glielo faceva pulire di nuovo, ma questa volta carponi, con le mani, mentre lei, in piedi, le indicava i luoghi sporchi. Oppure erano gli ottoni mai abbastanza specchianti. Oppure ancora i vetri delle finestre, da lavarsi salendo sul davanzale.

"Siete sudicia," ripeteva la signora Fasano tutto il giorno, "siete proprio sudicia." Non parliamo di quando la signora Fasano si vestiva: di un'esigenza spietata, soltanto per scegliersi e mettersi le calze era capace di far stare la povera Rosa inginocchiata una buona mezz'ora con il suo piede nudo in grembo.

Ma, come si sa, gli angeli sono pazienti; e Rosa possedeva in sommo grado questa virtù. La signora Fasano dopo aver cercato invano di prenderla in fallo nel suo mestiere di domestica e averla trovata davvero perfetta, finì per concludere, come la contessa Folaga-Picchio, che il solo ma grossissimo inconveniente della ragazza era, appunto, che essa fosse un angelo. Ma in che modo si manifestava quest'inconveniente? E come appigliarsi ad esso?

Una domenica che Rosa era uscita, la signora Fasano andò nella cameretta della domestica e frugò minutamente i tre cassetti del comò e la piccola valigia di fibra, senza trovare che un vestito di ricambio, poca e povera biancheria e qualche altro straccio.

Nulla, veramente nulla di angelico c'era in quei miseri cenci; né nella spazzola di legno bianco e nel pettine sdentato che formavano tutta la toilette di Rosa. La camera, poi, non odorava di angelo, bensì di sapone alla violetta a buon mercato.

La signora Fasano pensò allora di spiare la cameriera. Vagamente si diceva che se in solitudine l'angelo avesse spiegato le ali, tirandole fuori dalle spalle come si tirano fuori le gambe dai tavolini da gioco, questo sarebbe bastato per licenziarla: non si può stare in una casa perbene con due ali, sia pure dissimulate.

La signora si nascose in giardino, dietro la finestra della camera di Rosa: la vide spogliarsi, pettinarsi, farsi la treccia, infilarsi una lunga camicia di tela, ficcarsi in letto e spegnere il lume, ma niente ali. Anche l'aureola, altro attributo angelico sarebbe stato un buon pretesto per mandar via Rosa: "Voi non potete servire a tavola con l'aureola... è una cosa che non può stare... avete la vostra cuffia di pizzo e dovete contentarvi..." Ma per quanto aguzzasse gli occhi, la signora Fasano non poté veder l'aureola.

Eppure, di questo la signora Fasano era sicura, Rosa era veramente un angelo. Non sapeva perché, come diceva talvolta al marito, ma c'era nella ragazza un non so che... un insieme di cose... una certa aria... Un giorno finalmente la signora an nunziò al marito: "Ho deciso di licenziare Rosa... sarà buona, sarà perfetta... ma non voglio angeli in casa mia."

E così Rosa fu mandata via, non senza qualche lacrima da parte sua e qualche parola di consolazione da parte della padrona. Ma costei volle tuttavia non essere fraintesa: "Ragazza mia," concluse, "non siete una sciocca e certo voi stessa lo capite... avete tante buone qualità, siete seria, laboriosa, onesta... ma siete un angelo... questo vi impedirà sempre di restare a lungo nelle case signorili." Dopo aver detto queste parole, la signora Fasano acconsentì a scrivere a Rosa un buon certificato; e a tacervi la faccenda dell'angelo.

Pochi giorni dopo, certa signora Avocetta telefonò per informazioni sul conto di Rosa. "Signora è brava," rispose la signora Fasano, "tanto brava... ma, preferisco avvertirla... è un angelo."

IL VITELLO MARINO

"Il vitello marino," mi spiegò il vecchio signore, avvicinandosi alla balaustra e guardando al mare, "è un vero vitello, con le corna, gli zoccoli e la coda, in tutto simile ad un vitello comune. Abita la profondità del mare e galoppa per le pianure e i declivi sottomarini. Di notte esce dal mare e va a mangiare l'uva nelle vigne di Capri."

Lo guardai per vedere se parlava sul serio. Egli contemplava il mare e si lisciava i baffi con compiacenza di veritiero narratore. "Tuttavia," osservai timidamente, "questo vitello nessuno l'ha mai visto... è una supposizione."

"Ma come?" egli rispose con meraviglia, "se ne hanno pescato uno appena sei mesi or sono... lo pescò Carmine, un marinaio della Marina Grande."

"Vivo?"

"Morto... Ma Carmine ha conservato le corna... può vederle quando vuole."

Salutai il vecchio signore e per i viottoli, tra le vigne, appunto, che il vitello marino nottetempo saccheggia, discesi al mare. Il vitello marino mi aveva turbato e volli cercarmi un luogo solitario per pensarci su con calma. La Marina Piccola era affollata, al solito, di rumorosi bagnanti, ma, saltando da una roccia infuocata all'altra, trovai senza difficoltà quel che cercavo: una piccola spiaggia di fine ghiaia, tra due rupi bianche di sale. in fondo ad un'insenatura angusta e quasi segreta del mare. Mi tuffai un momento in quell'acqua trasparente, quindi mi distesi sulla spiaggia, la testa nell'ombra e il corpo al sole. "Il vitello marino," pensavo, "galoppa sul fondo del mare e la notte saltabecca tra i filari delle vigne..." L'idea era assurda ma vecchio signore, persona del tutto seria e rispettabile, che conoscevo da anni, bilanciava con la sua serietà e rispettabilità l'assurdità dell'idea. Stavo quasi per assopirmi, in una confusa visione di teste di vitello e di grappoli d'uva, quando udii due voci molto vicine che parlavano. Mi levai a sedere e notai allora che tra le rocce c'era una bassa apertura triangolare la quale, secondo ogni apparenza, comunicava con altra piccola spiaggia attigua alla mia. Tesi l'orecchio e udii una voce maschile dire:

"Ammetterai che questa nuova moda dei vestiti lunghi è stata per te una vera fortuna..."

Una voce femminile rispose tranquillamente: "Oh, io non l'ho certo aspettata... ho sempre portato gonne lunghe e ampie."

Ci fu un lungo silenzio. "Debbo dirti," riprese l'uomo, "che, sebbene ormai ci sia quasi abituato, questa tua particolarità tuttavia, mi fa sempre una certa impressione."

"Perché?" rispose la donna in tono indifferente, "in se stessa non è nulla di straordinario... se tutte le donne l'avessero, ti sembrerebbe normale... ti fa impressione perché soltanto io ce l'ho."

"No," egli disse, "non è questo... ma quando ti spogli, come adesso... è come se improvvisamente scoprissi che hai il piede forcuto... o che nascondi tra i capelli due piccole corna."

"Non è grazioso?" ella domandò in tono di vanità, "non ti piace?"

"Sì, mi piace... ma è strano, ecco tutto."

"Ti abituerai, e presto, vedrai, ti sembreranno strane le altre donne."

"Può darsi," disse l'uomo, "ma insomma, in certo senso... noi, voglio dire la razza umana, ci distinguiamo dagli animali appunto perché non l'abbiamo."

"Vuol dire che in parte sono un animale... mia madre, prima che nascessi, aveva cinque gatti... può darsi che a forza di star coi gatti... ciò abbia avuto qualche influenza su di me."

"Sarebbe allora una voglia?"

"Già, una voglia... e ammetterai che ho avuto fortuna... pensa se fossi invece venuta al mondo tutta ricoperta di pelo, fin sugli occhi."

Ci fu di nuovo un lungo silenzio. Quindi la voce dell'uomo ricominciò: "Vorrei sapere una cosa..."

"Quale?"

"Tu che sentimenti provi... che senti?"

"E tu cosa provi per la tua mano... o per il tuo piede?"

"Beh, me ne servo."

"Ebbene anch'io me ne servo."

"Scusa, ma la mano afferra, il piede cammina..." l'uomo esitò. Si capiva che non voleva nominare la cosa. "Ma questo a te a che serve?"

"Come ai gatti... per manifestare i miei sentimenti."

"Così tu..."

"Già..." ella disse un po' seccamente, "quando sono contenta provo l'impulso di muoverla dolcemente di qua e di là... quando sono scontenta la sbatto contro i miei fianchi... quando sono triste l'abbasso... quando invece mi sento aggressiva, l'alzo... eccetera eccetera. Tutto questo in teoria, però... in pratica, invece, siccome sono una donna e non un gatto, la tengo ferma, sempre nella stessa posizione, in modo che si veda il meno possibile."

"Deve costarti uno sforzo spaventoso."

"No, perché? È come controllare i gesti delle mani... è una questione di educazione."

"Allora mi dispiace dirtelo," pronunziò l'uomo in tono giocoso, "ma sei molto maleducata."

"Perché, che ti prende?" ella domandò impermalita.

"Perché da qualche momento non fai che muoverla... appunto come se tu fossi scontenta."

"Non è vero."

"Come, non è vero?... Proprio adesso te la stai sbattendo sulla coscia... guarda."

"Non è vero, sei un bugiardo."

"È vero... del resto non c'è nulla di male... si muove da sé... senza che tu te ne accorga... ecco tutto."

"Oh basta, non seccarmi." Si udì il rumore secco di uno schiaffo e una leggera mortificata esclamazione da parte dell'uomo. Poi ci fu un acciottolio, come di qualcuno che si levasse in piedi sulla ghiaia. Dopo un lungo silenzio, la voce della donna domandò: "Sei offeso?"

"Beh, piacere non mi hai fatto."

"Vieni qui." Questo, detto in tono tenero e carezzevole.

"Eccomi... o bella... ora non dirai che non la muovi... sebbene dolcemente e graziosamente... come se tu fossi contenta."

"Basta, basta, basta!..." gridò la donna esasperata "adesso vado a fare il bagno... arrivederci."

Sentii un rumore d'acqua percossa, come di chi si tuffa e poi, subito dopo, un altro tuffo. Mi levai, mi tuffai anch'io, nuotai vigorosamente intorno la rupe e feci appena in tempo a intravvedere sulla superficie abbagliante del mare due teste chiuse nelle cuffie di gomma che si allontanavano verso il largo.

La sera stessa incontrai il vecchio signore dai baffi sulla terrazza della funicolare. Mi avvicinai, lo salutai e gli dissi: "Lei mi ha raccontato del vitello marino... adesso io le racconterò una cosa altrettanto straordinaria... qui a Capri c'è una donna che ha la coda."

Egli si lisciò i baffi e disse: "Non è possibile."

"Come non è possibile?!" esclamai; e in breve gli riferii il dialogo da me sorpreso la mattina, dalla mia spiaggia solitaria. Egli ascoltò con attenzione il mio racconto e poi dichiarò: "Non è possibile... il vitello marino esiste, l'hanno veduto parecchie persone... ma una donna con la coda... lei si sarà addormentato e avrà sognato di udire quel dialogo... ecco quello che è accaduto."

"Così lei non mi crede?"

"No, avrà avuto un'allucinazione... d'estate, col sole, può avvenire... tanto tanto, lei mi avesse parlato di una sirena... io non l'ho mai vista eppure è fuori dubbio che la sirena esiste... ma una donna con la coda..."

Egli scosse la testa e rise sotto i baffi.

Indispettito, lo salutai e me ne andai a cena.

MAMAMEL E VUSITEL

Taluni vogliono che il significato dei nomi di questi due paesi limitrofi, Mamamel e Vusitel, sia, rispettivamente, paese del tramonto e paese dell'alba. È un errore. Fermo restando che il suffisso "el" vuol dire paese, è stato assodato che Mama significa gallina e Vusi uovo. Paese della gallina, dunque, e paese dell'uovo.

Inutile descrivere i paesi nel loro aspetto fisico, la natura essendo più o meno eguale dappertutto. Ma gli ordinamenti sono diversi. Grosso modo, diremo che a Mamamel il passato conta più del futuro. A Vusitel invece, il futuro conta più del passato. Il presente, poi, non conta nulla in nessuno dei due paesi.

A Mamamel regnano i morti; a Vusitel comandano invece coloro che non sono ancora nati. I sacrifici che i due popoli sopportano per questi loro antenati e posteri sono incredibili; e, strano a dirsi, producono eguali effetti. Figuratevi che a Mamamel giungono a questo: le città sono necropoli in cui i morti, acconciamente mummificati, abitano case belle e pulite, fornite di ogni comodità; mentre gli abitanti vivi si accovacciano fuori delle mura in baracche, grotte, capanne e tende.

Essi dedicano tutta la loro vita a tenere in ordine le case dei morti e per far questo debbono adattarsi a lasciare in disordine le proprie. Ma, come abbiamo detto, non si tratta di case bensì di abominevoli tuguri. Gli abitanti di Mamamel girano in stracci, mentre le mummie dei morti sono addobbate di broccati. Quanto al cibo è poco e rozzo. I bocconi migliori se li prendono i morti in forma di offerte propiziatorie.

A Vusitel invece si costruiscono bellissime città, ma non per i vivi e neppure per i morti, bensì per coloro che debbono ancora nascere. Naturalmente queste città numerose, sparse per tutto il paese, sono vuote. La popolazione di Vusitel passa il suo tempo prima a costruire e poi a mantenere pulite, ordinate ed efficienti queste città deserte; ma a nessuno verrebbe in mente di andarci ad abitare; sono riservate alle generazioni future. Intanto, esattamente come a Mamamel, la popolazione vive in abituri e caverne, povera, lacera e affamata. Giacché non soltanto non si costruiscono case per i vivi ma anche si lesina loro più che sia possibile il cibo, i panni e i manufatti. Questo allo scopo di costituire, nei sotterranei delle città future, imponenti scorte per coloro che nasceranno. I magazzini, i frigoriferi, i depositi rigurgitano; ma la popolazione languisce nell'indigenza.

A Mamamel a guisa di saluto dicono: "Come stanno i vostri morti?" E si risponde: "Grazie, meglio di noi."

A Vusitel invece il saluto suona così: "Come stanno i vostri posteri?" E si risponde: "Grazie, staranno meglio di noi."

A Mamamel tutte le alte cariche dello stato sono occupate da mummie di uomini eccellenti del passato. Sono mummie costituzionali che regnano e non governano e non governeranno, tuttavia nulla si fa senza di loro, o meglio senza domandarsi che cosa esse avrebbero fatto in vita in questa o quella circostanza. La risposta ai più vari quesiti la danno gli storici che in grandissimo numero circondano queste mummie e ne conoscono a menadito la vita e le azioni. Perciò a Mamamel sarebbe sciocco domandarsi: "Chissà che cosa avrebbe fatto Cavour oppure Bismarck in questa situazione?" perché Cavour e Bismarck sono lì, al loro tavolo di lavoro, pieni di stoppa, è vero, ma non per questo meno efficienti, meno operanti, meno importanti, grazie alle cure degli storici incaricati di perpetuarne gli insegnamenti.

Sul trono di Mamamel siede la mummia di un Emiro che duemila anni or sono comandò, per qualche suo dimenticato motivo, che si togliesse la lettera "S" dall'alfabeto. Ebbene, non lo credereste, gli abitanti di Mamamel, a tutt'oggi, sono obbligati a fingersi blesi.

A Vusitel, invece, trattandosi di un paese, come si dice, proteso verso l'avvenire, le alte cariche dello stato sono in mano (se così si può dire, trattandosi di persone non ancor nate) di personaggi che i numerosi indovini che prosperano nel paese sono andati a cercare in fondo ai loro libroni o tra le stelle. Si tratta di personalità inesistenti, almeno per il momento, ma, forse appunto perché inesistenti, terribilmente esigenti.

Gli indovini attribuiscono a questi futuri governanti una smania tale di perfezione che la disgraziata popolazione di Vusitel non è mai alla fine dei suoi travagli. Essa deve affaticarsi da mane a sera per preparare un degno mondo a questi futuri Catoni. Bisogna vedere come gli indovini, dopo avere interrogato gli astri, scuotono il capo in maniera negativa di fronte a qualche fabbrica o a qualche monumento e ne impongono la distruzione e ricostruzione perché al tal ministro, che nascerà tra duemila anni l'edificio non garberebbe. Bisogna vedere come, insomma, gli uomini dell'avvenire sono spietati, duri e inflessibili con quelli del presente. A questi ultimi non rimane che piegare la testa e ubbidire.

Naturalmente, non c'è peggior delitto, così a Mamamel come a Vusitel, che cercare di migliorare la condizione dei vivi, miserabilissima come abbiamo detto. Di coloro che si sono arrischiati a farlo si serbano scarse memorie. Il più delle volte si trattò di poveri mentecatti che di punto in bianco incominciarono a gridare per le piazze di Mamamel: "Basta coi morti... Vogliamo che ci si occupi dei vivi," e per le strade di Vusitel: "Basta con l'avvenire... Evviva il presente." Questi pazzi, come è giusto, furono subito presi e chiusi in celle, con applicazione di docce e camicie di forza. Ma due o tre casi di persone savie che abbiano difeso nei due paesi il presente contro l'avvenire e il passato si sono dati e, strano a dirsi, l'hanno sempre fatto con il medesimo argomento: perché occuparsi di ciò che fu o di ciò che sarà invece di godersi semplicemente la vita?

Da noi una simile proposizione parrebbe mero buon senso. Invece non si ha idea del furore che riflessioni di questo genere sollevarono nei due paesi. Gli iconoclasti arrestati e processati, furono tutti condannati alla pena capitale.

Contemporaneamente, per evitare in avvenire simili inconvenienti, i due paesi, di concerto, votarono una legge intitolata appunto "legge contro il godimento del presente", nella quale si minacciavano pene severissime a tutti coloro che avessero osato stornare a proprio vantaggio quanto è dovuto ai morti e ai nascituri.

È inutile dire che tra Mamamel e Vusitel corrono rapporti pessimi; anzi, si può senz'altro affermare che i due paesi siano in stato di guerra perpetua. Quelli di Mamamel vorrebbero entrare con le armi in pugno in Vusitel, occupare le bellissime città dedicate all'avvenire e riempirle di mummie; quelli di Vusitel dal canto loro desidererebbero irrompere con la forza in Mamamel, gettare le mummie alla spazzatura e trasformare le necropoli in città modello per le generazioni future. Ma le forze dei due stati sono così ben bilanciate che nessuno di questi due sogni si è sinora avverato; e il solo effetto del contrasto così grave e così significativo è stato di far morire un congruo numero di poveracci di ambo le parti. Queste vittime della guerriglia che ferve di continuo tra le due nazioni sono sotterrati con tutti gli onori e sono chiamati rispettivamente: "Eroi del passato", e "Eroi dell'avvenire".

"Ma il passato non torna più e l'avvenire non viene mai," dice una antica mesta canzone di autore anonimo diffusa in ambedue i paesi. In queste parole, meglio che in qualsiasi severo studio, è dipinta la sorte amara ma così umana degli abitanti di Mamamel e Vusitel.

I PAPÀRI

Certo Macelloni, commerciante clandestino, o, come si dice oggi, borsaro nero, avendo accumulato a furia di imbrogli un discreto patrimonio in contanti e sentendosi poco sicuro di conservarlo a causa del continuo invilimento della moneta, decise di convertirlo in qualche bene di valore più stabile. Il Macelloni pensava di comprare dollari o sterline, ma l'amico Eugenio, borsaro nero come lui, gli fece notare che il momento di incettare vantaggiosamente valuta pregiata ormai era passato, tutti la cercavano, avrebbe finito per pagarla troppo più di quanto effettivamente valeva. Secondo Eugenio, il Macelloni doveva investire il suo in qualche valore poco richiesto ma suscettibile di aumento. Per esempio in papàri. Il Macelloni domandò che diavolo fossero questi papàri.

L'amico gli spiegò che i papàri erano un prodotto nuovo, poco ricercato per il momento, ma di sicuro avvenire. Di questi papàri, continuò, ce n'era un gran deposito nel magazzino di un suo conoscente. Bisognava far presto e acquistarli a poco prezzo prima che gli speculatori li scoprissero.

Il Macelloni pesò il pro e il contro dell'affare e, alla fine, convinto, telefonò al magazzino. Gli fu risposto che i papàri c'erano ancora per poco tempo. Il Macelloni si recò con la sua camionetta al magazzino e, trovati i papàri in buon stato, comprò l'intera partita. Ma la camionetta dovette fare parecchi viaggi.

Il Macelloni, passato dalla diffidenza all'ansietà di perdere un affare che si annunziava oltremodo lucroso, non si sentì tranquillo se non quando tutti i papàri furono a casa sua. Il

Macelloni, come tutti i borsari neri, non aveva bottega. Teneva la merce nelle cassapanche, negli armadi, perfino nei comodini. Anche i papàri furono nascosti nello stesso modo. Una certa quantità, il Macelloni se la mise sotto il letto.

Passarono un paio di settimane e il Macelloni sempre più si rallegrava di aver seguito il consiglio dell'amico. Aveva comperato i papàri a maggio e già ai primi di giugno il loro prezzo era più che raddoppiato. Il Macelloni disse alla moglie che era sicuro di rivendere i papàri in autunno con un guadagno di almeno il cinquecento per cento.

Ma con il caldo estivo cominciarono i papàri a rivelare qualche inconveniente. Per esempio emanavano un puzzo di uova marce assai simile a quello che spira da certe fonti solfuree. Evidentemente lo zolfo entrava nella composizione dei papàri. Il puzzo era nauseabondo, soprattutto all'ora dei pasti. Per fortuna si era d'estate e si potevano tenere le finestre aperte, nonostante le proteste dei vicini. Il Macelloni provò a ricoprire i papàri con giornali e con una vecchia coperta ma il puzzo restò.

Non contenti di puzzare, i papàri, sempre crescendo il caldo, uscirono dai loro nascondigli e presero a circolare per l'appartamento. Non erano certo belli a vedere, appesi in grappoli negli angoli dei soffitti o ammucchiati nei canti delle camere; ma si sa, l'occhio si avvezza e poi, quali sacrifici non si farebbero per un guadagno sicuro? Soltanto che pizzicavano i papàri, e come. Di notte il Macelloni se li sentiva passeggiare dentro il letto; e il pelo fitto che ricopriva i papàri rendeva dapprima questo contatto non del tutto spiacevole. Ma poi, proprio quando il Macelloni si assopiva, una trafittura, quale può produrre la pinza di un granchio gli faceva fare un salto.

Cose da poco, intendiamoci, ma lo stesso noiose. Di trafittura in trafittura la notte passava e alla mattina i Macelloni si trovavano con la testa gonfia di sonno e il corpo coperto di chiazze rosse. I Macelloni si domandarono se non fosse il caso di disfarsi dei papàri. Ma alla fine decisero di pazientare: sulla piazza non c'era che il Macelloni che possedesse papàri in così grande quantità, ad autunno la domanda sarebbe stata fortissima e il guadagno ingente.

"Puzzino pure, pizzichino pure," concluse il Macelloni, "ma a ottobre avremo i milioni!"

Altra particolarità dei papàri: i luoghi dove erano rinchiusi, ben presto imputridivano come per una specie di muffa bagnata e viscida. Il legno, per esempio, diventava una pasta molle dentro la quale si poteva cacciare un dito. Questa muffa esalava lo stesso puzzo dei papàri, ma più forte. I Macelloni si accorsero molto tardi di questa proprietà dei papàri, quando già cassapanche, armadi, stipi e comodini erano andati in malora.

Il danno era forte perché oggi, come è noto, i mobili costano cari. Il Macelloni si consolò pensando che si sarebbe rifatto alzando il prezzo dei papàri al momento della vendita.

I papàri si annidavano nei luoghi più impensati: pentole, vasi da notte, scarpe, cappelli, vasi da fiori, barattoli. Un papàro fu trovato nella tromba del grammofono. Un altro, più piccolo, il Macelloni se lo scoprì addirittura nell'ombelico, dopo parecchi giorni che lo portava attorno.

I papàri, altresì, sibilavano lugubremente, come fanno i serpenti nelle loro tane. Un sibilo dolce, sottilissimo, appena modulato. Questo sibilo era la loro particolarità meno sgradevole. Anzi Annamaria, la figlia del Macelloni, diceva che questo sibilo le piaceva, e la cullava nei suoi sonni.

I papàri erano voraci. Amavano soprattutto la frutta che succhiavano lasciando intatta la buccia vuota. Ma una notte succhiarono nello stesso modo un piede alla moglie del Macelloni. Proprio così. Destatasi al mattino, la donna si accorse che fino all'altezza dello stinco il piede appariva trasparente, leggero, giallino, simile ad una vescica di strutto vuota. Non era rimasta insomma che la pelle, pulita, con le unghie in cima alle dita, chè si poteva arrotolare come una calza. Il Macelloni, davanti a quest'ultima prodezza dei papàri, rimase perplesso. Ma fu la moglie stessa a rassicurarlo, dicendogli che, ormai, dopo aver fatto trenta tanto valeva fare trentuno e aspettare l'ottobre. Allora, piede o non piede, sarebbero diventati ricchi; e che cos'era un piede di fronte alla ricchezza?

I papàri erano stati acquistati a maggio. Alla fine di settembre, a tutti gli inconvenienti già elencati, se ne aggiunse un altro proprio impreveduto. La figlia del Macelloni, un giorno, a tavola, respinse il piatto, gettò il tovagliolo e scoppiò in pianto.

I Macelloni avevano notato già da qualche tempo che la

ragazza non era, come si dice, normale. Impallidiva, arrossiva, due volte era svenuta. Ma non ci avevano fatto caso pensando ai soliti malesseri delle ragazze di salute delicata. Dopo molte domande, la verità venne finalmente a galla. Un papàro, non si poteva sapere quale, aveva reso madre la fanciulla. Seguì una scena terribile. Il Macelloni gridava che, senza l'incoraggiamento della figlia, il papàro non avrebbe mai osato tanto; Annamaria, singhiozzando, badava a ripetere che la tentazione era stata più forte di lei. Soltanto la moglie conservò nel trambusto tutto il suo sangue freddo. Ella mandò via la figlia e poi disse al marito che ormai era inutile urlare: la ragazza era incinta e non c'era più niente da fare. Ma con una buona dote ricavata appunto dalla vendita dei papàri, chiunque sarebbe stato contento di accollarsi il bastardo. Il Macelloni serbò qualche giorno il broncio alla figlia e poi si rassegnò.

Venne finalmente ottobre e il Macelloni decise di vendere i papàri. Come aveva previsto l'amico Eugenio, la richiesta era forte e l'articolo quasi introvabile. Il Macelloni non faticò molto a trovare un compratore, anche al prezzo altissimo che richiedeva. Ma come il cliente venne ad esaminare la merce, dichiarò che i papàri erano deteriorati e ormai valevano ben poco.

Il Macelloni cercò altri compratori ma tutto fu inutile. I papàri erano veramente in cattive condizioni e sarebbe stato già molto se il Macelloni fosse riuscito a disfarsene perdendoci dall'ottanta al novanta per cento.

Sotto quest'ultimo colpo il Macelloni crollò. Era rovinato, con tutti i mobili di casa marciti, la moglie senza un piede e la figlia disonorata e incinta. Ma bisognava far presto perché il cattivo stato dei papàri non permetteva indugi. Ogni giorno un gran numero di papàri, per così dire, si liquefaceva, non lasciando che un mucchietto di pelo e una disgustosa sanie rossastra. Il Macelloni vendette alla meno peggio i papàri che restavano e poi andò a rinfacciare all'amico Eugenio il pessimo affare. Ma questi spiegò al Macelloni che i papàri andavano conservati sotto ghiaccio in recipienti ermetici di metallo. Il Macelloni ricordò allora che l'amico l'aveva avvertito; ma lui, per non spendere, aveva preferito chiudere i papàri nei luoghi soliti dove riponeva la merce. La discussione, però, si inasprì e alla fine, perduta la testa, il Macelloni vibrò una coltellata all'amico. Fu arrestato e portato in gattabuia.

Adesso il Macelloni aspetta in prigione l'esito del processo. La figlia è al settimo mese di gravidanza e la moglie porta un piede di legno. Impoverite, vendono sigarette agli angoli delle strade.

L'ESTRANEO

Finito che ebbe di addobbare l'albero in salotto, la signora Milone disse ai bambini che andassero pure a letto fiduciosi: tra poco Babbo Natale sarebbe venuto con i regali e loro non dovevano disturbarlo. Ubbidienti i bambini si avviarono verso le camere da letto dalle quali la madre li aveva richiamati per mostrare loro l'albero. Ma proprio in quel momento il campanello della porta suonò e, guarda un po', ecco Babbo Natale in persona entrare in casa, tutto vestito di rosso, col barbone, gli stivaloni e il sacco sulle spalle.

La signora, pensando allo scherzo di qualche amico faceto, fece accomodare Babbo Natale in salotto. Babbo Natale era proprio perfetto: un pezzo d'uomo alto due metri, con certe spalle da facchino, mani e piedi enormi, e una palandrana rossa tutta sparsa di fiocchi di neve. Egli sedette di schianto con un "oh" di sollievo e scaricò brutalmente sul pavimento il sacco che rese un suono di chincaglieria. "Intanto," disse togliendosi i guantoni, "dammi da mangiare... muoio di fame."

Babbo Natale aveva una voce proprio da vecchio, di tono cupo ma limpido. La signora, pensando che lo scherzo era veramente grazioso, andò in cucina e mise su un vassoio tre fette di carne e una bottiglia di vino rosso. Babbo Natale arraffò il vassoio e, posatolo sulle ginocchia, divorò ogni cosa in un attimo. Mangiava davvero da Babbo Natale, con voracità di orco da fiaba. Il vino lo bevve a garganella, con notevole abilità, rovesciandosi tutta la bottiglia direttamente in gola. L'imitazione era così perfetta che la signora non poté fare a meno di batter le mani. I bambini, invece, che ci credevano e facevano cerchio intorno l'omaccione, rimasero impressionati. "Vedi come beve," sussurrò il maschietto alla sorellina più grande.

Babbo Natale si pulì i baffi con il rovescio della mano e poi si passò la stessa mano sullo stomaco con un altro "oh" di sollievo. "Bene, bene, bene," mugolò; "e ora vediamo l'albero." Si alzò a fatica e si avvicinò all'albero. Camminava come un orso e faceva tremare il pavimento. "E quante candele hai messo?" domandò esaminando l'albero.

"Venti," rispose la signora.

"Sono poche... e quanti Bambini Gesù?"

"Quattro."

"Sono pochi... e quante palle di vetro?"

"Trenta."

"Sono poche... sei proprio una stupida."

Babbo Natale ficcò la manona tra le fronde dell'albero, tirò e trasse fuori un ramo lungo un metro. "Ma questo non è un albero," borbottò.

La signora pensò che ora lo scherzo sfiorava il cattivo gusto. Tuttavia rispose: "Non è proprio un albero con le radici... costavano troppo... è un albero composto con dei rami e un palo... ma è come se fosse..."

"Non è un albero con le radici... ma che porcheria è questa?... stupida, stupida, stupida." Babbo Natale, passando accanto alla signora, le diede uno spintone con un fianco che quasi la fece cadere.

Fu questo spintone ad aprire gli occhi alla signora. Tutto ad un tratto ella si domandò: e se non fosse uno scherzo, se fosse davvero... Babbo Natale? Ella guardò di nuovo i fiocchi di neve sulla palandrana e fu sicura, improvvisamente, di trovarsi di fronte non ad un amico faceto, bensì ad un fantasma. Infatti, prima di tutto non nevicava e poi quella neve al calore della casa avrebbe dovuto sciogliersi. E invece...

A questo pensiero un pazzo terrore invase la signora. Ella cominciò a tremare per tutto il corpo e a pensare a ciò che le convenisse fare. Era sola in casa, il marito si trovava a Milano. La serva, una sciocca, dormiva già da un pezzo. Sola con quello spettro corpulento. La signora, per scrupolo, un momento che Babbo Natale le passava a tiro, stese una mano e diede uno strappo alla barba. Babbo Natale le diede uno schiaffo sulla mano borbottando "stupida, stupida," e la signora non ebbe più dubbi: la barba aveva resistito.

Paralizzata dalla paura, la signora retrocedette verso la porta e intanto cominciò a fare dei gesti ai bambini, per chiamarli. Ma quelli, incantati dal vecchione, non le davano retta. Babbo Natale, rimesso a posto il ramo, ora si frugava in tasca. Trasse una scatola di fiammiferi da cucina, con lo zolfo, se ne strofinò uno contro la suola dello stivale e appiccò con cura la fiamma ad una candela che la signora aveva dimenticato di accendere. Quindi, rivolto ai bambini, disse con la solita voce cupa: "Su, facciamo il girotondo."

"Gianni, Amelia, Rosa, Luciano..." si sfogava a sussurrare la signora. Fiato sprecato. I bambini docilmente si presero per mano e Babbo Natale, con le braccia immense, chiuse il cerchio. Eccoli girare intorno l'albero, prima piano, poi sempre più in fretta. Il vocione di Babbo Natale cantava: "Giro girotondo, cavallo imperatondo..." e i bambini con le voci più sottili ripetevano: "Giro girotondo, cavallo imperatondo." Ai salti dei piedoni di Babbo Natale il pavimento tremava, i vetri delle finestre tintinnavano. La signora si rifugiò nel corridoio.

Andò al telefono e formò febbrilmente il numero della questura. Le rispose una voce poco meno cavernosa di quella di Babbo Natale e lei, affannata, cominciò a spiegare sommessamente. Ma la voce l'interruppe: "Che scherzi sono questi? Con la questura non si fanno scherzi!" Il telefono fu riattaccato.

Intanto nel salotto era tornato il silenzio. Poi risuonò la voce di Babbo Natale: "E ora andiamo a letto... dov'è la mia camera?... Andiamo." Uno sbadiglio cavernoso seguì queste parole.

La signora si strinse contro la parete per lasciar passare una piccola processione: prima di tutti Gianni di due anni, poi Amelia di tre, poi Luciano di quattro, poi Rosa di cinque e finalmente Babbo Natale col sacco sulle spalle. Tutti si tenevano per mano e il vecchione, passando davanti alla signora, le soffiò in faccia: "stupida," per l'ultima volta.

I bambini portarono Babbo Natale alla camera degli ospiti. Il vecchione entrò, scaricò il sacco, provò con la mano materassi e cuscini e poi disse: "Bene, bene... e ora lasciatemi dormire... buonanotte." I bambini uscirono rispettosamente e la porta si chiuse.

Questa volta la signora si fece coraggio. Si accostò all'uscio e con voce malferma mɑ chiara intimò: "Babbo Natale, vi prego di lasciare immediatamente questa casa."

"Ma mamma..." gridò il più piccolo. .

"Avete capito?" gridò la signora bussando.

Si udì un tonfo: Babbo Natale scendeva dal letto. Poi la porta si aprì e il vecchione ricomparve, col sacco, i guanti e tutto.

"Me ne vado," disse, "ma mi ricorderò di questa accoglienza... strana." La parola "strana" fu accompagnata da un riso sardonico che si perse nella barba. Il vecchione andò alla porta e l'aprì.

"No, Babbo Natale... rimani," gridò Amelia.

Il vecchio rispose: "Tua madre non mi vuole, bimba mia," e scomparve per la scala. Subito la signora corse a chiudere la porta.

Tutti insieme i bambini diedero in un pianto disperato. La signora si trascinò al salotto e svenne in una poltrona. Quando rinvenne era notte alta. I bambini erano andati a dormire. Il salotto era quasi al buio. Le ultime candele agonizzavano sull'albero tra gli scintillii smorzati delle palle d'argento.

POLPI IN POLEMICA

Pescato e gettato in fondo alla barca, il polpo giacque immobile per molte ore. Ma poi, una volta a riva, immerso in un mastello di acqua salata, rianimato, venne a galla e gridò: "Un momento!"

Gli domandai che cosa volesse. Egli rispose: "Conoscere la mia sorte."

Dissi: "Sarai bollito, condito con olio, sale, limone e prezzemolo e infine mangiato."

Il polpo parve sconcertato e scosse il cappuccio ripetendo: "Bollito, condito con olio, sale, limone e prezzemolo e mangiato... non capisco, proprio non capisco..."

Incuriosito, domandai che cosa prevedessero, in fondo al mare. Si gonfiò di sussiego e rispose: "Non è poco quello che mi chiedi: quanto dire una storia completa delle nostre credenze... né tutti i polpi sarebbero in grado di soddisfare la tua curiosità... hai la fortuna di essere capitato con un polpo istruito... ti avverto che è una storia lunga."

Lo incitai a parlare e lui, con un certo tono dottrinale, incominciò:

"Ebbene, le cose, molto ma molto all'ingrosso, sono andate, in mare, nel modo seguente. Per secoli e secoli, i polpi hanno creduto che sopra il mare ci fosse un luogo chiamato Terra, dove essi andavano dopo la fine della vita, che essi chiamano Pesca. Una volta pescati, i polpi, che in vita si erano comportati bene, andavano in un luogo chiamato Vivaio. Questo Vivaio era un serbatoio profondo, largo e lungo mille miglia e tutto pieno di milioni e milioni di quei piccoli e squisiti pesciolini di cui appunto si nutrono i polpi. Seduti sulle sponde

293

del Vivaio, i polpi buoni non avevano che stendere i tentacoli e scegliersi il pesce che volevano. Questa si chiamava la beatitudine del Vivaio. Invece i polpi cattivi finivano, dopo la Pesca, in una fossa non meno grande del Vivaio, ma piena di pescecani crudelissimi che in eterno li dilaniavano."

"Ben pensato," dissi, "e ci si crede ancora tra i polpi?"

"Non ci si crede più," rispose il polpo. "Una generazione di polpi, audace od empia non so, or non sono molti anni, attaccò questa credenza e riuscì a dimostrare che non era il sogno di un mondo migliore, felice e libero, originato dalle pessime condizioni in cui vivevano e hanno sempre vissuto in realtà i polpi in fondo al mare. Non potendo mai mangiare a sazietà, essendo costretti a guadagnarsi il pesce col sudore del cappuccio, sempre insidiati dalla miseria, dai pescecani, dalla fame e dalle malattie, i polpi, secondo questi scettici, avevano finito per costruirsi una specie di mondo ideale nell'al di là, quasi a compenso delle tante insufficienze del mondo reale di qua."

"E cosa mettevano in luogo del Vivaio, questi scettici?" domandai.

"Ecco il punto," rispose il polpo. "Non mettevano nulla... dicevano che i polpi dovevano comportarsi bene, senza speranza di premio o timore di castigo... coi soli criteri dell'intelligenza e della coscienza morale."

"Ma che bravi polpi."

"Piano..." avvertì il polpo, "ho detto: dovevano... in realtà poi le cose andarono in modo molto diverso... i polpi, scoperto che nell'al di là non c'era né premio né castigo bensì un bel nulla, decisero che allora tutto era permesso... i polpi dunque si abbandonarono ai loro istinti e devi sapere che gli istinti dei polpi sono tutto fuorché buoni... presero a derubarsi l'un l'altro, a uccidersi, a perseguitarsi a vicenda... i grossi soverchiarono i piccoli, i piccoli si riunirono per combattere i grossi... un finimondo."

"Che dura tuttora?"

"No," disse il polpo. "Così non si poteva andare avanti e tutto è cambiato una volta di più... sopravvenne, infatti, un'altra generazione di polpi la quale, vista l'insoffribile anarchia in cui era caduta la nostra nazione, escogitò una nuova teoria o credenza atta appunto a rimuovere l'anarchia... questa teoria, poi, riunisce alcuni elementi dell'antica credenza del

Vivaio e alcune affermazioni della scuola scettica... mentre sostiene anch'essa che nell'al di là non c'è nulla, promette egualmente il Vivaio, ma non in terra e dopo la Pesca, bensì in mare e dopo un determinato tempo."

"Spiegati."

"Mi spiego: questi polpi nuovi, dopo avere studiato attentamente l'antica credenza, vennero alla conclusione che essa aveva avuto, se non altro, il pregio grandissimo di tener buoni i polpi e farli lavorare... ma ormai l'illusione era svanita e non c'era più niente da fare; nessun polpo avrebbe mai più creduto nella favola del Vivaio... allora cosa escogitarono questi polpi nuovi? Dichiararono che, esaminato dal punto di vista tecnico, il Vivaio dell'antica credenza era, dopo tutto, realizzabile, soltanto che i polpi lo avessero voluto. Si trattava, insomma, di costruire in fondo al mare un serbatoio quadrato, lungo, largo e profondo mille miglia, e di metterci dentro ogni sorta di pesci e di fare in modo che i pesci, nella stessa misura in cui venivano mangiati, proliferassero e si moltiplicassero... Una volta costruito questo serbatoio, essi dissero, i polpi avrebbero davvero vissuto nella meravigliosa beatitudine del pesce abbondante e facile... e tutte le loro miserie sarebbero finite per sempre. Ci crederesti? Sebbene il Vivaio fosse sempre lo stesso, con gli stessi effetti e con le stesse proprietà, e sebbene la differenza tra l'antica credenza e la nuova si riducesse in fondo soltanto al fatto che l'avvento del Vivaio sarebbe rimandato non più a dopo la Pesca ma ad un avvenire indeterminato, la teoria conquistò i polpi in un batter d'occhio. Dall'anarchia passarono come per miracolo all'ordine più rigoroso e si diedero a costruire il Vivaio..."

"Un momento," dissi, "non si trattava, dopo tutto, dello stesso Vivaio... il primo era un sogno, come hai detto, il secondo una realtà."

"Una realtà tra secoli e secoli," disse il polpo, "ossia quasi un sogno... Infatti la costruzione di un tal Vivaio, profondo, largo e lungo mille miglia, supera di molto la vita del polpo... Ma quel che più importava era creare una nuova speranza... Non so voi uomini, ma i polpi non possono vivere senza speranza... Un tempo speravano nel Vivaio in terra, dopo la Pesca, e stavano buoni, ora sperano nel Vivaio in mare e stanno buoni... Per star buoni e non divorarsi a vicenda hanno bisogno, insomma, di sperare in un Vivaio purchessia... non è significativo tutto ciò?"

Domandai perché avesse adottato quel tono malinconico. Egli rispose: "Forse te ne sarai già accorto... io appartengo alla scuola scettica... e pensavo, come penso tuttora, che sarebbe stato desiderabile che i polpi si comportassero bene senza sperare in alcun Vivaio... ma a quanto pare questo non è proprio possibile. Eppure il polpo dovrebbe sperare secondo la misura del polpo. Ogni volta che questa speranza supera di troppo le possibiltà effettive del polpo, io subodoro un inganno."

"In altre parole?"

"In altre parole," disse il polpo, "il polpo può sperare di star meno male, o tutt'al più di star meglio; ma non può assolutamente sperare di star bene e tanto meno imporre agli altri polpi di sperarlo. Se fa questo, ebbene non esito a dichiarare che inganna se stesso o inganna gli altri... o, come sovente avviene, inganna se stesso e gli altri tutti."

"Scettico polipetto," gridai, "ma insomma si può sapere in che cosa credi?"

"Io credo," rispose il polpo con veemenza mescolata di malinconia, "nel polpo."

"E questo polpo?"

"Questo polpo dovrà pur sempre faticare per acchiappare i pesci e sempre i pescecani lo insidieranno e non ci sarà mai pesce abbastanza e la necessità e il dolore formeranno sempre la vita del polpo."

"Orsù, mi dispiace, ma ho sentito abbastanza... la pentola non può più aspettare... se non hai altro da dire..."

"Null'altro," disse il polpo, "però chi l'avrebbe preveduto?... bollito, condito con olio, sale, prezzemolo e limone e mangiato... io non ci capisco nulla... non è il Vivaio, non è il nulla... è qualche cosa di diverso."

"Proprio così," dissi afferrandolo e gettandolo nell'acqua bollente.

LA LINEA PRIMAVERILE

Tra i coniugi Indelicato l'accordo avrebbe potuto dirsi completo se non ci fosse stata di mezzo la faccenda della moda. La signora Indelicato, graziosa ed esigente, di venti anni più giovane di suo marito, voleva a tutti i costi seguire passo passo i dettami della moda femminile. Indelicato, uomo serio e all'antica, trovava da ridire sia sulle spese cui questa ambizione della moglie lo costringeva, sia sulla ridicolaggine e artificiosità non infrequente della moda stessa.

Così ora si rifiutava di fornire alla moglie il denaro che gli chiedeva, adducendo che i vestiti dell'anno prima potevano benissimo servire anche l'anno dopo; ora invece protestava con violenza contro un cappello troppo eccentrico o una gonna troppo ornata.

"Semplicità, che diamine!" esclamava. "E poi che cos'è questa storia delle stagioni? Dovrebbe bastarti un vestito leggero d'estate e uno pesante d'inverno... e dovresti portarli non stagioni ma anni!"

"Eh già..." rispondeva la moglie, "o addirittura rivoltarli, come fai tu."

"Che male c'è?" ribatteva il marito. "Durante il Medio Evo, i vestiti venivano tramandati di padre in figlio."

"Altri tempi, altre abitudini," diceva la signora. "E poi durante il Medio Evo c'era l'oscurantismo."

"Beh, insomma," tagliava corto il marito. "Io i soldi per questo vestito non te li do."

Al principio di marzo, la signora Indelicato comperò il numero di primavera di una celebre rivista di moda straniera e se lo portò a casa con l'intenzione di studiarvi un modello da far ricopiare alla sua sarta. Questa volta — come disse al marito, sfogliando dopo colazione la rivista — la linea della moda era veramente nuova, di una novità elegantissima, che poteva a tutta prima disorientare e anche scandalizzare le menti comuni e grossolane.

"Si tratta," ella aggiunse scrutando avidamente le larghe pagine di carta lucida, "senza alcun dubbio della maggior rivoluzione che si sia mai verificata nel campo della moda. Ma chi ha gusto," ella continuò, "chi ha sensibilità non può non riconoscere che tale rivoluzione non soltanto è necessaria ma anche benefica in sommo grado. È inutile," concluse la signora quasi con sdegno, "è inutile, possiamo sforzarci quanto vogliamo, ma per la moda gli stranieri sono molto più avanti di noi."

Indelicato, insospettito da questo preambolo, stese la mano a prendere la rivista. Ma la moglie lo respinse e continuò a sfogliare infervorata, dando ogni tanto in esclamazioni ammirative quali: "Che zucchero... Che tesoro... Che meraviglia... Che gioiello..."

Finalmente, quasi forzata dal rapimento in cui la piombavano quei figurini, esclamando: "No, no... questo è proprio un capolavoro... dove hai mai visto una cosa così bella?" ella gli porse il fascicolo.

Indelicato inforcò gli occhiali e guardò. Il disegnatore, per illustrare il figurino, aveva pensato di rappresentare una scena di vita vissuta. Si vedeva, dunque, una magra e delicata figura di donna, con indosso una rigida casacca a righe e una gonna anch'essa a righe, ritta presso una marmitta in cui uno strano cuoco, vestito anche lui a strisce, pareva rimestare non si capiva quale brodaglia con un suo lungo mestolo. Il figurino non portava calze e aveva i piedi infilati in due grosse scarpe da soldato. Sulla manica si vedeva un bracciale con un numero. La testa del figurino, sorridente e fine, era priva affatto di capelli ma non calva: un fitto puntinato suggeriva che fosse stata rasata a zero. Il figurino teneva in mano una gamella di foggia militare e con l'altra mano, con gesto lezioso, portava alla bocca un grosso cucchiaio. Sullo sfondo il disegnatore aveva accennato con segno più lieve e quasi evanescente, un reticolato, una torre di guardia e un soldato di fazione con l'elmo sugli occhi e il mitra ad armacollo. Tutto intorno la pagina, a guisa di cornice, si snodava un filo di ferro spinato. A piè dell'illustrazione poi, in corsivo, si leggeva:

"La nuova linea non è un'altra linea: è la linea. Dritta, essa non indulge a convessità procaci. Casta, non scopre se non l'indispensabile. Semplice, viene incontro alle necessità della vita moderna. Nella nuova linea, il corpo, per tanto tempo martirizzato, riprende i suoi diritti. Il petto respira, i fianchi si liberano, le gambe esplicano il loro gioco. Un bracciale con il numero progressivo, di una incantevole semplicità pur nella sua sobria eleganza, costituisce tutto l'ornamento di questo delizioso modello. Il collo è chiuso sotto la gola, il bavero rovesciato, le maniche hanno risvolti. La stoffa è di quel cotone a grana grossa, chiamato cotone carcerato. Per integrare questo modello di Ygreco, il parrucchiere Zeta propone una acconciatura quanto mai seducente e originale ottenuta con l'applicazione totale della macchinetta sulla cute del cranio. Si noti come nella nuova acconciatura, chiamata appunto acconciatura zero, la pelle, per troppo tempo soffocata da masse malsane e sudicie di capelli, respira alfine a tutto suo agio. Il calzolaio Emme, a sua volta, lancia queste affascinanti calzature la cui ben calcolata e sapida rozzezza sposa a meraviglia la semplicità classica del modello. Si tratta di scarponcini di tipo militare, di vacchetta grezza con punta rinforzata, bullette tricuspidi, lacci di cuoio. Con queste scarpe non si portano calze. Il modello è indicato per il mattino, per la consueta passeggiata igienica attraverso il campo di concentramento, all'ora della distribuzione del rancio."

"Ebbene," domandò la signora Indelicato, con occhi brillanti di gioia, "che ne dici? Non è semplicemente incantevole?"

"Cosa?" proferì finalmente il marito, "questo orrore?"

"Orrore?!" gridò la moglie. "Orrore questo indovinatissimo modello? Come si vede che sei ormai vecchio e che non capisci la vita moderna!"

"E quelle scarpe da soldato," domandò il marito, "come le mettiamo?"

"Scarpe sobrie, pratiche," rispose la moglie. "Era l'ora di finirla con gli scarpini leziosi che oltre tutto rovinano il piede..."

"E la testa rapata?"

"Qui ti volevo," esclamò la signora Indelicato. "La testa, come tu dici così volgarmente, rapata, è la gran novità della

299

stagione... Tutti i grandi parruchieri l'hanno adottata... Ma come fai a non renderti conto che i capelli sono brutti? Dove li hai gli occhi?"

"Sarà," disse Indelicato togliendosi gli occhiali "sarà..."

"È... è," gridò la moglie, e poi con repentino passaggio ad una civetteria carezzevole e felina, balzàndogli sulle ginocchia e circondandogli il collo con le braccia: "Allora, me lo fai questo vestito?"

"Mai!"

Seguì una lunga discussione che non mette conto di riferire. La moglie insisteva, minacciava, lusingava, pregava, insultava; il marito non si smuoveva da quel "mai" definitivo. Finalmente, a guisa di giustificazione, Indelicato fece osservare alla moglie che quel vestito poteva forse anche essere incantevole come ella affermava, ma per indossarlo mancava la prima condizione, la *condicio sine qua non*: l'esistenza dei campi di concentramento, con la marmitta, la gamella, la distribuzione del rancio, i reticolati, la torre di guardia, la sentinella. Sarebbe stato come indossare un costume da sci in piena estate.

La moglie, che non ci aveva pensato, si diede un colpo sulla fronte:

"È vero," gridò. Ma questa è tutta colpa vostra di voialtri uomini... noi donne siamo sempre avanti a voi nella modernità... che cosa aspettate per crearli questi benedetti campi di concentramento, ditemi un po', cosa aspettate? Lo so, voi volete che andiamo vestite come le nonne... Ecco quello che volete..."

"Magari!" disse Indelicato. "Ma non temere... tra un anno, o due, o tre al massimo, quel vestito potrai metterlo... vedrai."

"Eh già, come sempre quando sarà passata la moda," disse la moglie.

"Meglio tardi che mai!" rispose sardonicamente Indelicato

La moglie, imbronciata, uscì sbattendo la porta; Indelicato prese il cappello e si recò all'ufficio.

FELICITÀ IN VETRINA

Ogni giorno verso la metà del pomeriggio quel vecchio funzionario a riposo a nome Milone usciva di casa in compagnia della moglie Erminia e della figlia Giovanna. La moglie era corpulenta e anziana, la figlia, ormai matura, di aspetto gramo e come allibito. I tre Milone, che abitavano in Piazza della Libertà, risalivano lentamente, secondo il passo della corpulenta Erminia, tutta la lunga via Cola di Rienzo, osservando una per una le vetrine dei negozi. A piazza Risorgimento cambiavano marciapiede e sempre osservando con la stessa cura i negozi, tornavano a piazza della Libertà.

Questo andirivieni durava circa un paio d'ore, il tempo di far venire l'ora di cena. I tre Milone, assai poveri, da tempo non entravano più in un cinema o in un caffè. Passeggiare era il solo divertimento della loro vita.

Un giorno, usciti alla solita ora e risalita la via Cola di Rienzo fin quasi a piazza Risorgimento l'attenzione dei tre Milone fu richiamata da un negozio nuovo, apertosi come d'incanto là dove fino al giorno prima c'era stata una polverosa palizzata. Il lustro dei cristalli impediva di distinguere la merce. I tre camminarono fino al negozio e poi, senza dir parola, descrissero un semicerchio sul marciapiede e si allinearono davanti alle vetrine.

Ora la merce la vedevano, chiaramente: felicità. I tre Milone, come tutta la gente di questo mondo, avevano sempre sentito parlare di questa merce ma non l'avevano mai vista. Se ne discorreva in giro come di qualche cosa di molto raro, di una rarità addirittura leggendaria, quasi dubitando che esistesse realmente. È vero che le riviste in rotocalco pubbli-

301

cavano ogni tanto lunghi articoli, corredati di fotografie, in cui si diceva che la felicità agli Stati Uniti era, se non comune, per lo meno accessibile; ma si sa, l'America è lontana e i giornalisti ne inventano tante. Anche nei tempi antichi, a quanto sembrava, c'era stata abbondanza di felicità; ma lo stesso Milone, con tutto che fosse molto vecchio, non ricordava di averne mai vista.

Ed ecco, ora, come se niente fosse, come se si fosse trattato di scarpe o di vasellame da cucina, un negozio offriva addirittura questa merce in vendita a chiunque avesse voluto acquistarla. Tutto questo spiega la meraviglia dei tre Milone impalati e immobili davanti l'insolita bottega.

Bisogna dire che il negozio si presentava bene. Con le vetrine grandi incorniciate di travertino lucidato, con l'insegna in stile novecento, con tutte le rifiniture e gli ornamenti di metallo nichelato. Dentro il negozio pure i banchi erano in stile moderno, e due o tre commessi giovani e svegli, ben vestiti invogliavano col loro aspetto anche il cliente più irresoluto. Nelle vetrine, poi, le felicità, come tante uova pasquali, si presentavano in ordine di grandezza, per tutte le borse. Ce n'erano di piccole, ce n'erano di mezzane, ce n'erano di gigantesche, forse finte, messe lì per réclame. Ogni felicità aveva il suo bravo cartellino col prezzo scritto in elegante corsivo.

Il vecchio Milone, esprimendo con autorità il pensiero comune, disse finalmente: "Questo proprio non me l'aspettavo..."

"Perché, papà?" domandò innocentemente la figlia.

"Eh, perché," disse il vecchio con stizza, "dopo anni e anni che ci dicono che in Italia non c'è felicità, che ne manchiamo, che costa troppo per importarla... ecco che tutto ad un tratto aprono addirittura un negozio dove non si vende altro."

"Ne avranno scoperto una miniera," disse la figlia.

"Ma dove, ma come?" ora il Milone si scaldava. "O non ci hanno detto sempre che il sottosuolo italiano non ne conteneva?... né petrolio, né ferro, né carbone, né felicità... e poi sono di quelle cose che si vengono a sapere... figurati... mi par di vederli i nostri giornali: ieri il tal dei tali, andando a spasso per le montagne del Cadore, ha scoperto un giacimento di felicità di ottima qualità... lungo tanto, profondo tanto, ricco tanto... mi par di vederli... eh, no, no... questa è roba straniera."

"Ebbene," disse la madre placidamente, "che male c'è?

Laggiù di felicità ne hanno troppa, qui non c'è: la esportano... che c'è di straordinario?"

Il vecchio alzò le spalle con furore: "Discorsi di donne... ma sai cosa vuol dire importare? Vuol dire spendere valuta pregiata... quella valuta che potrebbe servirci a comprare il grano... il Paese crepa di fame... abbiamo bisogno di grano... nossignore... quei pochi dollari che riusciamo a racimolare li spendiamo per comprare questa roba, questa felicità!"

"Ma anche di felicità c'è bisogno," osservò la figlia.

"È una superfluità," rispose il vecchio. "Prima di tutto bisogna pensare a mangiare... prima il pane, poi la felicità... ma già questo è il Paese del controsenso: prima la felicità e poi il pane..."

"Eh quanto te la prendi," osservò bonariamente la moglie. "D'accordo, tu non hai bisogno di felicità... ma non tutti sono come te."

"Io per esempio..." arrischiò la figlia.

"Tu per esempio..." riprese il padre in tono di minaccia.

"Io per esempio," finì la ragazza quasi disperatamente, "tanto per sapere come è fatta, una felicità, una di quelle piccole, volentieri me la comprerei."

"Andiamo," disse il vecchio tetro e perentorio, "andiamo." Le due donne si lasciarono portar via docilmente. Ma il vecchio ormai era stizzito: "Da te Giovanna questo non me l'aspettavo."

"Perché papà?"

"Ma perché quella è roba da borsari neri, da ricconi, da milionari... un funzionario dello Stato non può e non deve aspirare alla felicità... tu dicendo che vorresti comperartela, dai prova almeno di incoscienza... Come... affittiamo camere, la pensione arriva sì e no ai primi giorni del mese e tu... ah, mi deludi, proprio mi deludi."

La figlia aveva gli occhi pieni di lagrime. La madre disse: "Vedi come sei, non fai che mortificarla. Dopo tutto non ha nulla, nella vita, è giovane, che c'è di strano che la felicità le faccia gola?"

"Niente... suo padre ne ha fatto a meno, può farne a meno anche lei."

Ormai erano arrivati a piazza Risorgimento. Ma, contro il solito, questa volta, il vecchio volle tornare per lo stesso marciapiede. Giunto davanti al negozio, egli si fermò, guardò a lungo la vetrina e poi disse:

"Sapete cosa credo? Che sia roba falsa."

"Come sarebbe a dire?"

"Eh, ancora ieri leggevo nel giornale che una felicità piccola così in America, dico in America, costa parecchie centinaia di dollari... come è mai possibile che la offrano qui a quel prezzo? Soltanto il trasporto costa di più... questa è roba falsa, autarchica... non c'è alcun dubbio."

"Ma la gente la compera," arrischiò la madre.

"Cosa non comprerebbe la gente... se ne accorgeranno a casa, tra qualche giorno... imbroglioni!"

La passeggiata continuò. Ma Giovanna si beveva le lacrime e pensava che anche falsa, la felicità le sarebbe piaciuta.

UNA STRANA MALATTIA

Da quel lontanissimo paese giunsero un giorno due scienziati. Dicevano di andare in cerca di un rimedio per una epidemia che vi era scoppiata. E infatti, appena arrivati, visitarono subito autorità mediche, ospedali, centri di studi. Richiesti, ad una riunione di nostri scienziati, di quale malattia si trattasse, uno di loro diede la seguente spiegazione:

"La malattia si manifesta bruscamente, senza il preavviso di febbri, malesseri o altri simili sintomi. Il fatto che essa si presenti come una modificazione radicale della visione della realtà, l'ha fatta chiamare malattia della realtà. In altre parole il malato si corica una sera vedendo il mondo com'è e si leva la mattina dopo vedendolo come non è né sarà mai. Egli entra allora nella prima fase del morbo, che è chiamata dell'incredulità. Si stropiccia continuamente gli occhi, scuote il capo, si pizzica le cosce, si bagna la fronte con l'acqua fredda, magari si fa pungere o ferire: compie, insomma, tutti gli atti di coloro che non credono ai propri occhi, ritengono di sognare o di essere ebbri.

"La fase dell'incredulità dura a lungo. Il malato si corica ogni sera sperando di ritrovare il giorno dopo, al risveglio, il solito sguardo tranquillo, la solita visione pacifica delle cose. Dopo qualche giorno, vedendo che la guarigione si fa aspettare, il malato ricorre alle cure, palliativi, per lo più, che la malattia ha fatto sorgere come funghi.

"Ma come ho detto si tratta di palliativi quando non, addirittura, di ciarlatanerie. Il malato riconosce ben presto che le cure sono inutili, che la malattia segue il suo corso, e allora si abbandona alla disperazione. Non lavora più, non ride più, non mangia più, non si occupa più della famiglia, diserta gli amici, passa il giorno sul letto tentando di dormire. Dice che, incubo per incubo, preferisce quello del sonno a quelli della veglia. La fase della disperazione è più lunga assai di quella dell'incredulità. Finalmente il malato muore. Bisogna a questo punto osservare che muore volentieri perché la morte gli par nulla al confronto della malattia. Ma anche la morte ha un suo carattere particolare. Proprio nel momento in cui muore, il malato crede di guarire. Tutto ad un tratto il viso gli si rischiara, gli occhi gli brillano, leva le mani come per ringraziare il Cielo; e dopo un istante è morto."

Quest'esposizione così precisa non soddisfece tuttavia i nostri scienziati; i quali opposero allo straniero che egli aveva descritto bensì i sintomi esterni della malattia; ma non aveva spiegato in che cosa consistesse poi la malattia stessa, ossia quali fossero le modificazioni che essa portava nella visione della realtà.

Lo straniero, pur riconoscendo la fondatezza di questa osservazione, rispose che descrivere tali modificazioni non era poi così semplice come dipingere i sintomi esterni della malattia; e questo per la buona ragione che queste modificazioni erano veramente mostruose e incredibili, paragonabili, per intenderci alle allucinazioni di animali, di mostri e di presenze fantastiche che si verificano durante il delirium tremens, negli alcoolizzati inguaribili. Tanto è vero, soggiunse, che la malattia veniva chiamata alcoolismo secco, volendosi così intendere che il malato subiva tutte le conseguenze di una specie di intossicazione senza tuttavia aver mai bevuto o comunque assorbito alcuna sostanza intossicante.

Tuttavia, pressato dalle domande, lo straniero riconobbe che in questa specie di pazzia c'era, come dice Polonio, qualche metodo. Ossia che, nonostante la gran varietà delle descrizioni dei malati, esse potevano in qualche modo essere tutte riunite in un solo quadro clinico non privo di logica e di una certa quale regolarità e prevedibilità. Gli fu chiesto di descrivere, a mo' d'esempio, uno di questi deliri; il che egli fece subito, di buona grazia e con grande ricchezza di particolari.

Ma allora avvenne questo. Mentre lo straniero raccontava, i nostri professori si guardavano in faccia stupiti e scandalizzati. Perché quelle che egli chiamava mostruose allucinazioni della misteriosa malattia, altro non erano che gli aspetti familiari di un mondo simile al nostro, anzi del nostro mondo stesso.

In altre parole la malattia consisteva in questo: il malato cessava ad un tratto di vedere la realtà di quel paese e vedeva la nostra: con gli stessi costumi, le stesse apparenze fisiche, le stesse caratteristiche. Per fare un solo esempio: il malato affermava talvota di scorgere in cielo stuoli di mostri rombanti, fatti in questo e questo modo, dotati di queste e queste particolarità. "Aeroplani," non poterono fare a meno di pensare i nostri scienziati stupefatti.

Ma lo lasciarono parlare fino alla fine, cioè fino alla conclusione di una pittura quanto mai precisa e vivace della nostra bella civiltà occidentale. Poi, come si fu taciuto, seguì per qualche minuto un profondo silenzio. Nessuno osava parlare, nessuno osava dire la verità. Finalmente uno dei più giovani arrischiò:

"La vostra descrizione della malattia è interessante... ma se siete venuti qui per cercare un rimedio allora vi siete sbagliati di grosso."

"E perché?" domandò lo straniero.

"Perché?" lo scienziato si guardò intorno, vide che tutti lo incitavano con gli occhi e si fece coraggio. "Perché quella che voi chiamate malattia, qui è la normalità... e nessuno si sogna di chiamarla malattia... tutti noi viviamo in una realtà identica a quella che, delirando, credono di vedere i vostri malati... Perciò o siamo noi i malati e allora dovremmo cercare anche noi un rimedio di cui però non sentiamo affatto la necessità... oppure il malato siete voi... e quei vostri malati sono sani."

Lo straniero non si scompose: "Se fossero sani," si limitò ad osservare, "non morirebbero."

Nacque a questo punto una discussione ingarbugliatissima. Alcuni opinavano che bisognava ricoverare d'urgenza lo straniero in un manicomio; altri che era un mistificatore; altri ancora protestavano in nome della nostra civiltà così gloriosa e così positiva e, accusando lo straniero di lesa civiltà, ne invocavano l'arresto immediato. Ma uno degli scienziati che non aveva ancora parlato, un vecchietto di grande esperienza, osservò: "Qui stiamo facendo una confusione maledetta... invece di disputarci per sapere se quest'uomo è un pazzo, o un ciarlatano, o un criminale, domandiamogli piuttosto che cosa sia questa famosa realtà del suo paese... se non altro," soggiunse il vecchio non senza ironia, "potremo arricchire le nostre conoscenze etnologiche... senza parlare della gloria che potrebbe venire ad uno di noi da una bella relazione col titolo: 'Alcoolismo secco. Siamo noi tutti degli alcoolizzati senza saperlo? Così almeno ritiene il professor Z in viaggio di studi nel nostro paese.' "

Ma le sorprese non erano finite. Alle domande ansiose dei nostri scienziati, lo straniero rispose che non aveva nulla da dire. Il suo paese era tanto diverso dal nostro, che, mancando qualsiasi termine di paragone, gli era assolutamente impossibile spiegare loro come fosse fatto.

"Ma, un momento," disse uno dei nostri scienziati, "avrete almeno la stessa natura: alberi, fiumi, montagne, laghi..."

"Natura?" rispose l'altro. "Forse l'abbiamo, ma io non me ne sono mai accorto."

Altre simili domande ebbero tutte la stessa risposta. Apparve chiaro, alla fine, che lo straniero non soltanto veniva da un paese differente dal nostro ma anche vedeva il nostro in una maniera diversa da come lo vediamo noi.

Così la riunione finì senza approdare a nulla. Val la pena tuttavia riferire la conclusione malinconica a cui pervenne lo straniero. Prima di andarsene disse che i malati, al suo paese, domandavano anche loro ansiosamente come fosse la realtà in cui avevano vissuto un tempo e alla quale aspiravano con tanta nostalgia. E che proprio nella impossibilità di spiegarglielo consisteva la gravità della malattia.

"Sarebbe come spiegare ai pazzi la maniera di essere savi," egli finì, "e voi sapete che questo è impossibile."

PRIMO RAPPORTO SULLA TERRA
DELL'"INVIATO SPECIALE" DELLA LUNA

Strano paese. È abitato da due razze ben distinte, sia moralmente, sia, fino ad un certo punto, fisicamente: la razza degli uomini chiamati ricchi e quella degli uomini chiamati poveri. Il significato di queste due parole, ricchi e poveri, è oscuro e la nostra imperfetta conoscenza della lingua del paese non ci ha permesso di accertarlo. Ma le nostre informazioni vengono in grandissima parte dai ricchi, assai più dei poveri abbordabili, ciarlieri e ospitali.

Dicono dunque i ricchi che i poveri sono una gente venuta da non si sa dove, che si stabilì nel paese in tempi immemorabili e che da allora non ha fatto che proliferare, sempre mantenendo inalterato il suo spiacevole carattere. Nessuno, conosciuto questo carattere, potrebbe non deplorarlo e dar torto ai ricchi. I poveri, prima di tutto, non amàno la pulizia e la bellezza. I loro vestiti sono sudici e rattoppati, le loro case squallide, le loro masserizie logore e brutte. Ma per una strana perversione del gusto essi sembrano preferire gli stracci ai panni nuovi, le case popolari alle ville e ai palazzi, i mobili di poco prezzo a quelli di marca.

Chi infatti, domandano i ricchi, potrebbe affermare di aver mai visto un povero ben vestito e alloggiato in una bella casa, tra suppellettili di lusso?

Non basta. I poveri non amano la cultura. È molto difficile vedere un povero con un libro in mano, o in un museo, o seduto ad ascoltare un concerto. I poveri nulla sanno delle arti e scambiano tranquillamente un'oleografia con un quadro di maestro, una statuina di Lucca con un Prassitele, una canzonetta volgare con un preludio di Bach. Se dipendesse da loro, le Muse, questa consolazione degli uomini, avrebbero da tempo disertato il mondo. I divertimenti dei poveri, spiegano i ricchi, sono quanto di più rozzo si possa immaginare: bicchierate, ballonzoli, partite di bocce o di pallone, pugilato e altri simili svaghi. Gli è che i poveri preferiscono l'ignoranza alla cultura, affermano i ricchi.

Ancora: i poveri odiano la natura. Alla bella stagione i ricchi sogliono andarsene di qua e di là, al mare, in campagna, in montagna. Godono delle belle acque azzurre, dell'aria pura, delle solitudini alpestri; ritemprano gli animi e i corpi. Ma i poveri non vogliono uscire a nessun costo dai loro fetidi quartieri cittadini. Il variare delle stagioni li lascia indifferenti; non sentono il bisogno di mitigare il freddo col caldo e il caldo col freddo; preferiscono al mare le vasche municipali, alla campagna i rognosi prati della periferia, e ai monti le terrazze delle loro case. Ora, domandano i ricchi, come si fa a non amare la natura?

E almeno i poveri in città facessero vita di società. Nient'affatto; essi non sembrano conoscere altro luogo di riunione che le cosiddette fabbriche. Figuratevi che queste fabbriche sono quanto di più lugubre si possa immaginare: sinistri vascelli di cemento e di vetro, popolati di macchine fragorose, fumosi, sudici, gelati d'inverno e ardenti d'estate.

Altri poveri, addirittura, non vivono in città ma nella solitudine delle campagne. Loro sola occupazione e, bisogna credere, loro svago: rivoltare con rozzi e pesanti strumenti di ferro le zolle della terra, dall'alba al tramonto, in tutte le stagioni, sotto il solleone come sotto la pioggia. E pensare, dicono i ricchi, che ci sarebbero tante altre cose da fare a questo mondo e tanto più intelligenti e più dilettose.

Altri poveri, poi, anche più stravaganti, antepongono al sole le tenebre e al cielo le viscere della terra. Si inabissano in gallerie profondissime e lì, al buio, si dilettano di estrarre pietre. Questi luoghi sotterranei sono chiamati miniere. A nessun ricco verrebbe mai in mente di scendere in una miniera.

Tutto ciò i poveri designano con il termine di lavoro, altro vocabolo di significato, per noi, misterioso e indecifrabile. I poveri sono tanto affezionati a questo lavoro che, ove per qualche motivo che non abbiamo potuto appurare, le fabbriche rimangano chiuse e le miniere inattive, protestano, gridano e minacciano tumulti e violenze. Chi ci capisce nulla, dicono i ricchi, non sarebbe più facile e più piacevole riunirsi in qualche comodo salotto, in qualche circolo decoroso?

Non parliamo della cucina dei poveri. Non esistono per loro i deliziosi manicaretti, i vini vecchi, i dolci squisiti. Essi preferiscono di gran lunga rozzi cibi quali i fagioli, le cipolle, le rape, le patate, l'aglio, il pan secco. Quelle rare volte che si adattano a mangiare carne e pesce, state pur certi che sceglieranno infallibilmente il pesce più tiglioso, la carne più dura. Il vino non gli piace che agro o annacquato. Non amano le primizie e aspettano a mangiare i piselli quando sono farinosi, i carciofi quando sono stopposi, gli asparagi quando sono legnosi. Impossibile, insomma, fargli apprezzare la gioia della tavola.

E che dire del tabacco dei poveri? Disdegnano, gli sciocchi, i delicati prodotti dell'Oriente o quelli più sapidi dell'America e fumano certa robaccia nera, acre, che fa tossire e non dà alcun piacere. Un buon sigaro Avana, una leggera sigaretta turca, non dicono nulla ai poveri.

Altra stranezza dei poveri: la salute non gli preme. Che altro si dovrebbe pensare, infatti, vedendo la noncuranza con la quale si espongono alle intemperie e la negligenza che, una volta malati, pongono nel curarsi? Non comprano medicine, non vanno in sanatorio, neanche accettano di starsene a letto quei giorni o quei mesi che sono necessari.

I ricchi spiegano che i poveri trascurano la salute per quella loro assurda passione di non mancare un solo giorno nelle fabbriche, nelle miniere e nei campi. È incomprensibile, ma tant'è: la ragione è questa.

Non si finirebbe mai di parlare dei poveri e del loro attaccamento ad abitudini nocive, rozze, stravaganti. Piuttosto sarà più interessante esaminare i motivi di così anormale condotta.

I ricchi ci informano che studi approfonditi sulla razza dei poveri sono stati fatti in tutti i tempi. Grosso modo, gli studiosi si dividono in due categorie: coloro che attribuiscono il carattere dei poveri ad una perversità, per così dire, volontaria, e pensano che si potrebbe correggerli e trasformarli; e coloro che affermano non esservi rimedio, perché quel carattere è innato. I primi consigliano un'attiva predicazione e opera di persuasione; i secondi, più scettici, soltanto delle misure di polizia. Questi ultimi sembrano aver ragione perché fin adesso tutte le prediche sui vantaggi della pulizia, della bellezza, del lusso, della cultura e dell'ozio, non hanno sortito alcun risultato.

Anzi, nonostante le cure che i ricchi si prendono dei poveri, questi, assai ingrati, non amano i ricchi. Bisogna però riconoscere che i ricchi non sempre riescono a nascondere la loro ripugnanza per il modo di vivere dei poveri.

Come sempre, nei nostri viaggi, abbiamo voluto sentire anche l'altra campana. Così abbiamo interrogato i poveri. Non è stato facile, vista la loro ignoranza di qualsiasi lingua che non sia quella del paese. Però, alla fine, siamo riusciti ad ottenere questa straordinaria risposta: la ragione della differenza tra loro e i ricchi è una sola: e cioè che i ricchi posseggono una cosa chiamata denaro, la quale, invece, fa quasi sempre difetto ai poveri.

Abbiamo voluto vedere che cosa fosse questo denaro capace di produrre diversità così enormi. E abbiamo scoperto che si tratta per lo più di foglietti di carta colorata o di pezzetti di metallo di forma tonda.

Data la ben nota inclinazione dei poveri a nascondere la verità, dubitiamo che questo cosiddetto denaro sia la causa determinante di così strani effetti.

E perciò ripetiamo: strano paese.

IL DIAVOLO IN CAMPAGNA

Uno di questi giorni gli abitanti di M., ridente paese (così lo definisce la Guida del Touring Club) del golfo di Napoli, videro aggirarsi per le strade un insolito villeggiante. Vestito come un marinaio, ma non di turchino bensì di rosso, con sandali elaborati e un fazzoletto intorno al collo. Magro, bruno e leggermente zoppicante, pareva in tutto uno di quei borghesi che amano travestirsi, al mare, da pescatore: ma certi anelli che portava ai lobi delle orecchie e la fierezza arcigna del viso davano da pensare.

A M. capitano forestieri di tutte le parti del mondo; e gli abitanti ormai non si meravigliano più di nulla. Così anche questa volta non osarono pronunciarsi sull'aspetto dello straniero, che in altri tempi meno cosmopoliti gli avrebbe forse richiamato alla memoria un nome familiare.

Faceva molto caldo e il forestiero non pareva aver fretta. Egli· visitò la chiesa, il municipio, il chiostro del convento; sedette al caffè in piazza e bevve una birra; finalmente entrò nella cartoleria, acquistò quattro cartoline a colori, le scrisse e le imbucò alla Posta. Dopo la Posta, si perdono le sue tracce: scomparve, o meglio, se ne andò, come tutti i turisti di questo mondo. Tutto questo avveniva il venerdì. Per una combinazione era il 17.

Il giorno dopo, sabato, accadde un fatto singolare. Tutti i duemilacinquecento abitanti di M. sognarono, nell'ultimo sonno prima di destarsi, che era domenica. Sognarono che era domenica, il parroco, il dottore, la levatrice, il farmacista, il sindaco, i quattro o cinque avvocati locali; sognarono infine che era domenica tutti coloro che riposano il dì festivo: terrazzieri, contadini, artigiani, operai, manovali. Convinte che fosse domenica, tutte queste persone, dopo avere indugiato un poco a letto, si vestirono a festa e andarono in piazza.

I negozi restarono chiusi salvo quelli di generi alimentari che chiudono dopo il mezzogiorno. In chiesa, la Messa di domenica riunì il consueto numero di fedeli. Il parroco, come di solito, fece una bella predica, appunto, sulla santità della domenica ricordando che in quel giorno il Signore si era riposato dopo aver dato mano alla più importante e più complessa delle sue creature: l'uomo.

Gli abitanti di M. andarono a coricarsi pensando ai lavori e alle fatiche che li aspettavano il giorno dopo, lunedì. Senonché, destatisi al mattino, si accorsero che per la seconda volta era ancora domenica. Se ne accorsero guardando il calendario, ascoltando la radio, leggendo il giornale. Gli abitanti di M. sono gente semplice ma, come abbiamo detto, a furia di veder stranieri, ormai refrattari alla meraviglia. Così accettarono il fatto compiuto e senza esitare ripeterono la domenica: la Messa, il pranzo, le partite a bocce e a carte, i balli, le scampagnate.

Fin qui nulla di straordinario: un errore e per giunta facilmente riparabile. Ma il sabato il sogno si ripeté e in buonissima fede gli abitanti di M. festeggiarono la domenica. Naturalmente il giorno dopo fu ancora domenica e fu d'uopo festeggiarla daccapo. Gli abitanti anche questa volta non si meravigliarono ma giurarono che al prossimo sabato avrebbero tenuto gli occhi bene aperti.

Vana illusione. Il sabato venne e fu domenica una volta di più. Abbreviamo: da allora M., volente o nolente, ebbe non più una ma due domeniche.

A questo punto la cosa cominciò a propagarsi. Ne parlò dapprima un giornale di Napoli, beninteso scherzosamente, definendo M. il paese più pigro del mondo. Poi le autorità si allarmarono: il Governo inviò sul luogo un ispettore di polizia, il vescovo un suo messo. I grandi quotidiani della capitale interrogarono i loro inviati speciali. L'ispettore di polizia interrogò minuziosamente notabili e povera gente e stese un lungo rapporto; il messo del vescovo fece una solenne lavata di capo al parroco.

Ma, venuto il sabato, tutti questi inquisitori caddero anche essi nell'illusione generale. Il messo vescovile partecipò in forma solenne alla Messa di riparazione. L'ispettore di polizia si lasciò invitare ad un colossale pranzo domenicale. I giornalisti, loro, telegrafarono che il trucco era stato scoperto: si trattava di una voce messa in giro dal postino locale, Cacace, al fine di godersi in pace due giorni di riposo con la fidanzata. Il mattino seguente, però, dovettero tutti ricredersi perché, una volta di più, era domenica.

Da allora M. ha due domeniche; e si può dire che questa faccenda delle due domeniche di M., sul piano turistico, abbia perfino battuto la celebre Grotta Azzurra di Capri. Da tutte le parti del mondo la gente accorse a M. per sognare quel famoso sogno e godersi due domeniche in fila.

Il Governo chiude un occhio e lascia che si faccia la pubblicità alla doppia domenica di M. Ma la faccenda non va così liscia dalla parte della religione. Sono intervenuti i teologi e hanno dimotrato che se il Signore si fosse riposato non uno ma due giorni di seguito, l'uomo non sarebbe mai stato creato, non ci sarebbe stato il peccato originale e conseguentemente non ci sarebbe stata la storia, con i governi, le guerre, le civiltà e la religione.

Questi teologi chiamano la domenica di M. la domenica del diavolo, il quale, come si sa, vuole la dannazione del genere umano. Ma altri teologi rispondono che questa seconda domenica non è che un segno del favore celeste per Ma a M. sarebbe riprodotto il mondo prima della creazione dell'uomo; gli abitanti di M. sarebbero angeli. Tesi ardita che non trova conferma nel carattere della popolazione di M. ma che per ora è valsa a tenere sospeso il processo di scomunica che minaccia il paese.

IL MONUMENTO

Cicerone — Fermatevi, vi prego signor... come vi chiamate?

Io — Moravia, Alberto Moravia.

Cicerone — Fermatevi, dunque, signor Moravia e osservate questo monumento.

Io — Lo vedo, bello, molto bello.

Cicerone — Non basta dir bello, così, in fretta. Bisogna che l'osserviate bene. Come vedete è un uomo di mezza età che stringe una pistola nella mano e se la punta contro la tempia. Vi prego di osservare l'espressione insieme fiera e dolorosa del suo viso. Lo sguardo risoluto e afflitto dei suoi occhi.

Io — Vedo, infatti.

Cicerone — Ancora, vi prego di notare che l'uomo indossa l'onorata uniforme dei nostri funzionari statali. Lo scultore, uno dei nostri migliori artisti, premiato ancora l'altr'anno dall'Accademia delle Belle Arti, ha riprodotto quest'uniforme a meraviglia. Un sarto non troverebbe nulla da ridire. Nulla vi manca, né il numero regolamentare di bottoni, né la piega ai pantaloni, né il cinturone regolamentare con la sua fibbia su cui è inciso il motto regolamentare: Lo Stato è lo Stato.

Io — Un bel motto.

Cicerone — Un motto profondo. I tre galloni che vedete sulla manica indicano che il funzionario scolpito apparteneva alla terza categoria. L'aquila che porta sul petto è il simbolo dello Stato. Quest'aquila è ripetuta sul berretto al disopra della visiera. L'aquila del berretto regge la svastica. Ma l'aquila cucita sul petto stringe tra gli artigli un oggetto che vi prego di osservare.

Io — Una ruota... un globo?

Cicerone — No, un bottone.

Io — Un bottone?

Cicerone — Sì, un bottone. L'uomo di cui ammirate l'effigie scolpita, era funzionario di terza categoria, al Ministero della Produzione civile, dipartimento dei vestiti, sezione delle rifiniture, sottosezione dei bottoni.

Io — Un funzionario importante?

Cicerone — Tutti i funzionari sono importanti, signor Moravia. Lo Stato, come sapete, è la cosa più importante che ci sia e tutti coloro che lo rappresentano sono parimenti importanti. Nel caso particolare, poi, si trattava di un funzionario davvero importantissimo. Immaginate un momento che, per qualche motivo, la produzione dei bottoni in questo Paese si arresti. Che cosa accadrebbe? Tutta la vita della nazione si arresterebbe. Pantaloni e gonnelle cadrebbero con danno del pudore nazionale, giubbe e pastrani resterebbero aperti con danno della salute nazionale. Nessuno, neppure il Capo dello Stato... (Il cicerone si scopre.)

Io — Perché vi scoprite?

Cicerone — Perché ho nominato il Capo dello Stato. Dicevo, dunque, che nessuno, neppure il Capo dello Stato, potrebbe sfuggire al ridicolo delle situazioni che la mancanza di bottoni creerebbe inevitabilmente.

Io — Avete ragione, non ci avevo pensato. Ma perché, poi, è stato eretto un monumento a questo funzionario della sottosezione dei bottoni?

Cicerone — Perché è uno dei nostri più ammirevoli, più puri eroi.

Io — Si è battuto in guerra?

Cicerone — In guerra guerreggiata no, ma nella guerra che gli uomini combattono tutti i giorni al servizio dello Stato per il mantenimento e la vittoria dello Stato, sì. In questo senso siamo sempre in guerra, signor Moravia.

Io — Si vis pacem, para bellum.

Cicerone — Prego?

Io — Nulla, un motto.

Cicerone — Del vostro paese, forse?

Io — No, di un paese che amava far le guerre. Dunque, un eroe. E per quale atto di eroismo, di grazia?

Cicerone — È una storia lunga. Se conosceste la nostra

lingua potreste leggerla incisa nella base del monumento. Ma se vi interessa, posso raccontarvela.

Io — Mi interessa certamente. Tutto quello che riguarda il vostro paese mi interessa.

Cicerone — Allora dovete sapere che quest'uomo si chiama Muller ed era funzionario del Ministero della Produzione civile, dipartimento dei vestiti, sezione delle rifiniture, sottosezione dei bottoni...

Io — Un momento, perché ripetete tutte queste qualifiche?

Cicerone — È il regolamento, bisogna farlo.

Io — Va bene. Andiamo avanti.

Cicerone — ...dove si occupava dei rapporti tra i centri di produzione e il ministero. In altre parole, controllava che tutto il materiale fornito dai centri di produzione fosse trasformato in bottoni, senza residui né sperperi.

Io — Capisco.

Cicerone — Questa funzione è delle più delicate. Un errore, un disguido, uno spreco anche minimo sono considerati, qui da noi, atti di sabotaggio contro la produzione statale e come tali puniti severamente. Nel nostro paese non c'è delitto peggiore del sabotaggio. E si capisce perché. Dal funzionamento della macchina dello Stato dipende la felicità dei cittadini. Lo Stato in realtà non fabbrica bottoni, o scarpe, o spazzolini da denti, o forchette. Fabbrica felicità. Perciò un sabotaggio della produzione statale è un attentato alla felicità collettiva. Ne segue che, mentre l'uomo che, poniamo, uccide la moglie per gelosia, non danneggia che un individuo isolato, il sabotatore danneggia milioni di cittadini. E per questo va punito molto più severamente.

Io — In altri termini, è meno grave strangolare la propria moglie che provocare un corto circuito o rompere una cinghia di trasmissione.

Cicerone — Precisamente, avete afferrato con molta esattezza il mio pensiero.

Io — Siamo intesi. Continuate.

Cicerone — Il nostro eroe, come ho detto, provvedeva a che tutto il materiale grezzo inviato dai centri di produzione raggiungesse le fabbriche di bottoni. Debbo a questo punto aggiungere qualche schiarimento sul materiale con il quale si fabbricano i bottoni. Sono spiegazioni tecniche noiose e forse poco interessanti, ma, in questo caso, indispensabili. I bottoni si fabbricano con le ossa.

Io — Lo sapevo.

Cicerone — Ossa di nemici dello Stato, scientificamente separate dalla carne, indurite con un prodotto chimico speciale, legate in mazzi tutti eguali, etichettate accuratamente e spedite dai vari centri di produzione, tramite il ministero, alle fabbriche.

Io — Un momento: avete detto ossa di nemici dello Stato. Non sapevo che i buoi, i cavalli e i maiali fossero nemici dello Stato.

Cicerone — Temo che non ci siamo capiti, signor Moravia. I buoi, i cavalli, i maiali non sono nemici dello Stato. Certe categorie di uomini, certe popolazioni, sì.

Io — Vi confesso che stento a comprendervi.

Cicerone — Eppure la cosa è semplice; anzi, addirittura ovvia. Lo Stato ha stabilito una volta per sempre come ci si deve comportare, ossia quali sono le azioni che è lecito compiere, le parole che è lecito dire, i sentimenti che è lecito provare, i pensieri che è lecito pensare...

Io — Anche i pensieri?

Cicerone — Si capisce: anche i pensieri. Inoltre, lo Stato ha anche reso noto a suo tempo, e una volta per tutte, come si deve esser fatti: ossia con quale viso, quale colore degli occhi e dei capelli, quale statura e così via. Tutti coloro che non sono fatti né si comportano secondo le regole dello Stato, sono considerati nemici dello Stato.

Io — Ma lo Stato chi è?

Cicerone — Signor Moravia, vi rimando al motto inciso sulla fibbia del cinturone del nostro eroe: Lo Stato è lo Stato.

Io — Perciò o si è amici, per così dire, dello Stato, oppure si è nemici. Non c'è via di mezzo?

Cicerone — E come potrebbe esserci? C'è forse una via di mezzo tra il bene e il male, tra l'essere e il non essere, tra la verità e la menzogna?

Io — Avete ragione, come sempre del resto. E quale trattamento riserba lo Stato ai propri nemici?

Cicerone — È molto semplice. Per quanto è possibile, scusate il bisticcio, li rende amici dello Stato. Ossia li rende utili. Da dannosi, utili.

Io — Li rieduca?

Cicerone — Non proprio. L'educazione lo Stato la impartisce nelle sue scuole e non c'è ragione che la impartisca due volte. Ma, per così dire, rieduca la materia onde sono composti questi suoi nemici. Ossia nemici in vita, li rende amici in morte.

Io — Spiegatevi meglio.

Cicerone — È un trattamento uniforme e rigorosamente scientifico. Tutte le norme sanitarie sono scrupolosamente rispettate. Questi uomini, queste donne, questi bambini nemici dello Stato, previo giudizio di speciale commissione, detta, appunto, Commissione per l'utilizzazione dei nemici dello Stato, sono avviati ai campi di sterminio. Qui dopo essere stati ben bene contati, esaminati, controllati, vengono uccisi.

Io — In che modo?

Cicerone — Scientificamente, come sempre: in camere a gas. Poi, per mezzo di speciali acidi, come ho già detto, la carne viene separata dalle ossa. Della carne si fanno concimi. Le ossa, invece, indurite e prosciugate in speciali forni, vengono legate in mazzi, etichettate e spedite alle fabbriche di bottoni. Tra i centri di produzione e le fabbriche c'è il ministero che vigila affinché la produzione proceda secondo le regole e i piani prestabiliti. Ma per tornare a quanto vi dicevo: lo Stato, trasformando in bottoni le ossa dei suoi nemici, in sostanza rende questi utili. E, per così dire, ne giustifica l'esistenza, altrimenti inutile e, di conseguenza, assurda e inconcepibile. Come vedete, un principio positivo, di utilità pubblica, informa ogni azione dello Stato. Lo Stato è sempre morale e non può non esserlo.

Io — Tuttavia, quei campi, come li chiamate, di sterminio...

Cicerone — Ma se vi ho detto che tutti i procedimenti sono rigorosamente scientifici...

Io — Permettete: ma questi cosiddetti nemici dello Stato potrebbero anche trovare da ridire su questi procedimenti scientifici. In altre parole, non amare di essere trasformati in bottoni.

Cicerone — Ah, vi capisco, finalmente. Che strana supposizione. Vi assicuro che vi sbagliate. Lo Stato non può volere che il bene di tutti, compreso quello dei suoi nemici, e costoro sono i primi a saperlo e a riconoscerlo. Essi comprendono l'intenzione dello Stato, si rendono conto che non potrebbero essergli utili se non in quel modo, e accettano con entusiasmo

il loro destino. Prova ne sia che si recano ai campi di sterminio bandiera in testa, a suon di musica, cantando inni e glori-
ficando ad alta voce lo Stato che nella sua infinita generosità
permette loro di giustificare in qualche modo la loro esistenza.

Io — A suon di musica e cantando inni? Ha tutta l'aria di
essere una cerimonia molto lieta.

Cicerone — E lo è, chi non sarebbe lieto al loro posto? E
poi riflettete un momento...

Io — Non faccio che questo, da qualche minuto.

Cicerone — Riflettete un momento. Il soldato che accetta
di morire in guerra; il funzionario che accetta di servire a
tavolino tutta la sua vita; il contadino che accetta di zappare
fino all'ultimo respiro; che altro fanno se non quello che fanno
i nemici dello Stato? Soltanto, essi servono lo Stato in vita,
e costoro in morte, ecco tutto.

Io — Già, ecco tutto.

Cicerone — Mi avete fatto perdere il filo del mio racconto,
con le vostre interruzioni. Del resto capisco la vostra curiosità. Siete un viaggiatore e l'ordine, la prosperità, la forza
del nostro paese vi riempiono di ammirazione, e forse di invidia. Naturalmente cercate di rendervi conto dei motivi di
quest'ordine, di questa prosperità, di questa forza. Magari per
informare il vostro paese ed eventualmente raccomandare al
vostro Governo l'adozione dei nostri sistemi. Non è così?

Io — Siete molto perspicace, avete indovinato il mio pensiero.

Cicerone — Non era difficile, l'ammirazione si legge nei
vostri occhi. Torno al nostro impareggiabile Muller. Un giorno, dopo aver spedito alle fabbriche un carico di materiale
grezzo per bottoni, cioè di ossa, Muller si sentì rimproverare
da un ispettore statale, sopravvenuto ad esaminare i registri,
che, avendo ricevuto dai centri di produzione sessantanovemila mazzi di tibie, non ne aveva inviato alle fabbriche che
sessantamila. L'accusa, come vedete, era gravissima. Si trattava
di sabotaggio o, che fa lo stesso, di furto, delitto punibile con
i lavori forzati a vita previa degradazione.

Io — Ma le fabbriche non rilasciavano ricevuta?

Cicerone — E appunto la ricevuta delle fabbriche parlava
di sessantamila mazzi, mentre la fattura dei centri di produzione ne rivelava sessantanovemila.

Io — Mi pare che al povero Muller non poteva capitare niente di peggio. E che fece?

Cicerone — Naturalmente, si proclamò innocente. Gli fu risposto che poteva anche darsi che fosse innocente, ma intanto egli doveva essere sottoposto ad inchiesta. Come forse sapete, le inchieste sono faccende lunghe. Prima di tutto la pratica deve essere trasmessa al Ministero degli Interni, dipartimento sorveglianza, sezione delle inchieste, sottosezione sabotaggi. Poi il ministero deve nominare la commissione di inchiesta. Poi la commissione di inchiesta deve essere approvata dalla commissione che approva le commissioni di inchiesta. Da ultimo, tale nomina deve avere il beneplacito del Capo dello Stato... (Il cicerone si scopre.)

Io — Una piccola parentesi. Al mio paese ci scopriamo quando passa un funerale.

Cicerone — Perché?

Io — Diciamo, passa la morte...

Cicerone — In questo caso, invece, passa la vita. Ma tiriamo avanti. Muller sentì che non poteva aspettare i risultati dell'inchiesta. Il suo senso di onore, il suo amor proprio di funzionario statale erano offesi. Questo uomo integerrimo, quest'uomo grande non resistette a tanto strazio e si uccise. Prima di morire, lasciò una lettera, indirizzata al suo immediato superiore, in cui, dopo aver spiegato le ragioni del proprio atto, concludeva: "Sono innocente ma chiedo che con le mie ossa siano fatti dei bottoni, pochi rispetto a quelli che lo Stato ha perduto, ma i soli di cui io disponga. E chiedo altresì che questi bottoni siano cuciti alle uniformi dei miei colleghi della sottosezione dei bottoni, a preferenza di altri, fino a consumazione." Bello, non è vero?

Io — Bellissimo. E poi l'inchiesta dimostrò l'innocenza del Muller?

Cicerone — Qui viene il lato crudele, patetico della storia. La dimostrò certamente. Ma troppo tardi, quando Muller era già morto. C'era un errore.

Io — Un errore?

Cicerone — Sì, nella fattura del campo di sterminio, per errore, uno zero era stato trasformato in nove.

Io — Senza dubbio, il direttore del campo fu punito severamente.

Cicerone — Nessuno fu punito, sebbene ciò possa parervi

strano. Perché uno dei funzionari della commissione di inchiesta ebbe l'idea di sottoporre all'esame microscopico quel nove e si scoprì che la zampetta del nove non era opera umana.

Io — E cioè?

Cicerone — Negli uffici, d'estate, le mosche abbondano. Purtroppo, nonostante tutto un piano scientifico di distruzione, questi noiosi insetti riescono sempre a salvarsi in parte. Ora, una mosca, avendo defecato sulla fattura, aveva disegnato, per così dire, con le feci, una zampetta al primo zero di sessantamila, trasformando la cifra in sessantanovemila. Una fatalità, come vedete...

Io — Vedo.

Cicerone — Una fatalità, ripeto, ma non del tutto inutile. Perché, a guardar bene, grazie a quella mosca, Muller si uccise, ed essendosi ucciso, e poi essendo stato riconosciuto innocente, fu monumentato in tutte le città. E il suo monumento ammonisce, addita, glorifica...

Io — Lo Stato.

Cicerone — Mi avete tolto la parola di bocca. Ora vi prego: considerate, qui alla vostra sinistra, questo maestoso edificio. Osservatelo bene... .

INDICE

TASCABILI BOMPIANI

TASCABILI BOMPIANI
Periodico settimanale anno VII numero 296 - 18/10/1982
Registr. Tribunale di Milano n. 133 del 2/4/1976
Direttore responsabile: Giovanni Giovannini
Finito di stampare nel gennaio 1989 presso
la Milanostampa - Farigliano (CN)
Printed in Italy